新訂版

法人事業税・事業所税のしくみと実務

CORPORATE ENTERPRISE TAX

吉川 宏延 著

税務経理協会

新訂版はしがき

　本書は，平成26年8月に公刊した『法人事業税のしくみと実務』の全面改訂版である。外形標準課税の導入に伴い，従来ほとんど実施されることがなかった税務調査が行われるようになった。その分，都道府県の徴税費のみならず，対象法人の事務負担が増大したことは否めない。さらに，平成27・28年度の税制改正では，地域経済を支える中小法人への影響に配慮して，大法人を中心に外形標準課税の拡大が行われた。

　一歩下がってみれば，地方税には，よく似た税目—たとえば，事業税と住民税，地方消費税または事業所税など—が存在する。二重課税の問題は置くとしても，税目が増えれば，それだけ徴税費・事務負担は増大することになる。その点からしても，類似した税目は統廃合し，簡素な地方税体系に見直すべきであろう。もっとも，このような改革は，容易に実現できるものではない。

　そこで，本書では，旧版のコンセプトを引き継ぎつつ，「事業税」と名称も，課税の根拠も，申告納付の方法も，よく似た「事業所税」について一章を設け，その内容の一層の充実を図った。著者としては，申告納税方式による地方企業課税，とりわけ地方法人二税の制度の理解とその適正な運用のために，姉妹書『法人住民税のしくみと実務』と併せて，本書が広く活用されることを期待している。

　何分にも浅学非才のため，思わぬ誤りがあるかもしれない。不十分な点は，今後とも改訂・改善を加えていきたい。なお，新訂版の刊行にあたっては，株式会社税務経理協会編集第1グループ部長の小林規明氏の全面的なご支援を賜った。ご好意に対して，厚くお礼を申し上げる。

　令和3年10月　小さな看板犬のココ，モモ＆クルミに邪魔されながら

吉 川 宏 延

1

は　し　が　き

　本書は，公法的観点から，法人事業税の制度を体系的に叙述したものである。現在，地方の主要な企業課税としては，都道府県と市町村が課する法人住民税と，都道府県が課する法人事業税とがあり，両者を合わせて「地方法人二税」という。地方法人二税は，地方の重要な財源である。そしてまた，地方法人二税は，課税根拠・課税客体等を国税である法人税とは異にしており，それぞれ独自の存在理由がある。

　法人事業税は，法人の事業活動と地方の行政サービスとの幅広い受益関係に着目して事業に対して課される税であることから，その課税標準は，法人の事業活動の規模をできるだけ適切に表すものであることが望ましい。事業税の課税標準を所得から付加価値に切り替えるべきだという，シャウプ勧告の意見は，法人事業税の外形標準課税化の名の下に，その後も底流として生き続け，平成10年代に入ると，特に強く主張されるようになった。

　しかしながら，応益課税としての税の性格の明確化を図るべく押し進められた外形標準課税だったが，その過程で導入自体が自己目的化してしまい，外形標準課税の理想が実現したとはいい難い。外形標準課税は，税収の安定化・地域間格差の是正とともに，応益原則を追求し，さらに中小企業への公平性に配慮するといった，あまりに多く，かつ背反する政策目標を法人事業税制の枠内で対処しようとしたところに問題があったと考えられる。

　法人企業は，税金の支払義務はあっても，税金を最終的に負担する主体ではない。地方企業課税は，一般に生産要素所有者・生産物購入者への税の転嫁をもたらすからである。どの主体により多くの負担が帰属するかは，彼らが課税企業を介して享受した行政サービスの多寡や需要・供給の価格弾力性などに応じて決まることになる。法人という実体をもたない経済主体への課税は，税の転嫁を通じて結果的に受益とは関係のない負担配分をもたらしかねない。

　だからといって，法人事業税の一部を国税化し，その全額を地方法人特別譲

与税として配分し直すという，地方法人特別税・譲与税制度が望ましいとはいい難い。この制度がもたらす負の影響は，甚だ大きい。まず第1に，地方団体は，ますます納税者と向き合わなくなる。納税者の手厳しい批判が減退すれば，地方団体のセルフ・コントロール能力は一層低下するしかない。そして第2に，自前で調達する税金が大幅に減れば，地方の自立もまた大きく後退してしまう。

　もっとも，地方法人特別税・譲与税制度は，税制の抜本改革において偏在性の小さい地方税体系の構築が行われるまでの暫定措置である。外形標準課税が進めば，地域的偏在度は小さくなる。しかし他方で，外形標準課税の導入に伴い，法人事業税の課税標準や税額計算が，きわめて複雑なものになっている。そこで，本書では，法人事業税の基礎理論と基本問題について，その体系化を試みた。本書が，実務に携わる税務職員や法人等の経理担当者はもとより，地方企業課税に関心のある方々の参考になれば幸いである。

　著者としては，地方法人二税の制度の理解と，その適正な運用のために，姉妹書『法人住民税のしくみと実務』と併せて，本書が広く活用されることを期待している。なお，本書を株式会社税務経理協会から出版するに際しては，第一編集部部長の小林規明氏にお世話になった。ご好意に対して，厚くお礼を申し上げる。

平成26年7月

吉 川 宏 延

目　　次

──────── 凡　　例 ────────

　　本書中に引用する法令等については，つぎの略称を使用している。たとえば，
地法72の2①一は，地方税法第72条の2第1項第1号のことである。

地法＝地方税法
地令＝地方税法施行令
地規＝地方税法施行規則

取扱通知(県)＝地方税法の施行に関する取扱いについて（道府県税関係）
取扱通知(市)＝地方税法の施行に関する取扱いについて（市町村税関係）
個別通知＝事業税における国外所得等の取扱いについて

暫定措置法＝地方法人特別税等に関する暫定措置法
所法＝所得税法
消法＝消費税法
相互非課税法＝外国人等の国際運輸業に係る所得に対する相互主義による所得
　　　　　　　税等の非課税に関する法律
措法＝租税特別措置法
徴法＝国税徴収法
通法＝国税通則法
特別法人事業税等法＝特別法人事業税及び特別法人事業譲与税に関する法律
法法＝法人税法
法令＝法人税法施行令

法基通＝法人税法基本通達

行集＝行政事件裁判例集
刑集＝最高裁判所刑事判例集
民集＝最高裁判所民事判例集
判時＝判例時報
判タ＝判例タイムズ

第1章　総　　論
chapter 1

　事業税とは，企業がその活動を行うにあたって地方団体の各種の施設を利用
し，その行政サービスの提供を受けていることから，これらのために必要な経
費を分担すべきであるとの考え方に基づき，法人・個人の行う事業に対して，
事務所または事業所（事務所等）所在の都道府県が，その事業を行う法人・個
人に課する地方税である（地法72の2①・③）。事業税は，独自の存在理由があ
るとはいえ，住民税，地方消費税および事業所税と類似する面が多い。

　そこで，本章以下では，法人事業税の基礎理論と基本問題を中心として，
テーマ別に整理・検討することにしたい。本章は「総論」を，第2章は「所得
割」を，第3章は「外形標準課税」を，第4章は「付加価値割」を，第5章は
「資本割」を，第6章は「事業所税」を，第7章は「徴収の方法」を，それぞ
れテーマとして取り上げている。

第1節　事業税の沿革

　事業税成立の経緯を辿ってみると，実に，波乱に満ちた歴史であったことが
わかる。事業税の前身である定額課税の「府県営業税」は，明治11年に創設
されて以来，明治29年に外形標準課税の「国税営業税」，大正15年に純益課税
の「国税営業収益税」，昭和15年に純益課税の「国税営業税」，昭和22年に純
益課税の「地方税営業税」といった幾多の変遷を経て，昭和23年に「事業税」
と改称されたのである。

1 シャウプ付加価値税の成立

このようにして成立した事業税に対して，昭和24年のシャウプ勧告は，「事業税が純所得に課せられているという事実は，事業主は全税額を負担すべきものであるという趣旨を示すにほかならない。純所得税というものは非転嫁性のものと考えられるのが普通である。この建前は，純所得の上に全税制の重荷が累積して余りに過酷とならない限り，受け容れられる。現在日本においては，既にこの限界は突破されている。なかんずく，個人事業についてはそうなのである」と批判した[1]。

その上で，シャウプ勧告は，地方独立課税主義と応益課税主義の立場から，「最善の解決方法は，単に利益だけでなく，利益と利子，賃貸料および給与支給額の合計に課税標準を拡張してこれに税率を適用することである。上の課税標準を別な方法で定義すると，それは全収入額から，資本設備，土地，建物の購入を含む他の企業からの購入の金額を差引いたものがそれである。この差引額は，原料等，他の事業から購入したものの買値に，その企業が附加したところの額である」と述べ，事業税と特別所得税に代えて，取引高税を純化した付加価値税を創設し，それを都道府県の基幹税目とすることを提言した[2]。

ここで，取引高税とは，所得税および法人税の軽減による減収の一部を補填し，財政の基礎を堅実ならしめるため，昭和23年に創設された国税をいう。課税範囲は，物品販売業，銀行業および無尽業など，39業種であり，税率は取引金額の1％とされ，印紙による納付方法がとられていた（取引高税法1～2，10～11）。取引高税は，その累積課税効果から，一般売上税の最も原始的タイプとされる。また，公平原則上，好ましくない税であることを承知の上で導入したのは，低税率で多額の税収をあげうることと税務行政の容易さとを期待したからであった。

ところが，シャウプ勧告は，「全く取引高税は，日本の税制のうちで，最も

---

1) 神戸都市問題研究所地方行財政制度資料刊行会編『戦後地方行財政資料別巻1』142頁（勁草書房，1983年）。
2) 神戸都市問題研究所・前掲注1）143～144頁。

将来性の少いものの一つである。これを引上げると，必ず重大な経済的不利益が生ずる。取引高税は現在の税率では，税務官吏によってもまた納税者によってもそんなに重要なものとして取扱われそうにもないし，従って，甚だ実効の挙がらない税に徐々に落ちぶれるであろう」と，厳しく批判し，取引高税の廃止を勧告したのである[3]。

こうしたシャウプ勧告に基づき，昭和25年の税制改正により，シャウプ付加価値税は成立した。シャウプ付加価値税は，アメリカ州税の中心税目である小売売上税をより理想的な形にして，都道府県の中枢に据えようとしたものと捉えられる。昭和25年の第2次勧告が，「逆に，附加価値税は，より高い価格で買受人に転嫁されるものである。即ち，それは一種の売上税である」と記していることからも，窺うことができる[4]。

2　シャウプ付加価値税の挫折

シャウプ付加価値税の創設による，各業種の税負担の激変や大企業の税負担の増加などから，経済界の反対が強くて，すぐには実施されなかった。当分の間は，シャウプ付加価値税の代替として，改正前の事業税と特別所得税とを課することになった。

とりわけ，複式簿記の整った企業からは，「寧ろ附加価値なる利益，支払給与額，利子，賃借料を課税標準として直接に押える（加算法）ならば，これ等に関しては主税局に統計資料もありますので，正確に且容易に算定ができるのではないかと思います…。企業としては，附加価値税を払うために，二重に別な帳面を特にこしらえなければならぬというような手数のかかる，面倒な課税標準（控除法）を採用されることだけは，是非やめていただきたい」という意見が出されていた[5]。

3）　神戸都市問題研究所・前掲注1）119頁。
4）　神戸都市問題研究所・前掲注1）16〜17頁。
5）　金子佐一郎「附加価値税の問題点」日本租税研究協会編『シャウプ勧告の総合的研究：第1回大会記録』131〜132頁（日本租税研究協会，1950年）。

第2次勧告は，こうした意見を認め，「その場合には，その附加価値を所得税および法人税のために計算した利益および給与，利子，賃貸料等を総計することによって，計算することもできるであろう。…，従って，われわれは，納税義務者にこの選択の自由を与えるよう，税法の改正が行われることを勧告する」としたのである[6]。

　この第2次勧告に基づき，昭和26年の税制改正によって，「青色申告書の提出を認められている法人は，その提出を認められている期間に係る附加価値額については，…（控除法）によらないで各事業年度の所得並びに当該事業年度中において支払うべき給与，利子，地代及び家賃の額の合計額によって算定する方法（加算法）によって算定することができる」とされ，青色申告法人の特例として，控除法のほか，加算法による付加価値額の選択を認めることにしたのである[7]（昭和26年法31の2①）。

　しかし，それでもなお，付加価値税に対する産業界を中心とする反対の意思は収束せず，そのような中にあって，昭和29年に，「附加価値税は，シャウプ勧告によって制定されて以来遂に今日まで実施を見るに至らなかったのでありますが，今日の経済情勢並びに国民世論の動向を考えますときは，これが実施は不適当と考えますので，これを廃止することといたし，そのかわり現行の事業税及び特別所得税を統合して事業税とし，…修正を加えて存置することといたしたのであります」と，改正の理由を述べ，結局，付加価値税は，一度も実施されないまま廃止するに至った[8]。

　もっとも，事業に対して地方団体が税を課することができるのは，地方団体

---

6)　神戸都市問題研究所・前掲注1）17頁。
7)　自治庁編『地方税制度資料第6巻』11頁（1958年）。なお，控除法による付加価値額とは，各事業年度の総売上金額から特定の支出金額を控除した金額とされていた（昭和25年法30④）。また，第2次勧告では，いずれの方法によっても，同じ結果が得られるとした。その利潤概念は，両者が同じ結果を得るようなしかたで定義され，会計学や租税法の利潤とは異なる。もちろん，控除法による消費型付加価値税と，加算法による所得型付加価値税では性格が違う。前者は一般消費税，後者は企業課税を構成するのに適している。詳しくは，第4章第1節を参照のこと。

が与える行政サービスに対して，事業それ自体がこれに要する経費を負担すべきであることを根拠としている。このことは，一面においては企業それ自体に担税力ありとする見地に立つことになる。シャウプ勧告が，「都道府県が企業にある種の税を課することは正当である。というのは，事業および労働者がその地方に存在するために必要となって来る都道府県施策の経費支払を事業とその顧客が，援助することは当然だからである」と述べているのは，こうした見地からだったのだろう[9]。

　こうした見解は，高度な発展をみたアメリカの資本主義経済の企業単位には，そのまま適用されるのかもしれない。しかし，未だ零細な中小企業が大半を占める当時の日本企業のすべてには，この理論をそのまま当てはめることができないであろう[10]。付加価値税は，シャウプ税制の地方税体系の中軸的地位を占め，固定資産税と併せて，新しい地方企業課税体系を形成するものであった。その実施が見送られたことは，シャウプ勧告の地方税構想を崩すことを意味する[11]。

　戦後間もない頃，経済が不安定の時で，しかも企業規模がきわめて小さく，まだEEC諸国（現EU諸国）ですら付加価値税の導入に踏み切っていない段階の日本で，地方自治の発展の要請とはいえ，この未知の新税付加価値税は受け入れられなかった。もしも，付加価値税が導入されていたら，その後の税制改

---

8)　自治省編『地方税制度資料第7巻』181頁（1961年）。反対論の中心は，①所得の有無にかかわらず課税されること，②付加価値額の算定が複雑で納税者の理解をえるのが困難なこと，③企業間に大幅な負担の変動が生じること，などであった。上記③は，前二者とは全く次元を異にする。だが，いかなる税制改正であれ，企業の抱く最大の関心は自己の税負担への影響であるから，付加価値税の運命を左右する最も重要な論点であった（大内忠昭『地方税における企業課税』50～51頁（第一法規出版，1984年）。

9)　神戸都市問題研究所・前掲注1）142頁。

10)　石川一郎ほか『事業税の解説』9～10頁（中央経済社，1955年）。もちろん，敗戦の借財を負担しなければならない日本経済の現状からいえば，零細事業所得層も，ある程度の事業税を負担することは免れないであろう。この意味において，シャウプ勧告で述べられた典型的な事業税の理論は，ある程度，その形を変えて，日本の現実に対応させなければならないであろう。

革論議は，相当異なっていたはずである。その意味でも，付加価値税の廃止は，税制史一般にとって画期的意義があったといえる[12]。

3　法人事業税と法人住民税の異同

　結局，それまで暫定的に存続されていた従来の事業税と特別所得税が統合され，現行の事業税となった。事業税は，事業自体に経済価値収得の力が内在するなどの理由によって課するものであって，人に着目しないという点等で所得税・法人税と異なる。歴史的にも，法人事業税と法人住民税（地方法人二税）に関しては，企業や地法団体の関心はきわめて高かった。そこで，以下では，法人事業税と法人住民税との関係について比較・検討を加える。

　政府税調の『わが国税制の現状と課題―21世紀に向けた国民の参加と選択―答申』（平成12年7月）に代表されるように，立法当局においては，「法人事業税は，法人が行う事業そのものに課される税であり，…，法人に対し，その企業活動により得られる利益を基礎にして税負担を求める法人税とは，課税の根拠，課税客体などを異にしている」と説明する。その上で，「法人住民税は，住民たる法人に対して負担分任の観点から税負担を求める基幹税目ですが，法人税及び法人事業税とは，課税の根拠，税の性格，課税客体，さらには課税団

---

11)　丸山高満『日本地方税制史』437頁（ぎょうせい，1985年）。そこでは，「附加価値税は，当時の事業税の場合の個人・法人間のはなはだしい負担不均衡を是正するうえで大きな効果があり，また，零細企業，小企業の負担が激減するものであり，更に，税収のポテンシャルは他のいかなる税目もこれに及ばないものであったのにこれが実現しなかったことは，わが国の地方税制のためにまことに残念だった」と述べている。これに対して，金子宏教授は，「現在の都道府県の主要な税源は，住民税，事業税および消費税の三つであるが，これらは，いずれも国の所得税・法人税・消費税の附加税ないし附加税的な要素をもった租税であり，都道府県の独自の税源とはいい難い。それに対し，外形標準的事業税は，附加税的要素をもたない独自の税源であり，しかも安定性に富み大きな税収ポテンシャルをもっているから，都道府県の自主財源の充実に寄与するところが大である」と指摘している（金子宏「シャウプ勧告の歴史的意義：21世紀に向けて」租税法研究28号27～28頁（2000年））。
12)　瀬川久志「地方税における企業課税」和田八束編『地方分権化と地方税財政』44～45頁（日本評論社，1993年）。

体も異な（る）」との考えを示している[13]。

　また，裁判所の見解を示した事例としては，事業税賦課処分取消請求事件が
あげられる[14]。これは，事業所得以外の者については，個人住民税のみであ
るのに，事業所得者に対して個人事業税を課することは，日本国憲法14条に
違反するのではないか，という点が争われた事案である。この事案において，
裁判所は，個人住民税と個人事業税の関係について，その見解を示している。

　まず，広島地裁は，住民税の性格について，「個人の道府県民税は，道府県
の区域内に住所或いは事業所等（事務所等）を有する者と当該道府県との応益
関係に着目して当該道府県の経費を分担させようとするもので，いわば会費的
性格のものである」と説明した[15]。広島地裁の説明は，個人住民税のみならず，
法人住民税についても妥当するものといえよう。

　一方，「事業税は，事業そのものに経済価値を認め，そこに担税力を推定し，
事業そのものを課税客体として課するいわゆる物税で，所得税，住民税所得割
のように人の所得能力に着目してすべての所得に課税する人税とは異なる税で
ある。そして事業税は，所得税，法人税の補完として設けられた補完税で，事
業が収益活動をする上において道府県の設置する各種の公共施設を利用し，或
いは道府県による行政サービスを享受することに対する一種の受益者負担金的
性格を有するものである。このように道府県民税と事業税とは目的，性格，課
税客体を異にするものである」と，その見解を示した[16]。

　なお，広島地裁は，住民税に加えて事業税が所得を課税標準としていること
について，「現実には，法人の特定の業種を除いて，事業税の課税標準が所得
とされている点，物税であり，受益者負担金的性格をもつ事業税の性格からし

---

13)　税制調査会『わが国税制の現状と課題—21世紀に向けた国民の参加と選択—答申』
　　193頁・200頁（2000年）。
14)　広島地判昭和54年7月17日行集31巻3号473頁。なお，控訴審（広島高判昭和55
　　年3月19日行例集31巻3号473頁）・上告審（最判昭和58年11月1日判時1101号37
　　頁）とも，一審判決を支持した。
15)　広島地判・前掲注14) 479頁。
16)　広島地判・前掲注14) 479頁。

て必ずも適当でなく，所得を課税標準としているがために道府県民税等と重複した租税であるとの誤解を招くのである」と指摘している[17]。これは，事業税の課税標準として所得は適していない，という認識である。

　そうした認識の下，広島地裁は，「事業税の課税標準として何が適当であるかは，財政上の理由，経済の状況，租税政策等から決定されるのであるから，現行法制上たまたま個人事業税が個人の事業の所得に対して課せられるということから，直ちに個人事業税をもって二重課税であるとか，個人事業者に事業税を課することが憲法14条に違反するというものでもない」と判示した[18]。

　もっとも，個人事業税に関する地方税法の規定が日本国憲法14条に違反するものではないとの判断は，最高裁が，固定資産税賦課取消請求上告事件において，「日本国憲法の下では，租税を創設し，改廃するのはもとより，納税義務者，課税標準，徴税の手続はすべて前示のとおり法律に基いて定められなければならないと同時に法律に基いて定めるところに委せられていると解すべきである」とした趣旨からすれば，当然の帰結である[19]。

　確かに，住民税は所得の担税力に着目して課される税であるのに対して，事業税は同じく所得を課税標準としているとはいっても，行政サービスの受益に着目して課される税である。このことから，両者は性格と目的とを異にしており，二重課税にはあたらない，という説明も可能である。しかし，目的は違っても，同じ所得に対して住民税と事業税とを課することは，やはり所得に対する税負担を累積させることになる[20]。

第2節　課税権の所在

　法人税についての課税権は，国にあるから特に問題はない。一方，法人事業

---

17)　広島地判・前掲注14) 479～480頁。
18)　広島地判・前掲注14) 480頁。
19)　最判昭和30年3月23日民集9巻3号336頁。
20)　金子宏「事業税の改革（外形標準化）を考える：課税ベースの拡大と都道府県固有の安定財源の充実」地方税50巻8号15頁（1999年）。なお，外形標準課税導入までの経緯については，第3章第4節を参照のこと。

税は，地方団体が課する税であるから，具体的にどの都道府県がその課税権を行使できるかを明らかにしなければならない[21]。地方税では，課税権の所在が問題とされるところに，その特色がある。具体的にどの都道府県において課税されるかは，都道府県にとっても，納税者にとっても重要なことである。

1　内国法人に係る課税団体

　国内に主たる事務所等を有する法人（内国法人）に対しては，その事務所等所在の都道府県において，法人事業税が課される[22]（地法72の2①）。法人事業税の課税権を行使しえる都道府県は，事務所等の所在する都道府県であって，これが課税権の所在を定める大原則である。なお，同一県内にのみ事務所等を有する法人は，「県内法人」といわれる。

　また，2以上の都道府県において事務所等を設けて事業を行う法人（分割法人）については，それぞれの都道府県がその事業に対する課税権を有することになり，形式的には事務所等の所在する都道府県間に課税権の競合を生ずるこ

---

21)　地方税の課税権について，田中二郎博士は，「その課税権は，地方公共団体（地方団体）に固有のものではなく，国から付与されたものである。地方公共団体は，この国から付与された課税権に基づいて課税するのが建前である。地方公共団体の自主性を尊重するうえからいえば，地方公共団体に自由な課税権を認め，何らの制限をも加えないということが一の立法政策として考えられるが，国民の租税負担の全体としての合理性を保障するためには，国税と地方税とを総合的に考慮して，租税の体系を組み立てる必要があり，また，各地方公共団体の住民の租税負担の均衡を図る必要もある」と述べている（田中二郎『租税法』452頁（有斐閣，1968年））。これに対して，金子宏教授は，「地方団体が，地方自治の本旨に従ってその事務を処理するためには，課税権，すなわち必要な財源を自ら調達する権能が不可欠である。それなしには，地方団体は結局において国に依存することになり，それと引換に国の監督を受けることになりやすい。その意味で，地方団体の課税権は，地方自治の不可欠の要素であり，地方団体の自治権の一環として憲法によって直接に地方団体に与えられている」と指摘している（金子宏『租税法』83頁（弘文堂，補正版，1981年））。

22)　ちなみに，民法上の組合（任意組合）および有限責任事業組合（LLP）については，組合自体は単なる契約関係であり，法人格はないことから，その組合員である法人・個人に対して，事務所等所在の都道府県において事業税が課される。この場合，事務所等の判定は，法人・個人ごとに行う（取扱通知(県)3章1の6）。

とになる。そこで，分割法人にあっては，課税標準の総額を一定の基準によって関係都道府県に分割し，課税権行使の範囲を明らかにしている[23]（地法72の48）。

県内法人であろうが，分割法人であろうが，法人事業税においては，法人住民税と同様，事務所等の意義が重要である。ここで，事務所等とは，それが自己の所有に属するものであるか否かにかかわらず，事業の必要から設けられた人的および物的設備であって，そこで継続して事業が行われる場所をいう（取扱通知(県)1章6(1)前段）。具体的には，つぎに掲げる要件を具備した場所である。

（1）事業の必要から設けられた場所

事務所等において行われる事業は，法人の本来の事業の取引に関するものであることを必要とせず，本来の事業に直接・間接に関連して行われる付随的事業であっても，社会通念上，そこで事業が行われていると考えられるものについては，事務所等として取り扱って差し支えない（取扱通知(県)1章6(1)後段）。たとえば，従業員の技術研修のための研修所，研究開発事業のための研究所または会社内診療所なども，事務所等に該当する。

もっとも，事業とは，一定の計画に従い，ある特定の目的を達成するために，継続的に行われる一連の経済活動であるから，事業の必要から設けられたものであっても，法人の内部的・便宜的目的のみに供されるものについては，そこで事業が行われないかぎり，事務所等には該当しない。たとえば，宿泊所，従業員詰所，番小屋および監視所などで，番人や小使などのほかに別に事務員を配置せず，専ら従業員の宿泊や監視などの内部的・便宜的目的のみに供されるものは，事務所等の範囲に含まれない[24]（取扱通知(県)1章6(1)後段）。

---

23) 分割法人については，第2章第3節を参照のこと。
24) もちろん，官公庁または得意先との連絡，折衝および業界情報の収集などを行わせるために，駐在所等を設け，常時，係員を駐在させているような場合は，事務所等に該当する。

（2）　人的・物的設備を有する場所

人的設備とは，事業に対して労務を提供することにより，事業活動に従事する自然人をいい，労務契約を結んでいる正規従業員のみでなく，法人の役員，清算法人における清算人，アルバイトまたはパートタイマーなども含まれる。人材派遣会社から派遣された者も，派遣先法人の指揮および監督に服する場合は，人的設備となりうる。もっとも，規約上，代表者または管理人の定めがあるものについては，特に事務員等がいなくとも人的設備があるものと解されている（昭和40年自治大税務別科質疑回答）。

また，物的設備とは，事業活動を有効適切に実現させるために，人為的に設けられる有形施設の総体をいい，自然的な場所だけでは足らず，事業に必要な土地建物や機械設備など，事業を行うのに必要な設備を設けているものである。もっとも，規約上，特に定めがなく，代表者の自宅等を連絡所としているような場合でも，そこで継続して事業が行われていると認められるかぎり，物的設備として認められる（昭和40年自治大税務別科質疑回答）。

（3）　継続して事業が行われる場所

事務所等と認められるためには，その場所において行われる事業がある程度の継続性をもったものであることを要するから，たまたま2，3月程度の一時的な事業の用に供する目的で設けられる現場事務所・仮小屋等は，事務所等の範囲に入らない（取扱通知（県）1章6（2））。なぜなら，事業活動は反復性を有するものである以上，事務所等の概念にも，ある程度の継続性が要求されるとともに，課税技術上からも，あまり短期のものを把握することは，事務を複雑にすることになるからである。

なお，事業の継続性には，各事業年度または各年の全期間にわたり，連続して行われる場合のほか，定期的または不定期的に，相当日数，継続して行われる場合を含む[25]。また，2，3月を超えるものであっても，建設工事に係る現場事務所等，すなわち，建設工事現場で行われる工事の施工，指揮および管理

---

[25]　たとえば，毎月一定期間営業する支店や出張所など，出張販売等に使用する場所である。

に欠くことのできない工程管理，出来高確認，連絡または打合せのみを行うもので，明らかにその設置期間が半年に満たない仮設のものについては，仮に机等が配置されている場合でも，事務所等の範囲に含めない（昭和61年4月1日自治省税務局府県税課長内かん）。

2　外国法人に係る課税団体

　国内に主たる事務所等を有しない法人（外国法人）に対しては，いわゆる「恒久的施設」を設けて事業を行う場合に，その恒久的施設所在の都道府県において，法人事業税が課される（地法72の2⑥）。この場合，恒久的施設（PE）とは，外国法人が日本国内に有する支店PE，建設PEまたは代理人PEのいずれかに該当する場所をいう[26]（地法72五本文）。

（1）　支 店 P E

　支店PEとは，外国法人の国内にある支店，工場その他事業を行う一定の場所で，つぎに掲げるものをいう（地法72五イ，地令10①）。

　イ　事業の管理を行う場所，支店，事務所，工場または作業場

　ロ　鉱山，石油または天然ガスの坑井，採石場その他の天然資源を採取する場所

　ハ　その他事業を行う一定の場所

（2）　建 設 P E

　建設PEとは，外国法の国内にある建設もしくは据付けの工事またはこれらの指揮監督の役務の提供（建設工事等）を行う場所その他これに準ずる長期建設工事現場等をいう（地法72五ロ，地令10②本文）。ここで，長期建設工事現場等とは，外国法人等が国内において，1年を超える建設工事等（長期建設工事等）を行う場所をいい，外国法人の国内における長期建設工事等を含む（地令10②括弧書）。もっとも，つぎに掲げる活動の区分に応じて定める場所は，支店

---

26)　ただし，わが国が締結した租税条約において，地方税法に掲げるものと異なる定めがある場合には，租税条約の適用を受ける外国法人については，租税条約において恒久的施設と定められたものとされる（地法72五但書）。

PE・建設PEに含まれない（地令10④）。

　イ　外国法人に属する物品または商品の保管，展示または引渡しのためにのみ使用する施設

　ロ　外国法人に属する物品または商品の在庫を保管，展示または引渡しのために保有することのみを行う場所

　ハ　外国法人に属する物品または商品の在庫を事業を行う他の者による加工のために保有することのみを行う場所

　ニ　その事業のために物品もしくは商品を購入し，または情報を収集することのみを目的として保有する支店PEに掲げる場所

　ホ　その事業のために上記イ〜ニに掲げる活動以外の活動を行うことのみを目的として保有する支店PEに掲げる場所

　ヘ　上記イ〜ニに掲げる活動およびそれ以外の活動を組み合わせた活動を行うことのみを目的として保有する支店PEに掲げる場所

（3）　代理人PE

　代理人PEとは，外国法人が国内に置く自己のために契約を締結する権限のある者および国内において外国法人に代わって，その事業に関し，反復して，つぎに掲げる契約を締結し，または外国法人により重要な修正が行われることなく日常的に締結される，つぎに掲げる契約の締結のために反復して主要な役割を果たす者（契約締結代理人等）をいう（地法72五ハ，地令10⑦）。

　イ　外国法人の名において締結される契約

　ロ　外国法人が所有し，または使用の権利を有する財産について，所有権を移転し，または使用の権利を与えるための契約

　ハ　外国法人による役務の提供のための契約

　もっとも，国内において外国法人に代わって行動する者が，その事業に係る業務を，外国法人に対して独立して行い，かつ，通常の方法により行う場合には，その者（独立代理人）は，契約締結代理人等に含まれない。ただし，独立代理人が，専らまたは主として1または2以上の自己と特殊の関係にある者に代わって行動する場合は，この限りでない（地令10⑧）。

第3節　納税義務者

　法人事業税の納税義務者は，事業を行う法人である（地法72の2①）。したがって，事業を行う法人のすべてが，原則として法人事業税の納税義務者となる。一方，個人事業税の納税義務者は，第1種事業，第2種事業または第3種事業を行う個人である（地法72の2③）。これらの事業を行う個人とは，事業の収支の結果を自己に帰属せしめている個人をいい，その者が単なる名義人にすぎないような場合や，その事業に雇用されているような者は，個人事業税の納税義務者とはならない。

1　法　　人

　法人事業税の納税義務者は，事業を行う法人である[27]。ここで，事業とは，営利を目的として，継続反復して行う経済活動をいう。法人は，通常営利を目的として設立された経済主体であり，公共法人・公益法人等の非営利法人を除けば，その経済活動のすべてが，法人事業税の課税客体である事業に該当する。

　したがって，原則として事業を行う法人のすべてが法人事業税を納める義務を負うことになり，それは，内国法人であると外国法人であるとを問わない。ただし，外国法人にあっては，国内に恒久的施設を設けて事業を行っているもののみに限られ，単に外国法人が国内に資産を有するのみで事業を行わないものは，法人事業税の納税義務者とはならない（取扱通知(県)3章1の1）。

　これは，事業税の本質上当然であるが，法人税における取扱いと異なる。なお，事業活動の範囲は，定款等に定められているものに限らず，いやしくも事業と認められる活動を行っているときは，当然納税義務が発生するものである。また，法人は，解散しないかぎり，たまたま事業を休止していても，原則として事業活動を続けていると観念されるので，いわゆる「休業法人」も法人事業

---

27)　なお，法人でない社団または財団で代表者または管理人の定めがあり，かつ，収益事業または法人課税信託の引受けを行うもの（人格のない社団等）は，法人とみなして，通常の法人と同様，法人事業税の納税義務を負う（地法72の2④）。また，法人課税信託の引受けを行う個人（みなし課税法人）には，個人事業税が課されるほか，法人とみなして，法人事業税が課される（地法72の2⑤）。

税の納税義務者となる[28]（昭和29年8月24日自丁府67号自治庁府県税課長回答）。

　法人事業税の課税標準は，一般の法人，外形標準課税法人および収入金額課税法人に分けて規定されており，各事業年度の所得は，法人税の課税標準である所得の計算の例によって算定される（地法72の2①）。これは，「法人税依存の課税標準」といわれ，一般の法人を「国税準拠法人」と呼ぶ[29]。

（1）　外形標準課税法人

　資本金・出資金の額が1億円を超える普通法人（外形標準課税法人）は，付加価値割額，資本割額および所得割額の合算額によって，法人事業税が課される（地法72の2①一イ）。

（2）　国税準拠法人

　つぎに掲げる法人（国税準拠法人）は，所得割額によって，法人事業税が課される（地法72の2①一ロ）。

　イ　公共法人・公益法人等

　ロ　特別法人[30]

　ハ　人格のない社団等

---

28)　もちろん，所得が発生しなければ，所得割，収入割および付加価値割は課税されない。一方，資本割は，所得の有無に関わらず課税される。しかし現在，都道府県の多くは，休業法人に対して課税していない。詳しくは，拙稿「会社の消滅に係る地方法人二税の検討（下）休業法人を中心に」税理62巻10号186頁（2019年）を参照のこと。

29)　ちなみに，「法人税依存の課税標準」は，手続面で「法人税確定手続経由方式」につながり，法人税の確定内容の違法を主張して法人事業税課税の違法性を主張しても，請求破棄される（東京地裁昭和51年4月19日行集27巻4号557頁，東京高裁昭和51年12月7日行集27巻11・12号1788頁）。詳しくは，第7章第4節1を参照のこと。

30)　たとえば，①農業協同組合・同連合会，農事組合法人，たばこ耕作組合，②消費生活協同組合・同連合会，③信用金庫・同連合会，労働金庫・同連合会，④中小企業等協同組合，商工組合・同連合会，商店街振興組合・同連合会，内航海運組合・同連合会，生活衛生同業組合・同連合会，生活衛生同業小組合，⑤輸出組合，輸入組合，⑥船主相互保険組合，⑦漁業協同組合・同連合会，漁業生産組合，水産加工業協同組合・同連合会，共済水産業協同組合連合会，輸出水産業組合，⑧森林組合・同連合会，生産森林組合，⑨農林中央金庫，⑩医療法人が，特別法人に該当する（地法72の24の7⑥）。

ニ　みなし課税法人

ホ　投資法人・特定目的会社

ヘ　一般社団法人・一般財団法人

ト　上記イ～ヘ以外の法人で，資本金・出資金の額が1億円以下のもの，または資本・出資を有しないもの[31]

（3）　収入金額課税法人

電気供給業，ガス供給業，保険業および貿易保険業を行う法人（収入金額課税法人）は，収入割額によって，法人事業税が課される（地法72の2①二）。

（4）　発電・小売事業等

電気供給業のうち，小売電気事業等，発電事業等および特定卸供給事業（発電・小売事業等）については，つぎに掲げる法人の区分に応じて，それぞれに定める額によって，法人事業税が課される（地法72の2①三）。

イ　資本金・出資金1億円超の普通法人

収入割額，付加価値割額，資本割額および所得割額の合算額

ロ　資本金・出資金1億円以下の普通法人等

収入割額と所得割額の合算額

2　個　　人

個人事業税の納税義務者は，第1種事業，第2種事業または第3種事業を行う個人である（地法72の2③）。したがって，これらの事業を行う個人のすべてが，原則として個人事業税を納める義務を負うことになる。それは，日本人であると外国人であるとを問わない[32]。これらの事業の具体の業種については，法令で列挙（法定列挙主義）されており，法定事業の範囲を超えて個人事業税

31）　なお，資本金・出資金の額が1億円以下の法人または資本・出資を有しない法人であるかどうかの判定は，①仮決算による中間申告の場合は，その事業年度開始の日から6月の期間の末日，②清算法人の申告納付の場合は，その解散の日，③上記①・②以外の場合は，各事業年度終了の日の現況による（地法72の2②）。

32）　もちろん，国内に主たる事務所等を有しない個人（外国人）は，国内に恒久的施設を有する場合にかぎり，個人事業税の納税義務者となる（地法72の2⑥）。

の課税対象とすることができない。

（1）　第1種事業

　第1種事業は，いわゆる「営業」に属する商工業等であり，図表1に表示したとおり，37業種が法定されている（地法72の2⑧，地令10の3）。このうち，両替業を行う個人は，令和元年度は皆無であった。なお，営業とは，継続的・集団的に同種の営利行為を行うことをいう。

図表1　第1種事業

物品販売業（66,079人）	保険業（19人）	金銭貸付業（190人）
物品貸付業（1,750人）	不動産貸付業（314,177人）	製造業（43,579人）
電気供給業（2,324人）	土石採取業（39人）	電気通信事業（185人）
運送業（28,231人）	運送取扱業（129人）	船舶定係場業（2人）
倉庫業（234人）	駐車場業（13,201人）	請負業（290,656人）
印刷業（1,105人）	出版業（208人）	写真業（2,569人）
席貸業（229人）	旅館業（1,475人）	料理店業（4,543人）
飲食店業（34,981人）	周旋業（3,165人）	代理業（6,258人）
仲立業（1,100人）	問屋業（985人）	両替業（0人）
公衆浴場業（83人）	演劇興行業（31人）	遊技場業（476人）
遊覧所業（16人）	商品取引業（2人）	不動産売買業（850人）
広告業（2,798人）	興信所業（70人）	案内業（976人）
冠婚葬祭業（445人）		

　（注）1．（括弧内の人数）は，令和元年度の課税人員であり，合計すると823,160人である。
　（出所）　地方税法72条の2第8項，地方税法施行令10条の3，総務省『道府県税の課税状況等に関する調（令和元年度）』12～13頁（2021年）に基づき，筆者が作成。

（2）　第2種事業

　第2種事業は，いわゆる「原始産業」に属するもので，①畜産業（課税人員300人），②水産業（1,036人），③薪炭製造業（8人）の，3業種（合計1,344人）が法定されている[33]（地法72の2⑨，地令12）。したがって，農業は，第2種事業として法定されていないので，個人の行う農業は，すべて非課税とされる。なお，農家が副業として畳表製造・藁工品製造等を行っている場合には，副業

33）　総務省『道府県税の課税状況等に関する調（令和元年度）』14頁（2021年）。

が主として自家労力によって行われ，かつ，その収入が農業収入の総額の２分の１を超えない程度のものであるときは，非課税の取扱いとなる（取扱通知（県）３章２の１(11)）。

（３） 第３種事業

第３種事業は，一般的に，一定の資格・技能・要件に基づいて，利益を得る目的で，自らの創意と責任においてその業務を処理する事業で，いわゆる「自由業」に属するものであり，図表２に表示したとおり，30業種が法定されている（地法72の2⑩，地令14）。

図表２　第３種事業

医業（12,371人）	歯科医業（10,299人）	薬剤師業（266人）
あん摩等の事業（5,103人）	獣医業（3,737人）	装蹄師業（181人）
弁護士業（19,286人）	司法書士業（8,135人）	行政書士業（2,591人）
公証人業（589人）	弁理士業（1,622人）	税理士業（28,087人）
公認会計士業（3,516人）	計理士業（2人）	社会保険労務士業（5,791人）
コンサルタント業（16,013人）	設計監督者業（15,199人）	不動産鑑定業（522人）
デザイン業（12,087人）	諸芸師匠業（9,393人）	理容業（6,735人）
美容業（22,520人）	クリーニング業（1,147人）	公衆浴場業（237人）
歯科衛生士業（20人）	歯科技工士業（4,388人）	測量士業（1,524人）
土地家屋調査士業（5,049人）	海事代理士業（77人）	印刷製版業（146人）

（注）１．（括弧内の人数）は，令和元年度の課税人員であり，合計すると196,633人である。
（出所）　地方税法72条の２第10項，地方税法施行令14条，総務省『道府県税の課税状況等に関する調（令和元年度）』15～16頁（2021年）に基づき，筆者が作成。

（４） 若干の指摘

このように，課税客体についての法律の定め方が法人と個人で異なる理由は，法人は一定の目的の下に設立され，その目的に沿った行為を行うものとして法律に基づいて人格を与えられたものであるから，法人の行う事業がすべて法人事業税の課税対象とされることは，事業税の性格に照らしても当然のことである。これに対して，個人については，その生活関係が複雑である上，所得の源泉も多種多様であるから，個人の行う事業といっても，その認定にあたって混乱を生ずるおそれがあるという理由から，課税客体となる事業を具体的に列挙

しているのである[34]。

　個人の行う事業が法定列挙事業に該当するものであるか否かは，単に形式的な観点においてのみ判断すべきものではなく，その実質的内容を充分考慮して判断すべきものである[35]。しかし，この立法方法には，新しい形態の事業が登場したときに，それを法令で拾い上げるまでには，どうしてもタイムラグを生じ，課税の平等の観点から望ましくないという問題がある。また，多様な事業活動をしている者について，課税対象事業と課税対象外事業を区別するという問題もある[36]。もっとも，これらの問題が表面化したことはほとんどなく，個人が届け出た「事業の種類」により判断され，その実質的内容をいちいち考慮していないように思われる。

3　実質課税の原則

　事業から生ずる収益が法律上帰属するとみられる者が単なる名義人にすぎない場合であって，これら名義人はその収益を自己に帰属せしめることなく，その収益を実際に享受する者に事業税を課するものとされている。これは，いわゆる「実質課税の原則」と称されているものであって，租税法律主義の原則とは別個の，租税法に内在する固有の原則であると主張されてきた[37]。ただ，

---

34)　石田直裕ほか『地方税Ｉ』321頁〔丸山淑夫〕（ぎょうせい，1999年）。

35)　正橋正一（佐々木喜久治監修）『事業税』23頁（税務経理協会，平成4年度版，1992年）。

36)　たとえば，税理士業は課税されるが，税理士が著述や講演で収入を上げている場合に，税理士業との区別が必要となる。また，税理士が他の税理士事務所や税理士法人に勤務する場合は，その勤務税理士に対して課税されないわけである。

37)　ちなみに，租税法律主義とは，国家は，法律の根拠に基づくことなしには，国税を賦課・徴収することができないという原則である。国税が，国民の富の一部を強制的に国家に移すという権力性を有するため，租税法律主義は，このような権力から国民の自由と財産を保障することを目的とする法治主義の，国税の賦課・徴収面での現れである。さらに，現代社会において，国税は，国民のあらゆる経済活動と関わっているため，租税法律主義には，国民が行う経済活動に対する租税効果について法的安定性と予測可能性を保障できるような意味内容を提供する機能が求められている。

通常は，法律上の形式がそのまま経済的実質を反映しているので，実質課税の原則が適用される場合は，実際上には，比較的限定される[38]。

　実質課税の原則の適用については，事実を充分把握し，実質的に収益を帰属せしめているかどうかについて客観的判断を必要とする。まず，事業から生ずる収益が法律上帰属するとみられる者が単なる名義人にすぎない場合には，これらの名義人は事業から生ずる収支を自己に帰属せしめているものではないので，名義人以外の者でその事業から生ずる収益を享受する者に対して事業税を課することになるので，事業の収支の帰属を十分に検討して課税上遺憾のないようにする必要がある（取扱通知(県)3章1の5(1)前段）。

　ここでいう「事業から生ずる収益が法律上帰属するとみられる者が単なる名義人にすぎない場合」とは，①事業の名義人が事業の経営に関与せず何らの収益を得ていない場合，②事業の取引の収支が事業の名義人以外の者の名において行われている場合，③事業の名義人は他の者の指示によって事業を経営するにすぎず，その収支は実質的には他の者に帰属する場合，などである（取扱通知(県)3章1の5(1)後段）。

　もっとも，他の諸法規において雇用者としての取扱いを受けているということのみの理由で，直ちに地方税法上「事業を行う者」に該当しないとはいえない。だが，その事業に従事している形態が契約によって明確に規制されているときは，雇用関係の有無は，その契約内容における事業の収支の結果が自己の負担に帰属するかどうかによって判断される。また，契約の内容が明確でないときは，その土地の慣習・慣行等をも勘案のうえ，事業の実態に即して判断さ

---

[38]　田中・前掲注21) 160〜161頁。そこでは，「法人税法11条（実質所得者課税の原則）は，この実質課税の原則を明文をもって定めた例であるが，このような明文の定めがなくとも，公平な課税を実現するために，帰属関係を判断するに当っての1つの原則として認めるべきものである」と述べている。これに対して，北野弘久博士は，「租税負担公平原則が，税法の解釈・適用上よるべき指導法原理にならないのと同じように，この実質課税の原則も税法の解釈・適用上の指導法原理とはなりえない。すなわち，実質課税の原則を理由にして税法の格別の規定がないのに，税法上適法有効に成立している法律関係を課税上否認することは許されない」と指摘している（北野弘久編『現代税法講義』20頁〔北野〕（法律文化社，改訂版，1991年））。

れる（取扱通知(県)3章1の5(2)）。

　なお，法人名義を仮装して社員等が個人で事業を行っているかどうかの判定については，国の税務官署の更正・決定した所得を基準として賦課する場合には，国の税務官署の取扱いに従う[39]。また，都道府県がその自ら調査したところに基づいて賦課する場合には，国の税務官署の取扱いに準ずるものとされる（取扱通知(県)3章1の5(4)）。

第4節　非　課　税

　法人事業税においては，一定の事業または所得に対しては課税されないこととする非課税制度が設けられている。この非課税には，特定の法人の公共性に着目した人的非課税といわれるもの，事業の公益性または非営利性に着目して非課税とされるものおよび政策的な理由により非課税とされるものがある。

1　非課税法人

　法人税法別表1の公共法人および国（非課税法人）に対しては，法人事業税が課されない。これは，いわゆる「人的非課税」といわれるもので，事業の種類の如何を問わず，すべて非課税である（地法72の4①，地令16）。

イ　国，都道府県，市町村，特別区，これらの組合，合併特例，財産区，港務局，土地改良区・同連合，水害予防組合・同連合，土地区画整理組合

ロ　地方独立行政法人

ハ　独立行政法人

ニ　国立大学法人等，日本司法支援センター

ホ　沖縄振興開発金融公庫，株式会社国際協力銀行，株式会社日本政策金融公庫，日本年金機構，地方住宅供給公社，地方道路公社，土地開発公社，地方公共団体金融機構，地方公共団体情報システム機構，地方税共同機構

---

39)　たとえば，企業組合またはその組合員について，実質上，法人たる企業組合の存在と相容れない事実があるときは，その事実に係る取引から生ずる所得については組合員個人が納税義務を負う（取扱通知(県)3章1の5(3)）。

ヘ　社会保険診療報酬支払基金，日本放送協会，日本中央競馬会，日本下水
　　道事業団

2　非課税事業

　林業，鉱物の掘採事業および特定の農事組合法人の行う農業に対しては，法
人事業税が課されない（地法72の4②・③）。これらの事業は，通常「非課税事
業」といわれ，その内容はつぎのとおりである。なお，非課税事業と課税事業
を併せて行う場合には，課税事業に係る付加価値額および所得と非課税事業に
係る付加価値額および所得とに区分して算定される[40]。

（1）　林　　　業

　林業とは，土地を利用して養苗，造林，撫育および伐採を行う事業をいい，
養苗，造林または撫育を伴わないで伐採のみを行う事業は含まれない。した
がって，伐採のために立木を買い取ることを業とする者は，いかなる意味にお
いても林業に該当しない。なお，林業が非課税とされるのは，政策的配慮によ
るもので，事業税の物税たる性格から，必ずしも適当なものとはいえず，非課
税事業の問題点の1つとなっている。また，林業は，椎茸栽培・漆採取等の，
いわゆる「林産業」とはその範囲を異にする。

（2）　鉱物の掘採事業

　鉱物の掘採事業とは，鉱物を掘採し，これを販売する事業をいう（鉱業法3）。
したがって，鉱物の精錬事業は，課税事業となる。鉱物の掘採事業が非課税と
されているのは，この事業に対して，事業税と同じ性格の鉱産税が課税される
ため，これとの二重課税を避ける必要があることによる[41]。

---

40)　ただし，共通経費等の区分の困難なものについては，便宜上これをそれぞれの事
　　業の売上金額など最も妥当と認められる基準によって按分して算定される。また，
　　その経理を区分することが困難なものについては，それぞれの事業を通じて算定し
　　た付加価値額の総額または所得の総額をそれぞれの事業の売上金額など最も妥当と
　　認められる基準によって按分して，それぞれの事業に係る付加価値額または所得が
　　算定される（取扱通知(県) 3章4の8の4）。

（3） 特定の農事組合法人が行う農業

　農業のうち，農事組合法人で，一定の要件のすべてを満たしているものが行う農業にかぎり，非課税の対象となる（農地法2③）。というのは，非営利性の原則に立って，協業的形態により運営される農事組合法人組織によって行う農業は，その実質において，個人の行う農業を共同作業で行っているのと同一であると観念されるからである。

3　非課税所得

　つぎに掲げる法人（公益法人等）および人格のない社団等については，法人税の場合と同様，収益事業に係る所得または収入金額以外のものに対しては，法人事業税を課することができない（地法72の5①・②）。これは，これらの法人等の本来の事業が公益的または非営利的な性格をもつものであることにかんがみ，これを非課税としようとするものである。したがって，これらの法人等の行う収益事業は，一般の法人の行う事業と何ら異なる取扱いをする必要がないところから，収益事業部分に対しては，一般の法人と同様，法人事業税が課される。

　イ　法人税法別表2の公益法人等

　ロ　防災街区整備事業組合

　ハ　管理組合法人・団地管理組合法人，マンション建替組合・マンション敷地売却組合

41）　ちなみに，鉱産税とは，鉱物の掘採の事業に対して，その鉱物の価格を課税標準，標準税率1％（制限税率1.2％）として，その作業場所在の市町村において，その鉱業者に課する市町村税をいう（地法519，520）。これは，鉱物の掘採の事業と市町村の行政サービスとの受益関係に着目して課される税であり，鉱物の価格を課税標準としている点において，事業に対する一種の外形標準課税ということができる。鉱山所在市町村は，鉱山が所在するための特別な財政需要を考慮して，鉱業のうち掘採部門に対しては，事業税を非課税とする一方，鉱業者は，毎月1日から末日までの間における課税標準額，税額その他税条例で定める事項を記載した「鉱産税申告書」を納期限までに市町村長に提出し，その申告した税額（＝鉱物の価格×税率）を納付しなければならない（地法521，522）。

ニ　認可地縁団体

ホ　政党等

ヘ　特定非営利活動法人

4　課税免除

　都道府県は，公益上その他の事由により，事業税を課することが不適当とする場合には，事業税を課さないことができる（地法6①）。地方税法上，政策的な理由等から，多数の非課税措置が設けられている。これとは別に，地方団体の自主的な判断によって非課税を定めることとされているのが，課税免除の制度である。また，いったん発生した納税義務について，課税団体の処分により全部または一部を消滅させる行政処分（減免）もある。

　地方税の課税免除と減免とは，ともに税条例の定めるところにより，税金を徴収しない点では同じである。しかしながら，前者は，各種の政策目的，すなわち，課税対象の公益性・税負担の均衡等に着目して，画一的に一定の範囲のものに課税しないものとする税条例による非課税である。これに対して，後者は，天災等による担税力の減少や貧困等による納税義務者の個人的な事情を考慮して，いったん発生した納税義務を減免しようとする行政処分であり，異なった性格を有している。

　課税免除の要件である「公益上その他の事由」については，「公益上の事由」および「公益に準ずる事由」と解されている。この場合，公益上の事由とは，課税対象に対して課税をせず，もしくは不均一の課税をすることが直接公益を増進し，または課税をすることが直接公益を阻害することをいう（昭和27年10月24日自丙税43号自治庁税務部長回答）。いずれにせよ，税条例において，税の軽減を行う公益の理由を明確に規定しておく必要がある。

5　相互非課税

　国際航路または国際空路における船舶または航空機の運航の事業（国際運輸業）から生ずる所得は，国際間を移動することにより発生するものであり，そ

の帰属が必ずしも明らかでないばかりではなく，関係国が多数にのぼり，各国がそれぞれ課税を行うときは，手続が錯綜し，課税の重複が生じるおそれがある。そこで，国際運輸業については，それぞれの属する本国において，統一的に課税を行うとともに，他の関係国の国際運輸業に対しては，相互に非課税の措置を講ずることが，国際的な慣行となっている。

　わが国においても，この慣行を尊重して各国との租税条約においては，原則としてこの旨の規定を設けるとともに，さらに相互非課税法を制定して，相手国が，わが国の国際運輸業に対して，わが国の所得税，法人税，住民税および事業税に相当する税を課さない場合には，わが国においても相手国の国際運輸業に対しては，その課さない条件に応じて，所得税，法人税，住民税および事業税を課さないものとしている。

第5節　個人事業税の徴収の方法

　個人事業税の徴収については，普通徴収の方法によらなければならない（地法72の49の18）。ここで，普通徴収とは，徴税吏員が「納税通知書」を納税者に交付することによって税金を徴収することをいう[42]（地法1①七）。この制度においても，納税者より賦課徴収に関して必要な事項を申告させる場合が多い。しかしこれは，あくまでも地方団体の賦課徴収について必要な参考資料とされるにとどまり，この申告によって納税義務が確定するわけではない。この点において，申告納付制度と異なる。

1　課税標準

　個人事業税の課税標準は，前年中の事業の所得—年の中途において事業を廃止した場合は，前年中の事業の所得とその年の1月1日から事業の廃止の日ま

---

[42]　納税通知書とは，納税者が納付すべき地方税について，その賦課の根拠となった地方税法および税条例の規定，納税者の住所・氏名，課税標準額，税率，税額，納期，各納期における納付額，納付の場所，ならびに，納期限までに税金を納付しなかった場合において執られるべき措置および賦課に不服がある場合における救済の方法を記載した文書で地方団体が作成するものをいう（地法1①六）。

での事業の所得—で，所得税の課税標準との実体的連動関係がみられる[43]（地法72の49の12①本文）。具体的には，まず，不動産所得および事業所得（事業所得等）を，原則として所得税の計算の例によって算定する。そして，事業所得等の金額から，各種控除を行うことによって，事業の所得を算定する。

《算　式》

　　総収入金額－必要経費＝事業所得等の金額

　　事業所得等の金額－各種控除＝事業の所得（1,000円未満切捨て）

（1）　所得税の計算の例によらないもの

　つぎに掲げる事項については，地方税関係法令で特別の定めがなされており，これらは所得税の計算の例によらず，特別の定めによる（地法72の49の12①但書）。

　イ　社会保険診療報酬に係る所得

　　　社保適用事業—たとえば，①医業，②歯科医業，③薬剤師業，④あん摩等の事業—を行う個人が社会保険診療につき支払いを受けた金額は，総収入金額に算入せず，また，その社会保険診療に係る経費は，必要経費に算入しない。

　ロ　外国所得税額

　　　国内に主たる事務所等を有する個人が外国所得税を課された場合には，外国所得税額のうち，個人の外国において行う事業に帰属する所得以外の所得に対して課されたものは，必要経費に算入される（地令35の3の2）。

　ハ　青色事業専従者給与

　　　所得税につき「青色事業専従者給与に関する届出書」を提出している場合には，青色事業専従者の給与の額は，事業の所得の計算上においても，必要経費に算入される。また，所得税につき「青色事業専従者給与に関す

43）　ちなみに，前年所得課税方式がとられているのは，①課税標準を所得税の課税標準である所得の計算の例によっていることから，所得税につき申告等がなされた所得を個人事業税の課税標準とすることによる課税事務の簡素化の見地，②前年所得を課税標準とすることによって，税収額の見積りの確実性を図る見地，などの理由からである。

る届出書」を提出していない場合にも，青色事業専従者給与に関する事項につき個人事業税の申告があるかぎり，その申告に基づいて青色事業専従者の給与の額は，事業の所得の計算上必要経費に算入される（地法72の49の12②）。

　ニ　事業専従者控除

　　　事業を行う個人と生計を一にする親族で専ら個人の行う事業に従事するもの（事業専従者）がある場合には，上記ハ以外の白色申告者については，個人事業税の申告があるかぎり，つぎの金額のうちいずれか低い金額が事業の所得の計算上必要経費とみなされる（地法72の49の12③）。

　　(イ)　事業を行う個人の配偶者である事業専従者は86万円，それ以外の事業専従者は50万円

　　(ロ)　事業の所得金額を事業専従者の数に１を加えた数で除して得た額

（2）　損益の合算・通算

　個人の所得を計算する場合において，個人が不動産所得を生ずべき事業と事業所得を生ずべき事業とを併せて行っているときは，不動産所得の計算上生じた所得または損失と事業所得の計算上生じた所得または損失とを合算し，または通算して算定する[44]（地法72の49の12⑤）。

（3）　各 種 控 除

　個人事業税の課税にあたっては，納税者間の税負担の公平等の見地から，上記（1）・（2）によって算定した事業の所得から，さらに，つぎに掲げる控除を行う。なお，各種控除は，まず「イ・ロ」を控除し，つぎに「ハ→ニ→ホ」の順序で控除する（地法72の49の12⑪）。

　イ　損失の繰越控除

　　　個人の前年前３年間における所得の計算上生じた損失金額で前年前に控除されなかった部分の金額については，つぎの要件のすべてを満たす場合

---

44)　損益の合算とは，いずれにも所得があり，またはいずれにも損失がある場合において，それらを合計することをいう。これに対して，損益の通算とは，一方に所得があり，他方に損失がある場合において，それらを相殺することをいう。

にかぎり，事業の所得の計算上控除する（地法72の49の12⑥）。

　㈣　損失の生じた年分につき個人事業税の申告をしていること。

　㈥　その後の年分につき連続して個人事業税の申告をしていること。

　㈦　損失の生じた年分につき，個人が青色申告書を提出することについて，税務官署の承認を受けていること。

ロ　被災事業用資産の損失の繰越控除

　　個人の前年前3年間における事業の所得の計算上生じた損失のうち，被災事業用資産の損失金額で前年前に控除されなかった部分の金額については，上記イ㈣・㈥の要件を満たす場合にかぎり，事業の所得の計算上控除する（地法72の49の12⑦）。

ハ　事業用資産の譲渡損失の控除

　　個人が直接事業の用に供する資産を譲渡したため生じた損失金額（譲渡損失金額）は，上記イ㈣の要件を満たす場合にかぎり，事業の所得の計算上控除する[45]（地法72の49の12⑨）。

ニ　事業用資産の譲渡損失の繰越控除

　　個人の前年前3年間における事業用資産の譲渡損失金額で前年前に控除されなかった部分の金額については，上記イ㈣～㈦の要件すべてを満たす場合にかぎり，事業の所得の計算上控除する（地法72の49の12⑩）。

ホ　事業主控除

　　事業を行う個人については，事業の所得の計算上290万円を控除する[46]。なお，事業を行った期間が1年に満たないときは，事業主控除額は，「290万円×事業を行った月数÷12」によって算定した金額とされる[47]（地法72の49の14①・②）。この場合には，課税標準額について1,00円未満の端数

---

45)　たとえば，①機械装置，②船舶，③航空機，④車両運搬具，⑤工具器具備品，⑥一定の生物で，事業の用に供しなくなった日の翌日から1年を経過した日の前日までに譲渡が行われたものが，直接事業の用に供する資産に該当する（地令35の3の7）。

46)　なお，2人以上の個人が共同して事業を行う場合の事業主控除額は，その事業を行う個人ごとにこれを控除することになる（取扱通知(県)3章11の13(1)）。

を切り捨てていることにかんがみ，1,000円未満の端数があるときは，その端数金額を1,000円として計算する（取扱通知(県)3章11の13(3)）。

（4）　特別の計算をする事業の所得

つぎに掲げる場合には，独自の計算をして，事業の所得を算定する。

イ　外国に事務所等を設けて事業を行っている場合

　　国内に主たる事務所等を有する個人で，国外に事業が行われる一定の場所を有するものの課税標準とすべき所得は，事業の所得の総額から国外の事業に帰属する所得（国外所得）を控除して得た額とされる。この場合において，国外所得の計算が困難であるときは，従業者の数により按分計算した金額をもって，個人の国外所得とみなされる（地法72の49の13，地令35の3の10①）。

$$\text{所得の総額} \times \frac{\text{外国の事務所等の従業者の数}}{\text{従業者の総数}} = \text{国外所得}$$

　　所得の総額－国外所得＝事業の所得（1,000円未満切捨て）

ロ　鉱物の堀採事業と精錬事業を一貫して行う場合

　　鉱物の掘採事業に係る所得と精錬事業に係る所得とを区分することができる場合には，精錬事業に係る個人事業税の課税標準とすべき所得は，その区分して計算した所得である。この区分計算ができない場合には，鉱物の掘採事業と精錬事業とを一貫して行う個人の課税標準とすべき所得は，つぎの算式により計算した金額である（地法72の49の16①・②，地令35の3の11）。

---

47)　なお，月数は，暦に従い計算し，1月に満たない端数を生じたときは1月とする（地法72の49の14③）。また，事業主控除額は年を通じて算定するものであるから，年の中途において事業を休止する場合においても，その事業が継続して行われるものと認められるかぎり，その休止期間もこれを事業を行った月数に算入される（取扱通知(県)3章11の13(2)）。

㈩　自社の鉱物のみ精錬している場合

$$所得の総額 \times \frac{生産品の収入金額 - 鉱産税の鉱物の価格}{生産品の収入金額}$$

$$= 事業の所得（1,000円未満切捨て）$$

㈡　他の者から買い入れた鉱物も精錬している場合

$$所得の総額 \times \frac{\dfrac{生産品の}{収入金額} - \dfrac{買入れた}{鉱物の価格} - \dfrac{鉱産税の}{鉱物の価格}}{生産品の収入金額 - 買入れた鉱物の価格}$$

$$= 事業の所得（1,000円未満切捨て）$$

（5）　課税標準の特例

　事業税の物税としての性格や税負担の適正化の観点から，事業の情況に応じて，所得によらないで，①売上金額，家屋の床面積・価格，土地の地積・価格，従業員数などを課税標準として課税（外形標準課税）し，または，②所得基準と上記①の外形基準とを併せ用いることができる（地法72の24の4，72の49の15）。ただし，外形標準課税の税率は，通常の所得課税による場合の負担と著しく均衡を失することのないようにしなければならない（地法72の24の7⑨，72の49の17④）。

　課税標準の特例を根拠に外形標準課税が実施されたのは，東京都銀行税のみである。東京都銀行税は，安定的な税収および税負担の公平性の確保を目的として，「銀行業等に対する事業税の課税標準は，各事業年度の業務粗利益等による」とし，「平成12年4月1日以後5年以内に開始する各事業年度（当該事業年度終了の日の資金の総額が5兆円未満の事業年度及び清算事務年度を除く）分の事業税について適用する」ものであった。この特例の適用を受ける銀行業等に対する税率は，3％―特別法人は2％―であった[48]（東京都銀行税条例3①・③，5）。しかし結局，東京都銀行税は，課税標準の特例の限界を示す結果となった[49]。

---

48)　塚田祐次「銀行業等に対する事業税の外形標準課税の導入について」都市問題91
　　巻10号18〜24頁（2000年）。

30

2　標準税率

　個人事業税の税率についても，法人事業税の場合と同様，各都道府県は，地方税法で定められている標準税率を基準として，それぞれの税条例によって，個人事業税の適用税率を定めることになる[50]。ただし，都道府県は，標準税率に1.1を乗じて得た率（制限税率）を超える税率で課税することができない（地法72の49の17③）。

《算　式》

　　事業の所得×適用税率＝事業税額（100円未満切捨て）

　個人事業税の標準税率は，第1種事業，第2種事業および第3種事業の区分に従い，つぎのように定められている[51]（地法72の49の17①）。なお，現在のところ，全都道府県が標準税率で課税している。

　　イ　第1種事業を行う個人の標準税率は，5％である。

　　ロ　第2種事業を行う個人の標準税率は，4％である。

　　ハ　第3種事業（つぎのニに掲げる事業を除く）を行う個人の標準税率は，5％

---

49)　東京地判平成14年3月26日判時1787号42頁，東京高判平成15年1月30日判時1814号44頁。なお，平成15年10月8日，最高裁において，条例施行時に遡り税率を3％から0.9％に引き下げ，すでに徴収した税金との差額など，計約2,300億円を銀行側に返還するという内容で和解が成立している。

50)　標準税率とは，地方団体が課税する場合に通常よるべき税率で，その財政上その他の必要があると認める場合には，これによることを要しない税率をいい，総務大臣が地方交付税の額を定める際に基準財政収入額の算定の基礎として用いる税率である（地法1①五）。

51)　ちなみに，業種を列挙する方式が必要とされるのは，第1種事業，第2種事業および第3種事業で税率に差が設けられているので区分が必要なこと，第2種事業は主として自家労力によるものは課税されないことにある（自治省府県税課編『事業税逐条解説』34頁（地方財務協会，1995年））。この点につき，碓井光明教授は，「個人事業税の標準税率を一本化し，全ての事業に課税することを原則としつつ，非課税とする事業を取り出して規定するという現在と逆の立法技術を採用すべきであると考える。第2種における主として自家労力によるものも，存続させるのであれば，非課税規定に残すことで足りよう。そして，道府県が特定業種の負担を軽減したいという場合は，『公益による不均一課税』の活用を考えればよい」と提言している（碓井光明『要説地方税のしくみと法』127頁（学陽書房，2001年））。

である。

二　第3種事業のうち，あん摩，マッサージまたは指圧，はり，きゅう，柔
　道整復その他の医業に類する事業（あん摩等の事業）および装蹄師業を行う
　個人の標準税率は，3％である。

なお，異なる税率が適用される2以上の事業を併せて行う個人のそれぞれの
税率を適用すべき所得は，損失の繰越控除または被災事業用資産の損失の繰越
控除，譲渡損失の控除，譲渡損失の繰越控除および事業主控除の金額を控除し
た後の総所得金額を，これらの控除をする前のそれぞれの事業の所得金額によ
り按分して算出される。この場合において，それぞれの事業の所得金額の区分
が明らかでないときは，総所得金額を売上金額など最も妥当な基準により按分
して，それぞれの税率を適用すべき所得を算定する（取扱通知(県)3章11の15）。

3　賦課徴収

個人事業税は，法定事業を行う個人に対して，その事務所等所所在の都道府
県が課税資料を基にして税額を計算し，これを納税通知書により納税者に通知
するという「賦課課税方式」により課される[52]（地法72の2③）。したがって，
個人事業税の課税団体は，これらの事業を行う個人の事務所等所在の都道府県
であって，事務所等の意義・範囲等については法人事業税と同じである。

なお，行商・露店商等のように，個人が事務所等を設けないで第1種事業，
第2種事業または第3種事業を行う場合には，これらの事業を行う個人の住所
または居所のうち，その事業と最も関係の深いものをもって，その事務所等と

---

[52]　ちなみに，①賦課課税方式とは，納付すべき税額が専ら課税団体の賦課処分によ
　り確定する方法をいい，地方税法上は「普通徴収」と呼ぶ（地法1①七，通法16①二）。
　これに対して，②申告納税方式とは，納付すべき税額が納税者のする申告により確
　定することを原則とし，その申告がない場合または税額の計算が租税法の規定に従っ
　ていなかった場合その他税額が課税団体の調査したところと異なる場合にかぎり，
　課税団体の更正・決定によって税額を確定する方法をいい，地方税法上は「申告納
　付」と呼ぶ（地法1①八，通法16①一）。国税については，第2次世界大戦後，後
　者の方式が一般的に採用された結果，前者の方式は例外的に用いられているのに対
　して，地方税については，前者の方式が原則的に用いられている。

みなされ，そのみなされた場所の所在する都道府県が個人事業税を課すること
になる[53]（地法72の2⑦）。この場合において，事業と最も関係の深い住所また
は居所は，その事業を行うに必要な物的設備の保管，事業計画，収支計算など
を行う場所等を基準として認定することが適当である。

（1）　国税準拠による賦課

　都道府県知事は，つぎの（3）に該当する場合を除き，個人の前年中の所得
税の課税標準である所得のうち，事業所得等について，個人が税務官署に申告
し，もしくは修正申告し，または税務官署が更正・決定した課税標準を基準と
して，個人事業税を課する（地法72の50①本文）。したがって，都道府県知事は，
個人が税務官署に申告し，または税務官署が更正・決定した事業所得等の金額
が過大または過小であると認められる場合であっても，独自にその所得を調査
して決定することができない。

　都道府県知事は，事業所得等の金額が過小であると認めるときは，その年の
10月1日から10月31日までに，税務官署に対して，更正をすべき事由を記載
した書類を添えて，更正をすべき旨を請求することができる。この場合におい
て，正当な事由がなくて税務官署が「更正の請求」を受けた日から3月以内に
更正をしないときは，都道府県知事は，税務官署を監督する税務官署―具体的
には，税務署を監督する国税局―に更正をすべき旨を請求することができる
（地法72の50③）。

（2）　分　割　個　人

　2以上の都道府県において事務所等を設けて事業を行う個人（分割個人）に
ついては，法人の場合と同じく，それぞれの都道府県において納税義務を負う
ことになり，課税標準の分割の問題が生じる。この場合には，事務所等所在地
の都道府県知事が，それぞれ課税権を有することになる。個人事業税は賦課課

53）　ちなみに，個人住民税の課税は，住民基本台帳を基礎としてなされる（地法24②，
　294②）。一般に「住所」とは，その者の生活の本拠をいう（民法22，最判昭和29年
　10月20日民集8巻10号1907頁）。したがって，住民基本台帳に記録されている住所
　と実際の生活の本拠とが違う場合には，その実際の生活の本拠を基に個人住民税の
　課税（みなし課税）が行われる（地法294③）。

税方式により課されていることから，つぎのように，分割個人の課税標準の総額を関係都道府県内に所在する事務所等の従業者の数によって関係都道府県に分割し，その分割した金額を課税標準として算定した個人事業税をそれぞれの都道府県が課することになる（地法72の54①～③）。

イ　主たる事務所等所在の都道府県知事（主たる都道府県知事）は，分割個人に係る個人事業税の課税標準とすべき所得の総額を決定する。

ロ　主たる都道府県知事は，分割個人に係る所得の総額を関係都道府県ごとの事務所等の従業者の数により按分して，関係都道府県ごとの所得（分割課税標準額）を決定する[54]。

$$所得の総額 \times \frac{当該都道府県に所在する事務所等の従業者の数}{事務所等の従業者の総数}$$

$$= 分割課税標準額（1,000円未満切捨て）$$

ハ　主たる都道府県知事は，所得の総額および分割課税標準額を従たる事務所等所在の都道府県知事（従たる都道府県知事）および納税者に通知する。

ニ　主たる都道府県知事および従たる都道府県知事（関係都道府県知事）は，分割課税標準額を課税標準として事業税額を算定する。

$$関係都道府県ごとの分割課税標準額 \times 適用税率$$

$$= 関係都道府県ごとの事業税額（100円未満切捨て）$$

（3）　自主調査による賦課

つぎに掲げる場合には，都道府県知事は，その調査によって，事業の所得を決定して，個人事業税を課する（地法72の50①但書・②）。

イ　医業等を行う個人で，社会保険診療報酬に係る所得が課税除外とされる場合

ロ　非課税事業と課税事業とを併せて行う場合

ハ　所得税の申告において，事業所得等を他の種類の所得とした場合

ニ　無申告の事業所得等について，税務官署がその年の5月31日までに決

---

54)　なお，異なる税率を適用される所得があるときは，その異なる税率を適用される所得ごとに区分した分割課税標準額を算定する（地法72の54②括弧書）。

定しない場合

ホ　所得税の申告をしたものの，いわゆる「控除失格者」となる場合

（4）　廃業した個人事業者

個人事業者が年の中途において事業を廃止した場合には，その年の1月1日から事業の廃止の日までの事業の所得を課税標準として，その事業の廃止後—その年の1月1日から3月31日までの間において事業を廃止した場合は，その年の3月31日後—直ちに個人事業税が課される（地法72の51③）。このように，その徴収は，通常の納期にかかわらず，その賦課後，随時納期限を定めて早期に徴収されることになっている。

これは，事業を行う個人が事業を行っていれば，その事業は，常時，都道府県からの行政サービスを享受していることから，このような課税方法をとっているものである。このため，個人事業税の納税義務は，その都度成立すると解されている（昭和29年9月6日自丁府72号行政実例）。もし仮に，事業を行う個人が死亡した場合には，未だ賦課決定がなされていなくとも，すでに個人事業税の納税義務が成立しており，相続人は，被相続人に課されるべき事業税額を納付すべき義務を負うことになる[55]（地法9）。

（5）　徴収の方法

都道府県は，事業税額を算定して賦課決定し，その税額，納期および各納期における納付額などを記載した「納税通知書」を納税者に交付して，これを徴収することになる。具体的な納期は，8月および11月中において，税条例で定める日とされている（地法72の51①）。なお，納税通知書は，遅くとも，その納期限前10日までに納税者に交付しなければならない（地法72の52）。

---

[55]　ちなみに，個人住民税の場合も，前年の所得を課税標準とするが，この税は1月1日を賦課期日として採用している。そのため，前年中に所得があったとしても，その年の1月1日にどこかの市町村に住所を有していなければ，個人住民税の納税義務は成立せず，結局，個人事業税の場合とは結論が逆になる（昭和28年10月29日自税市288号行政実例）。

4　申告・報告

　個人事業税の賦課にあたっては，その参考資料として，納税者に，一定の事項の申告または報告を義務づけている。

（1）申　　告

　個人事業税の納税義務者で，事業の所得金額が事業主控除額を超えるものは，その年の3月15日まで―事業を廃止した場合は，事業の廃止の日から1月以内，または納税義務者の死亡後4月以内―に，前年中の事業の所得ならびに譲渡損失金額および事業専従者控除に関する事項その他事業の所得の計算に必要な事項を事務所等所在地の都道府県知事に申告しなければならない（地法72の55①）。

　なお，申告の義務を有しない者で翌年度以後において損失の繰越控除，被災事業用資産の損失の繰越控除または譲渡損失の繰越控除を受けようとするものは，その年の3月15日までに，その事務所等所所在地の都道府県知事に申告することができる（地法72の55②）。

（2）分割個人の特例

　分割個人がする申告は，主たる事務所等所在地の都道府県知事にしなければならない。この場合において，上記（1）の申告事項のほか，事務所等の従業者の数その他必要な事項を併せて申告しなければならない（地法72の55③）。

（3）みなす申告

　個人事業税の納税義務者が前年分の所得税につき確定申告書を提出し，または個人住民税につき申告書を提出した場合には，その申告書が提出された日に，個人事業税の申告がされたものとみなされる（地法72の55の2①）。これらの申告書に記載された事項のうち，個人事業税の申告事項に相当するものおよび付記事項は，それぞれ個人事業税について申告されたものとみなされる（地法72の55の2②）。

（4）報　　告

　都道府県は，上記（1）～（3）の申告事項のほか，税条例の定めるところにより，個人事業税の賦課徴収に関し必要な事項の報告を求めることができる（地法72の55④）。

第2章 所　得　割

chapter 2

　法人所得課税についてみると，法人税と法人事業税は，その本質においても，また，その機能においても異なる。所得割とは，所得により法人の行う事業に対して課する事業税をいう（地法72三）。ところが，特定の事業を除いて，両者の課税標準が共通し，その算定方法もほとんど違いがない。このため，両者の相違はあいまいとなり，所得割は法人税の形を変えた課税のように誤解している向きさえある。しかし両者は，なお多くの点において異なっている。

《算　式》

　　所得金額×税率＝所得割額（100円未満切捨て）

第1節　事　業　年　度

　法人事業税の課税標準の算定期間である事業年度は，すべて法人税の課税標準の算定期間である事業年度と同一であり，その取扱いについては国の税務官署の取扱いに準ずる（取扱通知(県)3章3）。

1　事業年度の意義

　事業年度とは，法人の財産および損益の計算の単位となる期間（会計期間）で，法令で定めるものまたは法人の定款，寄附行為，規則，規約その他これらに準ずるもの（定款等）に定めるものをいい，これらの期間が1年を超える場合，また，法令・定款等に会計期間の定めがない場合には，つぎのように取り扱わ

れる。

（1） 会計期間の定めがある場合

法令・定款等に会計期間の定めがある場合には，つぎの2ケースがある。

イ　1年を超えない会計期間

　　1年を超えないときは，その1年未満の期間が事業年度とされる（地法72の13①，法法13①本文）。

ロ　1年を超える会計期間

　　会社法においては，「事業年度の末日を変更する場合における変更後の最初の事業年度については，1年6箇月」（会社計算規則59②括弧書）までは認められる。しかし，法人税・法人事業税では，その期間を開始の日以後1年ごとに区分した各期間—最後に1年未満の期間を生じたときは，その1年未満の期間—が事業年度とされる（地法72の13④，法法13①但書）。

（2） 会計期間の定めがない場合

法令・定款等に会計期間の定めがない場合には，つぎの2ケースがある[1]。

イ　届出の会計期間

　　設立の日以後2月以内に，1年を超えない会計期間を定めて納税地の所轄税務署長に届け出たときは，その1年未満の期間が事業年度とされる（地法72の13①，法法13①本文）。また，会計期間が1年を超えるときは，その期間を開始の日以後1年ごとに区分した各期間—最後に1年未満の期間を生じた場合は，その1年未満の期間—が事業年度とされる（地法72の13④，法法13①但書）。

ロ　指定の会計期間

　　会計期間を定めた届出がないときは，納税地の所轄税務署長が指定した会計期間が事業年度とされる（地法72の13②，法法13③）。ただし，人格のない社団等がその届出をしない場合には，その人格のない社団等の会計期

1） 法人税法上，法人が会計期間を変更または新たに定めた場合には，遅滞なく，その変更前後の会計期間またはその定めた会計期間を納税地の所轄税務署長に届け出なければならない（法法15）。

間は，「その年の1月1日（または収益事業を開始した日）から12月31日までの期間」とされる（地法72の13③，法法13④）。

2　みなし事業年度

法人事業税においては，法人が事業年度の中途で解散した場合など，一定の場合には，つぎのような，みなし事業年度が設けられている。

（1）　解散事業年度

内国法人が事業年度の中途において解散等をした場合の，みなし事業年度としては，つぎの2ケースがある。

　イ　通常の解散

　　　事業年度の中途において解散をした内国法人の事業年度は，その解散の日に終了し，これに続く事業年度は，その解散の日の翌日から開始するものとされる[2]（地法72の13⑤一，法法14①一）。なお，解散をした場合における清算事業年度は，定款で定めた事業年度にかかわらず，解散をした日の翌日またはその後毎年その日に応当する日から始まる各1年の「清算事務年度」となる（会社法494①，法基通1－2－9）。

　ロ　合併による解散

　　　事業年度の中途において合併により解散した内国法人の事業年度は，その合併の日の前日に終了するものとされる[3]（地法72の13⑤二，法法14①二）。

2）　解散の日とは，①株主総会その他これに準ずる総会等において定めたときはその定めた日，定めなかったときは解散の決議の日，②解散事由の発生により解散した場合には事由発生の日をいう（法基通1－2－4前段）。

3）　合併とは，2以上の会社が契約によって1つの会社に合体することをいう。これには，①当事会社の1つが存続して他の消滅する会社を吸収する場合（吸収合併）と，②当事会社のすべてが消滅して新しい会社を設立する場合（新設合併）とがある（会社法2二十七・二十八）。実際には，前者のほうがよく利用される。会社法は，いずれの場合にも，合併の結果，一部または全部が解散によって消滅すると構成するため，合併は消滅する会社にとっては解散の一場合である（会社法471四）。ただし，合併の場合には，通常の解散の場合と異なり，消滅会社の財産は存続会社または新設会社に包括的に承継され，消滅会社の株主は合併手続の中で対価の交付を受けるため，清算手続は不要である。

（2）　公益法人等の事業年度

公益法人等が事業年度の中途において収益事業を開始した場合等の，みなし事業年度としては，つぎの2ケースがある。

イ　収益事業の開始

　　事業年度の中途において新たに収益事業を開始した公益法人等または人格のない社団等の事業年度は，その開始した日の前日に終了し，これに続く事業年度は，その開始した日から開始するものとされる（地法72の13⑤三，法法14①三）。

ロ　組 織 変 更

　　事業年度の中途において普通法人に該当することになった公益法人等，または公益法人等に該当することになった普通法人の事業年度は，その事実が生じた日の前日に終了し，これに続く事業年度は，その事実が生じた日から開始するものとされる（地法72の13⑤四，法法14①四）。

（3）　清算事業年度

清算事業年度の中途において残余財産が確定した場合等の，みなし事業年度としては，つぎの2ケースがある。

イ　残余財産の確定

　　清算事業年度の中途において残余財産が確定した清算法人の事業年度は，その残余財産の確定の日に終了するものとされる[4]（地法72の13⑤四，法法14①四）。

ロ　事業の継続

4）　ちなみに，清算手続には，①裁判所の監督に服さない「通常清算」と，②裁判所の監督のある「特別清算」とがある。後者の手続は，清算型倒産処理手続の一種である。一方，前者の手続をみると，まず，解散の時点で継続中の事務を完結し，取引関係も完結（現務の結了）する。つぎに，弁済期の来た債権を取り立て，金銭以外の財産は換価する。そして，会社の債務を弁済する。その方法としては，2月以上の一定の期間内に債権の申出をするように催告し，この期間経過後に，申し出た債権者と知れている債権者の全員に弁済する（会社法499～501）。それ以外の債権者は除斥される（会社法503）。その結果，残った財産（残余財産）があれば，株主に原則として持株数に比例して配分する（会社法504～506）。

清算事業年度の中途において事業を継続した清算法人の事業年度は，その継続の日の前日に終了し，これに続く事業年度は，その継続の日から開始するものとされる（地法72の13⑤六，法法14①六）。

（4）外国法人の事業年度

外国法人が事業年度の中途において恒久的施設を有することになった場合等の，みなし事業年度としては，つぎの2ケースがある。

イ　恒久的施設の新設

事業年度の中途において恒久的施設を有することになった外国法人の事業年度は，その有することになった日の前日に終了し，これに続く事業年度は，その有することになった日から開始するものとされる（地法72の13⑤七，法法14①七）。

ロ　恒久的施設の廃止

事業年度の中途において恒久的施設を有しないことになった外国法人の事業年度は，その有しないことになった日に終了するものとされる（地法72の13⑤八，法法14①八）。

3　通算法人の事業年度

令和2年度税制改正により，令和4年4月1日以後開始する事業年度において，連結納税制度からグループ通算制度へ移行することとされた[5]。グループ通算制度では，個別申告方式になるとはいえ，損益通算をすることから，通算子法人については，通算親法人の事業年度と同じ期間を事業年度とするほか，つぎのような事業年度の特例が設けられている[6]。

5）財務省『令和2年度税制改正の大綱』47〜52頁（2019年）なぜなら，連結納税制度は，単純に各連結法人の利益と損失を相殺する制度ではなく，連結納税グループを1つの法人とみなして法人税を計算するという煩雑な制度になっていたからである。そこで，グループ通算制度では，事務負担を軽減するために，連結親法人がまとめて申告をする方式から個別申告方式に移行することを目的としている。

6）もちろん，地方法人二税には，連結納税制度と同様に，グループ通算制度は導入されていないため，損益通算は認められていない。なお，通算承認を受けた親法人

（1）　通算親法人の事業年度の特例

つぎの事由が生じたことにより通算承認が効力を失った場合には，通算親法人の事業年度は，その効力を失った日の前日に終了し，これに続く事業年度は，その効力を失った日から開始するものとされる（地法72の13⑥，法法14②）。

イ　青色申告の承認の取消しの通知を受けたこと。

ロ　通算親法人と内国法人との間にその内国法人による完全支配関係が生じたこと。

ハ　通算親法人と公益法人等との間にその公益法人等による完全支配関係がある場合において，公益法人等が普通法人・協同組合等に該当することになったこと。

ニ　通算法人が通算親法人のみとなったこと。

（2）　通算子法人の事業年度の特例

通算親法人の事業年度開始の時に通算親法人との間に通算完全支配関係がある通算子法人の事業年度は，その開始の日に開始するものとし，また，通算親法人の事業年度終了の時に通算親法人との間に通算完全支配関係がある通算子法人の事業年度は，その終了の日に終了するものとされる（地法72の13⑦，法法14③）。

（3）　通算制度への加入・離脱等の場合の事業年度の特例

つぎに掲げる事実が生じた場合には，その事実が生じた内国法人の事業年度は，それぞれに定める日の前日に終了し，これに続く事業年度は，内国法人の合併による解散または残余財産の確定に基因して，つぎのロの事実が生じた場合を除き，それぞれに定める日から開始するものとされる（地法72の13⑧，法法14④）。

イ　内国法人が通算親法人との間に完全支配関係を有することになった場合

を「通算親法人」といい，通算承認を受けた他の内国法人（子法人）を「通算子法人」といい，両者を合わせて「通算法人」と呼ぶ（法法２十二の六の七・十二の七・十二の七の二）。また，通算親法人と通算子法人との間の完全支配関係および通算親法人との間に完全支配関係がある通算子法人相互の関係を「通算完全支配関係」という（法法２十二の七の七）。

その有することになった日

ロ　内国法人が通算親法人との間に通算完全支配関係を有しなくなった場合

その有しなくなった日

（4）　申請特例年度における子法人の事業年度の特例

つぎに掲げる内国法人の事業年度は，それぞれに定める日の前日に終了し，これに続く事業年度は，それぞれに定める日から開始するものとされる（地法72の13⑨，法法14⑤）。

イ　親法人の申請特例年度開始の時に完全支配関係がある内国法人

その申請特例年度開始の日

ロ　親法人の申請特例年度の期間内に完全支配関係を有することになった内国法人

その有することになった日

なお，内国法人が通算承認を受けなかったとき，または申請特例年度終了の日の翌日に通算承認の効力が生ずる法人に該当するときは，上記イ・ロに定める日から開始する事業年度は，申請特例年度終了の日に終了し，これに続く事業年度は，合併による解散等の場合を除き，その申請特例年度終了の日の翌日から開始するものとされる（地法72の13⑩，法法14⑥）。

（5）　加入時期の特例

内国法人が，通算親法人との間に完全支配関係を有することになり，または親法人の申請特例年度の期間内に完全支配関係を有することになった場合には，つぎのように事業年度が調整される（地法72の13⑫，法法14⑧）。

イ　通算親法人との間に完全支配関係を有することになった日（加入日）から加入日の前日の属する特例決算期間の末日まで継続して，内国法人と通算親法人または親法人との間に完全支配関係がある場合には，内国法人および当該法人が発行済株式・出資を直接・間接に保有する他の内国法人については，加入日の前日の属する特例決算期間の末日の翌日を上記（3）イまたは（4）ロの日として，特例決算期間の末日を事業年度終了の日とすること。

ロ　上記イに該当しない場合には，内国法人および当該法人が発行済株式・出資を直接・間接に保有する他の内国法人については，加入日の前日を事業年度終了の日としないこと。

第2節　所得割の課税標準

　法人事業税の所得割の課税標準は，各事業年度の所得である（地法72の12三）。各事業年度の所得については，原則として，各事業年度の法人税の課税標準である所得の計算の例によって算定されるので，特定の事業を除いて，両者の課税標準はおおむね一致することになる。これは，同じ所得を課税標準とする法人税の場合の所得によることによって，納税者側も課税団体側も二重調査等による煩わしさを避けることができて便宜であり，そしてまた，徴税費も節約できる趣旨にある。

1　各事業年度の所得

　所得割の課税標準となる各事業年度の所得は，内国法人の所得と外国法人の所得の区分に応じて，つぎのように算定される。

（1）内国法人

　各事業年度の所得は，内国法人にあっては，各事業年度における益金の額から損金の額を控除した金額によるものとし，法令で特別の定めをする場合を除くほか，各事業年度の法人税の課税標準である所得の計算の例により算定される（地法72の23①一）。法人税法では，「各事業年度の所得の金額は，当該事業年度の益金の額から当該事業年度の損金の額を控除した金額とする」と規定されている（法法22①）。具体的には，一般に公正妥当と認められる会計処理の基準により計算された決算利益を基に申告調整を行い，所得金額が計算される。

《算　式》

　　益金の額－損金の額＝所得金額（1,000円未満切捨て）

　なお，益金とは，法令により別段の定めのあるもののほか，資本等取引以外において純資産増加の原因となるべき一切の事実をいう。また，損金とは，法

令により別段の定めのあるもののほか，資本等取引以外において純資産減少の原因となるべき一切の事実である（取扱通知(県)3章4の7の1）。つまり，法令に特別の定めがある場合を除き，何を益金の額に算入し，あるいは益金の額に算入せず，または何を損金の額に算入し，あるいは損金の額に算入しないかということは，すべて法人税関係法令がそのまま法人事業税にも適用されるのである。

（2） 外 国 法 人

各事業年度の所得は，外国法人にあっては，各事業年度の恒久的施設に帰属する所得金額（恒久的施設帰属所得金額）と恒久的施設に帰属しない所得金額（恒久的施設非帰属所得金額）との合算額によるものとし，法令で特別の定めをする場合を除くほか，各事業年度の法人税の課税標準である恒久的施設帰属所得および恒久的施設非帰属所得の計算の例により算定される（地法72の23①二）。

《算　式》

　　恒久的施設帰属所得金額＋恒久的施設非帰属所得金額

　　　　　　　　　　　　　＝所得金額（1,000円未満切捨て）

なお，恒久的施設帰属所得とは，外国法人が恒久的施設を通じて事業を行う場合において，恒久的施設が外国法人から独立して事業を行う事業者であるとしたならば，恒久的施設が果たす機能，恒久的施設において使用する資産，恒久的施設と外国法人の本店等との間の内部取引その他の状況を勘案して，恒久的施設に帰せられるべき国内源泉所得をいう（法法138①一，141一イ）。また，恒久的施設非帰属所得とは，つぎに掲げる国内源泉所得である（法法138①二～六，141一ロ）。

イ　国内にある資産の運用または保有により生ずる所得

ロ　国内にある資産の譲渡により生ずる所得

ハ　国内において人的役務の提供を主たる内容とする事業を行う法人が受ける人的役務の提供に係る対価

ニ　国内にある不動産，国内にある不動産の上に存する権利もしくは採石権の貸付け，租鉱権の設定または居住者もしくは内国法人に対する船舶もし

くは航空機の貸付けによる対価

ホ　上記イ〜ニのほか，その源泉が国内にある所得

2　特別の定め

　法人税の各事業年度の所得の計算の例によらないものとして，所得割の課税標準の計算には，つぎの特別な取扱いが定められている。

（1）　内国法人の欠損金額

　内国法人の所得割の課税標準である各事業年度の所得を算定する場合には，つぎに掲げる欠損金額については，各事業年度の所得の計算上損金の額に算入することになる（地法72の23①，地令20の3①）。

イ　各事業年度開始の日前10年以内に開始した事業年度において生じた青色欠損金額（法法57）

ロ　各事業年度開始の日前10年以内に開始した事業年度において生じた災害損失欠損金額（法法58）

　また，内国法人が当該事業年度開始の日前10年以内に開始した事業年度に生じた欠損金額につき，法人税において欠損金の繰戻還付を受けているときは，各事業年度の所得の計算上損金の額に算入する（地令21①，法法80）。これは，法人事業税において欠損金の繰戻還付制度が設けられていないことによる調整措置である[7]。

（2）　組織再編成が行われた場合の繰越欠損金額

　内国法人を合併法人とする適格合併が行われた場合，または内国法人との間に完全支配関係がある他の内国法人で当該法人が発行済株式もしくは出資の全

---

[7]　ちなみに，欠損金の繰戻還付制度とは，青色申告書を提出する事業年度に欠損金額が生じた場合において，その欠損金額に係る事業年度（欠損事業年度）開始の日前1年以内に開始したいずれかの事業年度（還付所得事業年度）に繰り戻して法人税額の還付を請求できるというものである（法法80①）。ただし，この制度は，①清算事業年度の欠損金額，②中小企業者等の各事業年度において生じた欠損金額を除き，平成4年4月1日から令和4年3月31日までの間に終了する各事業年度において生じた欠損金額については適用が停止されている（措法66の12）。

部もしくは一部を有するものの残余財産が確定した場合において，適格合併に係る被合併法人または他の内国法人（被合併法人等）の繰越欠損金額については，つぎのように取り扱われる（地法72の23①・④，地令20の3，21②，取扱通知（県）3章4の7の4（4））。

　ロ　被合併法人等の繰越欠損金額等の引継ぎ

　　組織再編成が行われた場合において，被合併法人等の適格合併の日前10年以内に開始し，または残余財産の確定の日の翌日前10年以内に開始した各事業年度において生じた欠損金額のうち，被合併法人等において繰越控除された金額を控除した金額（未処理欠損金額等）があるときは，未処理欠損金額等は，内国法人の合併等事業年度以後の各事業年度における繰越控除の適用において，その未処理欠損金額等の生じた被合併法人等の事業年度開始の日の属する内国法人の事業年度において生じた欠損金額とみなされる[8]。

　ロ　繰越欠損金額等に係る制限

　　繰越欠損金額等については，つぎのような制限がある。

　㈠　被合併法人等の未処理欠損金額等には，適格合併が共同で事業を行うためのものに該当する場合，または被合併法人等の適格合併の日の属する事業年度開始の日の5年前の日もしくは残余財産の確定の日の翌日の属する事業年度開始の日の5年前の日，被合併法人等の設立の日もしくは内国法人の設立の日のうち，最も遅い日から継続して支配関係があると認められる場合のいずれにも該当しないときは，支配関係事業年度前に生じた欠損金額および支配関係事業年度後に生じた欠損金額のうち，

8）　なお，複数の法人の関係や組織を変更する取引を「組織再編成」といい，会社法上の合併や会社分割，株式交換・株式移転がその典型である。これらの組織再編成では，法人の事業の全部または一部が法人間で移転され，その対価として，移転を受けた法人の自己株式が交付される。また，適格合併とは，株式継続保有要件または共同事業要件のいずれかを満たす合併で，被合併法人の株主等に合併法人の株式または合併親法人の株式のいずれか一方の株式または出資以外の資産が交付されないものをいう（法法2十二の八）。

の特定資産の譲渡等損失額からなるものは含めないこと[9]。

　　㈺　内国法人と支配関係法人との間で適格合併，適格分割，適格現物出資
　　　または適格現物分配（適格組織再編成等）が行われた場合において，適格
　　　組織再編成等が共同で事業を営むためのものに該当しないときは，内国
　　　法人の支配関係事業年度前に生じた内国法人の欠損金額および支配関係
　　　事業年度後に生じた欠損金額のうち，特定資産の譲渡等損失額からなる
　　　ものは，内国法人の組織再編成事業年度以後の繰越控除においては，な
　　　いものとすること[10]。

（3）　医療法人等の社会保険診療等に係る所得の課税除外

　医療法人または医療施設に係る事業を行う農業協同組合連合会が，療養の給
付，更生医療の給付，養育医療の給付，療育の給付もしくは医療の給付または
医療，介護，助産もしくはサービス（社会保険診療等）について支払いを受けた
金額は益金の額に算入せず，また，社会保険診療等に係る経費は損金の額に算
入しない（地法72の23②・③，地令21の7）。

9）　支配関係事業年度とは，被合併法人等と内国法人の間に最後に支配関係があるこ
　とになった日の属する事業年度をいう（取扱通知(県)3章4の7の4（4）イ(ア)括
　弧書）。

10）　適格分割には，適格分割型分割と適格分社型分割がある（法法2十二の十一）。前
　者は，株式継続保有要件または共同事業要件のいずれかを満たす分割で，分割法人
　が交付を受ける分割承継法人の株式その他の資産（分割対価資産）のすべてがその
　分割の日において分割法人の株主等に交付される分割のうち，分割法人の株主等に
　分割承継法人の株式または分割承継親法人の株式のいずれか一方の株式以外の資産
　が交付されず，かつ，その株式が株主等の有する分割法人の株式の数の割合に応じ
　て交付されるものである（法法2十二の十二）。後者は，株式継続保有要件または共
　同事業要件のいずれかを満たす分割で，分割法人が交付を受ける分割対価資産がそ
　の分割の日において分割法人の株主等に交付されない分割のうち，分割法人に分割
　承継法人の株式または分割承継親法人の株式のいずれか一方の株式以外の資産が交
　付されないものである（法法2十二の十三）。なお，適格現物出資とは，株式継続保
　有要件または共同事業要件のいずれかを満たす現物出資で，現物出資法人に被現物
　出資法人の株式のみが交付されるものをいう（法法2十二の十四）。また，適格現物
　分配とは，内国法人を現物分配法人とする現物分配のうち，その現物分配により資
　産の移転を受ける者がその現物分配の直前において当該法人との間に完全支配関係
　がある内国法人のみであるものをいう（法法2十二の十五）。

（4） 所得税額の損金不算入

　個人事業税においては，利子所得および配当所得を課税対象としていないので，法人税と所得税の間におけるような二重課税の問題も生じないことから，所得税額を事業税額から控除する税額控除制度は設けられていない。一方，法人税においては，各事業年度において利子・配当等の支払いを受ける場合には，内国法人の申告により，これに課される所得税額は，当該事業年度の所得に対する法人税額から控除される（法法68）。なお，この所得税額は，法人税額から控除せず，損金の額に算入しても差し支えない。

　そのため，法人事業税において何らかの特別の定めをしないときは，法人税において税額控除が行われた場合と損金の額に算入された場合とで法人事業税の所得が異なり，両者の間に不均衡が生じることになる。この不均衡を回避するため，法人事業税の各事業年度の所得の計算にあたっては，法人税において税額控除の適用を受けない場合には，所得税額を損金の額に算入しない（地令21の2の2①）。また，分配時調整外国税相当額について，当該事業年度の所得に対する法人税額から控除せず，これを損金の額に算入した場合，法人事業税においては，分配時調整外国税相当額を損金の額に算入しない（地令21の2の3①）。

（5） 寄附金の損金算入限度額の調整

　法人事業税の課税標準である各事業年度の所得は，原則として，法人税の各事業年度の所得の計算の例によるため，寄附金の損金算入限度額に関する規定も当然適用される。ところが，寄附金の損金算入限度額を算出する基礎となる所得金額は，法人事業税における所得の計算が法人税の所得の計算の例によらない部分があることから，法人事業税と法人税によって，その所得金額が異なる場合がある。

　両者の所得金額が異なる場合において，もしも，法人事業税において何らかの調整措置を講じないとすれば，両者別々に損金算入限度額を算出しなければならない。しかし，これでは，いたずらに所得の計算が複雑になるだけである。そこで，法人事業税では，所得計算の簡素化を図るため，法人税における所得

の計算において寄附金の損金算入限度額とされた金額をもって、その限度額とされる[11]（地令21の3）。

（6） 外国法人税額の損金算入

　内国法人における外国の恒久的施設に帰属する所得に対しては、地方税としての事業税の性格から課税されない。逆にいえば、その所得が国内の事務所等に帰属する場合は、国内における事業の成果として、法人事業税の課税対象となる。この場合における外国法人税額のうち、内国法人の外国において行う事業に帰属する所得以外の所得に対して課されたものは、損金の額に算入することになる（地令21の5）。

（7） 海外投資等損失準備金制度

　海外投資等損失準備金制度とは、国外における資源開発事業への投融資をする内国法人のリスク―たとえば、取得株式等の価格低落や貸倒損失など―に備えるため、投融資に要した費用の一定割合について準備金の積立を認め、それを損金に算入する特例措置をいう（措法55）。これを法人事業税の所得割に影響させることは適当でないとの理由により、法人事業税の各事業年度の所得を算定する場合において、この特例措置は適用されない（地法72の23②本文）。

　ただし、特定法人の特定株式等のうち、国内で行う資源開発事業等に係る部分の準備金については、内国法人が外国の法令により課された外国法人税額のうち、内国法人の外国において行う事業に帰属する所得以外の所得に対して課されたものは、損金の額に算入される（地法72の23②括弧書、地令21の6）。

3　特定内国法人の所得金額の算定方法

　法人事業税は、応益課税としての性格から、その課税対象となる事業は国内で行われる事業に限られる。内国法人で外国にその事業が行われる恒久的施設

11）　ちなみに、寄附金の損金算入限度額は、形式的に期末の資本金等の額を基にした資本金基準額と当期の所得金額を基にした所得基準額が、「損金算入限度額＝｛所得基準額（＝所得金額×2.5％）＋資本基準額（＝資本金等の額÷12×当期の月数×0.25％）｝×1／4」と計算し、この限度額を超える部分の金額は損金の額に算入されない（法法37①、法令73①）。

を有するもの（特定内国法人）の所得割の課税標準は，つぎに掲げる方法により所得金額を計算することになる。

（1）原　　則

国内の事業と国外の事業について区分計算をしている場合には，特定内国法人の所得の総額から国外の事業に帰属する所得（国外所得）を控除して得た額が，課税標準となる所得金額とされる（地法72の24前段）。

《算　式》

　　所得の総額－国外所得＝所得金額（1,000円未満切捨て）

（2）特　　則

国外所得の計算が困難であるときは，従業者の数により按分計算した金額をもって，特定内国法人の国外所得とみなされる（地法72の24後段）。

《算　式》

$$所得の総額 \times \frac{外国の事務所等の従業者の数}{従業者の総数} = 国外所得$$

　　所得の総額－国外所得＝所得金額（1,000円未満切捨て）

なお，所得の総額は，繰越欠損金額を控除する前のものであり，国外所得以外の所得に対して課された外国法人税額を損金の額に算入しないで計算した金額である（地令21の9①）。また，国外所得に対して課された外国法人税額について，法人税において外国税額控除の適用を受けず，これを法人税の所得の計算上損金の額に算入している場合には，所得の総額は，外国法人税額を損金の額に算入しないものとして計算される（地令21の9②）。

（3）国外所得の算定の留意点

国外所得の算定にあたっては，つぎの諸点に留意しなければならない（個別通知2，6，8～13）。

　イ　内国法人が外国において事業を営んでいるかどうかは，内国法人が外国に恒久的施設を有するかどうかによって判定すること。

　ロ　原則として，①内国法人が法人税について外国税額の控除に関する事項を記載した確定申告書を提出している場合，②外国に所在する事務所等の

規模，従業者の数，経理能力などからみて，国外所得を区分計算すること
が困難でないと認められる場合には，国内の事業に帰属する所得と国外所
得とを区分して計算すべきであること。

ハ　所得の総額が欠損である事業年度についても，外国に恒久的施設がある
　　かぎり，区分計算─所得の区分が困難である法人にあっては，欠損金額の
　　従業者の数による按分計算─を要すること。

ニ　翌事業年度以降において繰越控除が認められる欠損金額は，欠損金額か
　　ら国外の事業に帰属する欠損金額─所得の区分が困難である法人にあって
　　は，従業者の数による按分によって国外の事業に帰属する欠損金額とされ
　　た部分─を控除した金額に限ること。

ホ　特定内国法人が国外所得を区分計算する場合には，すべての国外所得に
　　ついて区分計算するものとし，一部の外国について区分計算を行い，他の
　　外国について所得の区分が困難であるとして，従業者の数により按分する
　　ことは認められないこと。

ヘ　特定内国法人が国外所得を区分計算して申告した場合には，その後の事
　　業年度分についても，外国に所在する恒久的施設の閉鎖や組織変更など特
　　別の事由がある場合を除き，国外所得を区分計算して申告すること。

ト　所得の区分が困難である場合の按分の基礎となる所得の総額については，
　　①特定内国法人が納付した外国の法人税額は損金の額に算入されず，②繰
　　越欠損金額等または災害損失欠損金額を控除する前の所得金額によること。

チ　所得の区分が困難である場合の按分計算の基準である従業者の数につい
　　ては，①外国の恒久的施設における現地雇用者の数も含め，②外国法人が
　　国内に置く自己のために契約を締結する権限のある者等については，按分
　　計算の基準となる従業者が存在しないので，按分計算には含めず，③事業
　　年度終了の日または計算期間の末日現在における恒久的施設の従業者の数
　　によること。

4 所得割と法人税割

　このように，法人事業税の所得割の課税標準は，原則として法人税の課税標準である所得の計算の例によって算定される。しかしそれは，必ずしも法人税の所得と一致するものではない。国税である法人税が法人の企業活動により得られる利益を基礎に，法人が1年間に生み出した所得金額に税負担を求めていることからもわかるように，地方法人二税は，課税根拠や課税客体などを国税とは異にしており，それぞれ独自の存在理由がある。このうち，法人事業税は，事業そのものに課される税であることから，事業のコストとして損金に算入することが認められている[12]。

　法人事業税の所得割の課税標準は，各事業年度の所得である（地法72の12三）。各事業年度の所得とは，内国法人にあっては，各事業年度における益金の額から損金の額を控除した金額をいい，法令で特別の定めをする場合を除くほか，各事業年度の法人税の課税標準である所得の計算の例によって算定される（地法72の23①一）。

　ここで，益金とは，法令により別段の定めのあるもののほか，資本等取引以外において純資産増加の原因となるべき一切の事実をいい，損金とは，法令により別段の定めのあるもののほか，資本等取引以外において純資産減少の原因となるべき一切の事実である（取扱通知(県)3章4の7の1前段）。これは，法人税におけるそれと同義である。したがって，所得割と法人税の課税標準は，おおむね一致することになる。

　一方，法人住民税においては，法人税割の課税標準は，法人税額である[13]（地法23①三）。ここで，法人税額とは，法人税関係法令の規定により計算した法人税額で，法人税法68条（所得税額の控除），同法69条（外国税額の控除），同法69条の2（分配時調整外国税相当額の控除）および同法70条（仮装経理に基づく

---

12)　田村政志＝桑原隆広編『分権時代の地方税務行政』218頁〔吉田悦教〕（ぎょうせい，2003年）。なお，法人事業税が損金に算入できるのは，同じ課税ベースに対する国と地方の課税の調整の役割ではないかとの見解もある。

13)　詳しくは，拙稿「事項別にみた法人住民税の基礎理論と基本問題（4）法人税割」税61巻12号97頁（2006年）を参照のこと。

過大申告の場合の更正に伴う法人税額の控除），ならびに，租税特別措置法42条の
4（試験研究を行った場合の法人税額の特別控除）や同法42条の12（地方活力向上
地域等において雇用者の数が増加した場合の法人税額の特別控除）などの適用を受け
る前の金額である[14]（地法23①四イ）。

　それゆえ，法人税においては，法人税法68条（所得税額の控除）の規定や租
税特別措置法42条の4（試験研究を行った場合の法人税額の特別控除）の規定など
の控除によって現実に納付すべき法人税額がない場合であっても，法人税割の
課税標準である法人税額は算定されることになり，法人税割額に係る申告納付
の義務を有することになる場合がある。とはいえ，基本的には，法人税割の課
税標準は，特に除外されないかぎり，租税特別措置法の規定も適用した後の法
人税額である。

　このように，法人事業税の所得割と法人住民税の法人税割の課税標準は，法

---

[14]　もちろん，法人税に係る延滞税，利子税，過少申告加算税，無申告加算税および
重加算税の額は，法人税割の課税標準となる法人税額には含まれない。なお，延滞
税は，期限内申告書を提出した場合において，当該申告書の提出により納付すべき
国税を納期限までに完納しないときに，未納税額の納付遅延に対する遅延利子の意
味で，未納の税額に年14.6％と「延滞税特例基準割合＋7.3％」のいずれか低い割合—
納期限までの期間または納期限後2月間は，年7.3％と「延滞税特例基準割合＋1％」
のいずれか低い割合—を乗じて計算した金額で課される。ここで，延滞税特例基準
割合とは，各年の平均貸付割合に年1％を加算した割合をいう（通法60①・②，措
法94①）。利子税は，申告期限の延長が認められた場合に，延滞税を課さない代わり
として，法人税額に，当該事業年度終了の日の翌日以後2月を経過した日から指定
された期日までの期間の日数に応じて，年7.3％と利子税特例基準割合—各年の平均
貸付割合に年0.5％を加算した割合—のいずれか低い割合を乗じて計算した金額で課
される（法法75⑦，措法93①・②）。過少申告加算税は，期限内申告書が提出され
た場合において，修正申告書の提出または更正があったときに，その納付すべき税
額に10％を乗じて計算した金額で課される（通法65①）。無申告加算税は，期限内申
告書の提出がなく，後に期限後申告または決定があった場合に，新たに生じる税額
に15％を乗じて計算した金額で課される（通法66①）。重加算税は，過少申告加算税
または無申告加算税の課される場合に，過少申告または無申告が，その国税の課税
標準・税額等の計算の基礎となるべき事実の全部または一部を仮装・隠蔽し，その
仮装・隠蔽したものであった場合に，特に重い制裁を加える意味で，過少申告加算
税に代え，税額に35％を乗じて計算した金額，または無申告加算税に代え，税額に
40％を乗じて計算した金額で課される（通法68①・②）。

人税の課税標準額か税額かという違いはあるものの，両者の課税標準に実質的相違はほとんどないといえる。

第3節　分 割 基 準

　法人事業税の課税団体は，事業を行う事務所等が所在する都道府県である（地法72の2①）。2以上の都道府県に事務所等を設けて事業を行っている法人（分割法人）については，その事務所等が所在するそれぞれの都道府県が課税団体となる。この場合は，分割法人の課税標準の総額を関係都道府県内に所在する事務所等の従業者の数等によって関係都道府県に分割し，それに応じて，それぞれ法人事業税を課することになる。

1　課税標準の分割

　分割法人が法人事業税を申告納付し，または修正申告納付する場合には，当該事業に係る課税標準の総額を一定の基準（分割基準）によって事務所等が所在する都道府県（関係都道府県）に分割し，その分割した金額（分割課税標準額）を課税標準として，関係都道府県ごとに事業税額を算定することになる[15]（地法72の48①本文）。

　この場合，課税標準の分割は，分割法人の事業に係る各課税標準—付加価値額，資本金等の額，所得および収入金額—ごとの総額を当該事業について定められている分割基準の合計数値で除して，分割基準1単位当たりの分割課税標準額を算出し，これに関係都道府県ごとの分割基準の数値を乗じることにより計算される。なお，分割基準1単位当たりの分割課税標準額に小数点以下の数値があるときは，その小数点以下のうち，分割基準の総数の桁数に1を加えた数以下の部分を切り捨てる[16]。

---

15)　ちなみに，分割個人の事業税額の算定方法については，第1章第5節3（2）を参照のこと。

16)　たとえば，分割基準となる従業者の総数が123人の場合は，小数点4位以下の部分を切り捨てる。

《算　式》

$$\frac{\text{付加価値額の総額}}{\text{分割基準の総数}} \times \text{当該都道府県の分割基準} = \text{分割課税標準額}$$

（1,000円未満切捨て）

$$\frac{\text{資本金等の額の総額}}{\text{分割基準の総数}} \times \text{当該都道府県の分割基準} = \text{分割課税標準額}$$

（1,000円未満切捨て）

$$\frac{\text{所得の総額}}{\text{分割基準の総数}} \times \text{当該都道府県の分割基準} = \text{分割課税標準額}$$

（1え・000円未満切捨て）

$$\frac{\text{収入金額の総額}}{\text{分割基準の総数}} \times \text{当該都道府県の分割基準} = \text{分割課税標準額}$$

（1,000円未満切捨て）

　なお，所得割の課される分割法人で，軽減税率の適用を受けるものであるときは，各事業年度の所得の総額を「年400万円以下の金額」，「年400万円を超え年800万円以下の金額」および「年800万円を超える金額」にそれぞれ区分し，その区分された所得の総額ごとに，これを分割基準で分割することになる（地法72の48①括弧書）。

2　分割基準の種類

　分割基準は，一方で，法人事業税が法人の行う事業そのものを課税客体とし，応益原則に基づいて課されることから，複数の都道府県の間で課税権の実質的内容を調整し，関係都道府県ごとに課税標準が適正に配分されるようなものでなければならない。他方で，納税者にとっても，また課税権を行使する側にとっても，分割基準が余りに複雑であることは好ましくないことから，分割基準は，比較的簡易でかつ主観の入る余地の少ない明確で単純な指標であることも，同時に要請される。そこで，現行の分割基準は，事業の種類ごとに分けられている（地法72の48③）。

イ 製 造 業

製造業の分割基準は，課税標準額の総額を事務所等の従業者の数に按分する。

ロ 電気供給業

電気供給業の分割基準は，発電事業・特定卸供給事業等，送電事業・配電事業等または小売電気事業により異なる。

(イ) 発電事業・特定卸供給事業等

発電事業・特定卸供給事業等の分割基準は，課税標準額の4分の3を事務所等の固定資産で発電所用に供するものの価額に，残り4分の1を事務所等の固定資産の価額に按分する。なお，事務所等の固定資産で発電所の用に供するものがない場合は，課税標準額の総額を事務所等の固定資産の価額に按分する。

(ロ) 送電事業・配電事業等

送電事業・配電事業等の分割基準は，課税標準額の4分の3を発電所と接続している電線路の電力の容量に，残り4分の1を事務所等の固定資産の価額に按分する。なお，発電所と接続している電線路がない場合は，課税標準額の総額を事務所等の固定資産の価額に按分する。

(ハ) 小売電気事業

小売電気事業の分割基準は，課税標準額の2分の1を事務所等の数に，残り2分の1を事務所等の従業者の数に按分する。

ハ ガス供給業・倉庫業

ガス供給業・倉庫業の分割基準は，課税標準額の総額を事務所等の固定資産の価額に按分する。

ニ 鉄軌道事業

鉄軌道事業の分割基準は，課税標準額の総額を事務所等が所在する都道府県の軌道の延長キロメートル数に按分する。

ホ その他の事業

その他の事業の分割基準は，課税標準額の2分の1を事務所等の数に，

残り2分の1を事務所等の従業者の数に按分する[17)]。

　なお，2以上の分割基準を適用すべき事業を併せて行う場合には，これらの事業のうち主たる事業について定められた分割基準によって分割法人の事業に係る課税標準額の総額を分割する（地法72の48⑧）。また，主たる事業の判定にあたっては，それぞれの事業のうち，売上金額の最も大きいものを主たる事業とし，これにより難い場合には，従業者の配置・施設の状況等により企業活動の実態を総合的に判断する（取扱通知(県)3章9の11）。

3　事務所等の数の算定方法

　事務所等の数は，事業年度に属する各月の末日現在における数値を合計した数値による[18)]（地法72の48④二本文）。事務所等の意義は，課税権の帰属を決定する場合の事務所等と同意義である[19)]。したがって，事務所等に該当するか否かの判定についても，この意義による（取扱通知(県)3章9の10(1)）。

　事務所等の数の算定にあたっては，原則として，同一構内・区画にある店舗等の事業の用に供する建物について一の事務所等として取り扱われる。たとえば，近接した構内・区画にそれぞれ建物がある場合については，原則として，構内・区画ごとに一の事務所等として取り扱われる。この場合において，2以上の構内・区画の建物について，経理・帳簿等が同一で分離できない場合，同一の管理者等により管理・運営されている場合など，経済活動・事業活動が一体とみなされる場合には，同一の構内・区画とみなして一の事務所等として取り扱われる（取扱通知(県)3章9の10(2)・(3)）。

　なお，事務所等の構内・区画が2以上の都道府県の区域にまたがる場合には，事務所等の建物が，一の都道府県の区域のみに所在するときは，当該建物の所在する都道府県の事務所等として取り扱われる。また，事務所等の建物が，2

---

17)　たとえば，銀行業，証券業，保険業，運輸・通信業，卸売・小売業，サービス業などが，その他の事業に該当する。

18)　ただし，当該事業年度中に月の末日が到来しない場合には，当該事業年度終了の日現在における数値による（地法72の48④二括弧書）。

19)　事務所等の意義については，第1章第2節1を参照のこと。

以上の都道府県の区域にまたがるときは，当該建物の所在するそれぞれの都道府県の事務所等として取り扱われる（取扱通知(県)3章9の10(4)）。

4 従業者の数の算定方法

従業者とは，事務所等に勤務すべき者で，俸給，給料，賃金，手当，賞与その他これらの性質を有する給与の支払いを受けるべき者をいう。この場合において，給与には，退職給与金，年金，恩給およびこれらの性質を有する給与は含まれない。これらの給与以外の給与で，所得税法183条（源泉徴収義務）の規定による源泉徴収の対象となるもののみが，給与に該当する（地規6の2の2①，取扱通知(県)3章9の1柱書）。

（1） 従業者の数

従業者の数は，原則として，事業年度終了の日現在における数値による（地法72の48④一本文）。従業者の算定にあたっては，つぎのように取り扱われる（取扱通知(県)3章9の1(1)〜(4)）。

イ　納税義務者から給与の支払いを受け，かつ，納税義務者の事務所等に勤務すべき者のうち，勤務すべき事務所等の判定が困難なものについては，つぎに掲げる事務所等の従業者として取り扱うこと。

　(イ)　給与の支払いを受けるべき事務所等と勤務すべき事務所等が異なる者は，勤務すべき事務所等

　(ロ)　転任等の理由により勤務すべき事務所等が1月のうちに2以上となった者は，当該月の末日現在において勤務すべき事務所等

　(ハ)　各事務所等の技術指導等に従事している者で，主として勤務すべき事務所等がないもののうち，つぎの(ニ)以外の者は，給与の支払いを受けるべき事務所等

　(ニ)　技術指導，実地研修など何らの名義をもってするを問わず，連続して1月以上の期間にわたって同一事務所等に出張している者は，出張先の事務所等

　(ホ)　2以上の事務所等に兼務すべき者は，主として勤務すべき事務所等[20]

ロ　つぎに掲げる者については，上記イにかかわらず，つぎに掲げる事務所等の従業者として取り扱うこと。

　(イ)　一の納税義務者から給与の支払いを受け，かつ，それ以外の納税義務者の事務所等で勤務すべき者は，勤務すべき事務所等

　(ロ)　2以上の納税義務者の事務所等の技術指導等に従事している者で，主として勤務すべき事務所等がないもののうち，つぎの(ハ)以外の者は，給与の支払いを受けるべき事務所等

　(ハ)　事務所等を設置する納税義務者の事業に従事するため，それ以外の納税義務者から技術指導，実地研修，出向，出張など何らの名義をもってするを問わず，事務所等に派遣されたもので，連続して1月以上の期間にわたって勤務すべき者は，勤務すべき事務所等

　(ニ)　2以上の納税義務者の事務所等に兼務すべき者は，兼務すべきそれぞれの事務所等

ハ　つぎに掲げる者については，事務所等または施設の従業者として取り扱わないこと。

　(イ)　従業者を専ら教育するために設けられた施設において研修を受ける者

　(ロ)　給与の支払いを受けるべき者であっても，その勤務すべき事務所等が課税標準の分割の対象となる事務所等から除外される場合の従業者

　(ハ)　給与の支払いを受けるべき者であっても，その勤務すべき施設が事務所等に該当しない場合の従業者

　(ニ)　病気欠勤者または組合専従者など，連続して1月以上の期間にわたって，その本来勤務すべき事務所等に勤務しない者

ニ　上記イ～ハに掲げるもののほか，従業者については，つぎの取扱いによること。

　(イ)　非課税事業，収入金額等課税事業または鉄軌道事業とその他の事業とを併せて行う納税義務者の従業者のうち，それぞれの事業に区分するこ

---

20)　なお，主として勤務すべき事務所等の判定が困難なものにあっては，給与の支払いを受けるべき事務所等とされる（取扱通知(県)3章9の1（1）オ括弧書）。

とが困難なものの数については，それぞれの事業の従事者として区分された ものの数により按分する。

(ロ)　従業者は，常勤・非常勤の別を問わないものであるから，非常勤のもの―たとえば，重役や顧問など―であっても従業者に含まれる。

(ハ)　連続して1月以上の期間にわたるかどうかの判定は，算定期間の末日現在による[21]。

(ニ)　事務所等の構内・区画が2以上の都道府県の区域にまたがる場合には，家屋の延床面積など合理的な方法により按分した数をそれぞれの都道府県の従業者の数とする[22]。

（2）　事務所等の新設・廃止等

つぎに掲げる事務所等については，それぞれに定める数が従業者の数とみなされる（地法72の48⑤）。

イ　算定期間の中途において新設された事務所等

$$\text{算定期間の末日現在における従業者の数} \times \frac{\text{新設日から算定期間の末日までの月数}}{\text{算定期間の月数}}$$

$$= \text{従業者の数（1人未満切上げ）}$$

この場合の新設された事務所等には，営業の譲受または合併により設置される事務所等も含まれる（取扱通知(県)3章9の2（1））。

ロ　算定期間の中途において廃止された事務所等

$$\text{廃止日の前月末日現在における従業者の数} \times \frac{\text{算定期間中において所在していた月数}}{\text{算定期間の月数}}$$

$$= \text{従業者の数（1人未満切上げ）}$$

なお，一の事業年度の中途において，新設され，かつ，廃止された事務

---

21)　なお，算定期間の末日現在においては1月に満たないものの，当該期間の翌期を通じて判定すれば1月以上の期間にわたると認められる場合には，連続して1月以上の期間にわたるものとし，また，日曜日，祝祭日など事務所等の休日については，勤務していた日数に算入する（(取扱通知(県)3章9の1（4）ウ後段)。

22)　なお，按分した数に1人に満たない端数を生じたときは，これを1人とする（取扱通知(県)3章9の1(4)エ括弧書)。

所等については，廃止された事務所等として従業者の数を算定する（取扱
通知(県)3章9の2(2)）。

ハ　算定期間を通じて従業者の数に著しい変動がある事務所等[23]

$$\frac{\text{算定期間に属する各月の末日現在における従業者の合計数}}{\text{算定期間の月数}}$$

$$=従業者の数（1人未満切上げ）$$

　この算定方法は，従業者の数に著しい変動がある事務所等に限るもので
あって，他の事務所等については適用されない。また，上記イ・ロの事務
所等であっても，事務所等の所在する期間を通じて従業者の数に著しい変
動があるものは，この算定方法が適用される。なお，各月の末日現在にお
ける従業者の数の算定については，つぎの取扱いによる（取扱通知(県)3章
9の2(3)）。

(イ)　各月の末日において勤務すべき者のみが，分割基準の対象となる従業
　　者となる[24]。なお，各月の末日が日曜日，祝祭日など事務所等が休日
　　である場合の，分割基準の対象となる日雇労働者については，休日の前
　　日現在における状況による。

(ロ)　月の中途で算定期間が終了した場合には，その終了の日の属する月の
　　末日現在における従業者の数は，分割基準には含まれない。

（3）　資本金・出資金1億円以上の製造業を行う法人の工場

　資本金・出資金1億円以上の製造業を行う法人の分割基準となる事業年度終
了の日現在における従業者の数のうち，その工場に勤務するものについては，
従業者の数に当該数値の2分の1を加えた数値による（地法72の48④一）。

---

23)　従業者の数に著しい変動がある事務所等とは，法人の当該事業年度に属する各月
　　の末日現在における従業者の数のうち，最大であるものの数値が，その従業者の数
　　のうち最小であるものの数値に2を乗じて得た数値を超える場合である（地令35）。
24)　たとえば，月の初日から引き続き日雇労働者として雇用されていたものであっても，
　　当該月の末日の前日までの間に解雇されたものは，分割基準の対象となる従業者と
　　はならない（取扱通知(県)3章9の2(3)ア後段）。

《算 式》

$$工場の従業者の数 + 工場の従業者の数 \times \frac{1}{2} = 従業者の数（1人未満切上げ）$$

ここで，工場の従業者とは，工場とされる生産に関する業務が行われている事務所等に勤務する従業者をいう。工場の従業者には，工場において製品の製造，加工，組立てなどの業務を直接担当する部門に属する者および製品の検査，包装，原材料の運搬，動力の保守点検などの生産を補助する業務を担当する部門に属する者のほか，工場内において総務，経理，生産管理，資材管理などの業務を行う部門に属する者が含まれる（昭和37年5月4日自治丙府39号自治省税務局長通知9(2)）。

もっとも，工場とされる生産に関する業務が行われている事務所等に本社，支店，出張所，営業所，研究所，試験所などが併置されている場合の工場の従業者の数には，これら本社，支店，出張所，営業所，研究所，試験所などに勤務する従業者の数は含まれない（昭和37年5月4日自治丙府39号自治省税務局長通知9(1)）。

5 電線路の電力の容量の算定方法

電線路の電力の容量は，事業年度終了の日現在における数値による（地法72の48④三）。ここで，電線路とは，事務所等の所在する都道府県において，発電所の発電用の電気工作物と電気的に接続している電線路で，電圧が66キロボルト以上のものをいう（地規6の2③，取扱通知(県)3章9の4）。電線路の電力の容量は，つぎのように取り扱われる（取扱通知(県)3章9の5）。

イ　運用上の容量ではなく，電線路の性能を示した容量を用いる。

ロ　連続的に送電できる電力の容量とする[25]。

ハ　電力の容量が異なる区間がある電線路については，発電所から受電する部分における電力の容量とする。

---

25)　なお，同一の電線路について，その電力の容量が時期により異なるものとされている場合には，電力の容量が最大となる時期における電力の容量とされる。

6 固定資産の価額の算定方法

　固定資産の価額は，事業年度終了の日現在における数値による（地法72の48④三）。具体的には，事業年度終了の日において，貸借対照表に記載されている土地，家屋および家屋以外の減価償却が可能な有形固定資産の価額である（地規6の2の2④）。したがって，建設仮勘定により経理されている固定資産であっても，事業年度終了の日において事業の用に供されているものは含まれる[26]。だが，無形固定資産および貸借対照表に記載されないもの（簿外資産）は，分割基準に含まれない（取扱通知(県)3章9の7）。

図表3　電気供給業の分割基準

設　　備	分割基準
発電設備	発電所の認可出力
送電設備	支持物基数
配電設備	支持物基数
変電設備	変電所の設備容量
業務設備	従業者の数

　　（出所）　地方税法施行規則6条の2の2第5項に基づき，筆者が作成。

　なお，電気供給業の事務所等ごとの固定資産の価額について，その区分が困難な場合において総務大臣の承認を受けたときは，貸借対照表に記載されている固定資産の価額を図表3の左欄に掲げる設備ごとに分別し，その分別された価格を右欄に掲げる基準の各事業年度終了の日現在の数値により按分した金額とすることができる（地規6の2の2⑤）。

7 軌道の延長キロメートル数の算定方法

　軌道の延長キロメートル数は，事業年度終了の日現在における数値による

---

[26]　ちなみに，建設仮勘定とは，建物，構築物，機械装置などの有形固定資産の建設または製作において，その建設中または製作中に支出した金額を完成までの間，一時的に処理するために設けられる資産勘定をいう。建設仮勘定は，建設または製作の目的物が完成し引渡しを受けたとき，または実際の使用の用に供されたときに，それぞれの目的物の勘定に振り替えられる。

（地法72の48④三）。

（1）　延長キロメートル数

延長キロメートル数は，つぎに掲げるものをいう（取扱通知(県)3章9の8）。

イ　単線換算キロメートル数によるもの

ロ　鉄軌道事業を行う法人が，自らが敷設する鉄道線路以外の鉄道線路を使用して鉄道による旅客または貨物の運送を行う場合には，当該使用に係る軌道の延長キロメートル数を当該法人の分割基準である軌道の延長キロメートル数とするもの

ハ　引込線および遊休線ならびに敷設線を含むものの，他の法人等の所有に係る専用線は含めないもの

（2）　鉄軌道事業の特例

鉄軌道事業とその他の事業とを併せて行う場合には，課税標準額の総額を鉄軌道事業に係る売上金額とその他の事業に係る売上金額とにより按分する。前者は軌道の延長キロメートル数，後者は主たる事業の分割基準によって，関係都道府県に分割する（地法72の48⑪，地令35の2①）。この場合の割合については，つぎの諸点に留意しなければならない（取扱通知(県)3章3章9の9）。

イ　百貨店業については，売上金額に代えて売上総利益金額が分割基準とされること[27]。

ロ　売上金額とは，本来の事業およびこれに付随する事業の収入金額をいい，原則として鉄道事業会計規則にいう営業収益であること。

ハ　売上総利益金額とは，売上高から売上原価を控除した金額であること。

第4節　標　準　税　率

標準税率とは，地方団体が課税する場合に通常よるべき税率で，その財政上その他の必要があると認める場合には，これによることを要しない税率をいう

---

[27]　百貨店業とは，物品販売業であって，これを営むための店舗のうちに，同一の店舗で床面積の合計が1,500m²—都の特別区，政令指定都市の区域内においては，3,000m²—以上あるものをいう（取扱通知(県)3章3章9の9(1)後段）。

（地法1①五）。標準税率は，国税・地方税を通ずる国民全体としての税負担水準や国・地方間の財源配分の状況などを勘案して設けられた税率であるから，単なる標準的な税率の目安以上の意味合いをもつ[28]。

1 所得割の標準税率

　所得割の標準税率は，つぎのように定められており，都道府県は，これを基準にして税条例で適用税率を定めることになる。なお，標準税率を超える税率で法人事業税を課する場合には，標準税率に1.2—外形標準課税法人にあっては，1.7—を乗じて得た率（制限税率）を超えることができない（地法72の24の7①柱書・⑧）。

（1） 外形標準課税法人

　資本金・出資金の額が1億円を超える普通法人（外形標準課税法人）は，付加価値割額，資本割額および所得割額の合算額によって，法人事業税が課される[29]。このうち，所得割の標準税率は，つぎの所得の階層によって適用税率が区分されている（地法72の24の7①一～ハ）。

　イ　年400万円以下の所得は，0.4％が適用される。

　ロ　年400万円超年800万円以下の所得は，0.7％が適用される。

　ハ　年800万円超の所得は，1.0％が適用される。

（2） 特 別 法 人

　特別法人については，その性格にかんがみ，一般の法人よりも軽減された税率が適用される[30]（地法72の24の7①二）。

　イ　年400万円以下の所得は，3.5％が適用される。

---

28)　実務上も，地方交付税の算定が標準税率を用いているため，これを下回る税率を採用する場合には，地方交付税により補填は受けられないほか，標準税率に満たない税率を採用している地方団体は，文教施設，厚生施設，消防施設，土木施設などの公共施設または公用施設の建設事業費の財源としての地方債の発行に際して制限を受ける（地方財政法5五，5の4④）。

29)　なお，付加価値割の標準税率は1.2％，資本割の標準税率は0.5％である（地法72の24の7①一イ・ロ）。

ロ 年400万円超の所得は，4.9％が適用される。

（3） その他の法人

資本金1億円以下の普通法人等（その他の法人）の標準税率は，つぎの所得の階層によって適用税率—発電・小売事業等の場合は，1.85％—が区分されている[31]（地法72の24の7①三・③二ロ）。

イ 年400万円以下の所得は，3.5％が適用される。

ロ 年400万円超年800万円以下の所得は，5.3％が適用される。

ハ 年800万円超の所得は，7.0％が適用される。

2　税率の適用区分

法人事業税の税率は，各事業年度終了の日現在における税率による。ただし，仮決算による中間申告または分割基準が著しく異なることになった場合等に行う予定申告により，申告納付すべき法人事業税にあっては，当該事業年度開始の日から6月の期間の末日現在における税率による（地法72の24の8）。

この規定は，事業年度終了の日現在の税率によることを明らかにしたものである。たとえば，税率が変更になった場合には，税率の変更になった日により前後を区分して，それぞれ所得金額を算定してそれぞれの期間に効力のあった税率に関する規定を適用して税額を算出するのではなく，あくまで事業年度終了の日現在の税率が適用される。

なお，事業年度が1年に満たない場合における，軽減税率の適用については，それぞれの所得段階ごと—年400万円または年800万円—の所得をその事業年度の月数で按分して計算した金額による。この場合の事業年度の月数は，暦に

---

30) 特別法人とは，法人税法別表3の協同組合等と医療法人をいう（地法72の24の7⑥，法法2七）。なお，医療法人は，法人税では普通法人に該当し，すべての所得が課税対象となる（法法2九）。これに対して，法人事業税では，特別法人に該当し，社会保険診療に係る所得部分は非課税とされる（地法72の23②・③）。

31) なお，その他の法人のうち，発電・小売事業等を行う場合には，収入割額と所得割額の合算額によって，法人事業税が課される（地法72の2①三ロ）。詳しくは，第3章第3節1・2を参照のこと。

従って計算し，1月に満たない端数を生じたときは，これを1月とする（地法72の24の7⑤）。

《算　式》

$$所得階層区分の所得＝所得段階ごとの所得×\frac{当該事業年度の月数}{12}$$

3　軽減税率の不適用

　このように，所得割の標準税率は，3つの所得段階に応じて区分されており，累進税率の外観を呈する税率が採用されている。もっとも，「累進税率」と呼ばれることは少なく，むしろ「軽減税率」と説明される[32]。軽減税率は，中小法人の税負担の軽減を図ることをその本旨としている[33]。それは，大法人の低い所得の部分にも結果的には適用されるものとなっている。しかし，軽減税率を設けている本来の趣旨からすれば，大法人については，軽減税率を適用する必要がないわけである。

　また仮に，大法人に軽減税率を適用することとすれば，大法人は多くの都道府県に事務所等を設けて事業を行っていることから，各所得段階ごとの分割を行わなければならないことなど，申告事務が非常に複雑になる。しかも，実際に軽減される税額は僅かな金額にすぎない。

　そのため，分割法人の各事業年度の所得は，関係道府県に分割される前の各事業年度の所得によるものとし，3以上の都道府県において事務所等を設けて

---

32)　自治省府県税課編『事業税逐条解説』267頁（地方財務協会，1995年）。なお，累進税率とは，課税標準の増加に応じて，課税標準に占める税額の割合が累進するように設定された税率構造をいい，これには，単純累進税率と超過累進税率がある。前者は，課税標準の増加に伴い，単純に高率を適用していくものである。一方，後者は，課税標準を金額に応じていくつかの課税段階に区分し，この課税段階の進行に従って，逓次に高率を適用する税率構造である。

33)　ちなみに，中小法人とは，各事業年度終了の時において資本金・出資金の額が1億円以下である普通法人（大法人による完全支配関係にある法人を除く）をいい，また，法人税法は，①資本金・出資金の額が5億円以上である法人，②相互会社，③受託法人を，大法人と定めている（法法66②・⑤二）。

事業を行う法人で資本金・出資金の額が1,000万円以上のもの（軽減税率不適用法人）が行う事業に対する所得割については，比例税率が採用されている[34]（地法72の24の7④柱書）。

（1）　外形標準課税法人

外形標準課税法人にあっては，軽減税率不適用法人の標準税率は，1.0％が適用される（地法72の24の7④一ハ）。

（2）　特　別　法　人

特別法人にあっては，軽減税率不適用法人の標準税率は，4.9％が適用される（地法72の24の7④二）。

（3）　その他の法人

その他の法人にあっては，軽減税率不適用法人の標準税率は，7.0％が適用される（地法72の24の7④三）。

---

34)　なお，軽減税率不適用法人であるかどうかの判定は，各事業年度の所得を課税標準とする法人事業税にあっては，各事業年度終了の日―仮決算による中間申告または分割基準が著しく異なる場合等に行う中間申告は，その事業年度開始の日から6月の期間の末日―の現況による。清算事業年度の所得を課税標準とする法人事業税にあっては，解散の日の現況による（地法72の24の7⑦）。

第3章　収　入　割

chapter 3

　本章からは，外形標準課税―収入割，付加価値割および資本割―についてみることにする。そもそも，事業税の物税たる性格等の観点から，その課税標準は，所得よりも外形標準によることが適合する。ところが，事業税の沿革・企業の税負担等の理由から，事業税は所得課税のみであった。しかし，つぎの業種については，所得割では適正な負担が期待できないことから，昭和24年に電気供給業，ガス供給業および運送業，昭和29年に生命保険業，昭和30年に損害保険業について収入金額課税が実施された[1]。収入割とは，収入金額により法人の行う事業に対して課する事業税をいう（地法72四）。

《算　式》

　　収入金額×標準税率1.0%（発電・小売事業等0.75%）

　　　　　　　　　　　　　　　　＝収入割額（100円未満切捨て）

第1節　電気供給業等の課税標準

　電気供給業およびガス供給業（電気供給業等）は，昭和24年の税制改正により，「料金統制が行われている等の関係がありまして，現行純益主義の課税によりますときは，所要の税収入を確保することができないので…，国の物価政策と地方財政の現状との相互調整をはかりますために，統制料金の決定に際しては，

---

1)　なお，運送業は，昭和32年にすべての事業を所得課税に戻している。

地方税相当額が十分織り込まれる」と述べ，それを理由として収入金額課税が採用されている[2]。電気供給業等の課税標準である収入金額は，各事業年度においてその事業について収入すべき金額の総額から一定の金額を控除した金額である（地法72の24の2①）。

《算　式》

　　収入すべき金額－一定の金額＝収入金額（1,000円未満切捨て）

1　収入すべき金額

　電気供給業等を行う法人が収入すべき金額とは，各事業年度において収入することが確定した金額で，当該事業年度の収入として経理されるべき当該事業年度に対応する収入をいう。この場合において，貸倒れが生じたときまたは値引きが行われたときは，その貸倒れとなった金額または値引きされた金額を，その貸倒れの生じた日または値引きが行われた日の属する事業年度の収入金額から控除される（取扱通知(県)3章4の9の1）。

（1）　電気供給業

　電気供給業の課税標準とすべき収入金額とは，原則として，電気事業会計規則による収入をいい，定額電灯，従量電灯，大口電灯およびその他の電灯に係る電灯料収入，業務用電力，小口電力，大口電力，その他の電力および他の電気事業者への供給料金に係る電力料収入，遅収加算料金，せん用料金，電球引換料，配線貸付料，諸機器貸付料および受託運転収入，諸工料，水力または灌漑用水販売代等の供給雑益に係る収入および設備貸付料収入，ならびに，事業税相当分の加算料金など，原則として電気供給業の事業収入に係るすべての収入を含む（取扱通知(県)3章4の9の2）。

　なお，電気供給業に係る収入金額の算定にあたっては，つぎの諸点に留意しなければならない（地法附則9⑧・⑲～㉒，取扱通知(県)3章4の9の3）。

　イ　電気供給業を行う法人で自ら電源開発等の事業を行うため建設仮勘定を

---

2)　自治庁編『地方税制度資料第4巻』240頁（1955年）。

設け，これを別個に経理している場合において，建設仮勘定に供給した電力に係る収入金額は，いわゆる「自家消費」であることにかんがみ，収入金額に含めないこと。

ロ　他の電気供給業を行う法人から託送供給を受けて特定規模需要に応ずる電気の供給を行う場合の収入金額は，平成12年4月1日から令和5年3月31日までの間に開始する各事業年度分の法人事業税にかぎり，本則規定により算定した収入金額から託送供給の料金として支払うべき金額を控除した金額によること。

ハ　廃炉等実施認定事業者が小売電気事業者または一般送配電事業者から廃炉等積立金の交付を受ける場合の収入金額は，平成29年4月1日から令和4年3月31日までの間に開始する各事業年度分の法人事業税にかぎり，本則規定により算定した収入金額から廃炉等積立金の交付を受けるべき金額を控除した金額によること。

ニ　電気供給業を行う法人が，一般社団法人日本電力取引所を介して自らが供給を行った電気の供給を受けて，電気の供給を行う場合の収入金額は，平成30年4月1日から令和6年3月31日までの間に開始する各事業年度分の法人事業税にかぎり，本則規定により算定した収入金額から供給を受けた電気の料金として支払うべき金額を控除した金額によること。

ホ　特定吸収分割会社または特定吸収分割承継会社が，両社の間で行う取引のうち，電気の安定供給の確保のため必要なものとして特定取引を行う場合の収入金額は，平成31年4月1日から令和6年3月31日までの間に開始する各事業年度分の法人事業税にかぎり，本則規定により算定した収入金額から特定取引の相手方から支払いを受けるべき金額を控除した金額によること。

ヘ　一般送配電事業者が，賠償負担金および廃炉円滑化負担金を発電事業者等に交付する場合の収入金額は，令和2年4月1日から令和7年3月31日までの間に開始する各事業年度分の法人事業税にかぎり，本則規定により算定した収入金額から賠償負担金および廃炉円滑化負担金を控除した金

額によること。

（2） ガス供給業

ガス供給業の課税標準とすべき収入金額とは，ガス売上収入，供給雑収入および事業税相当分の加算料金など，原則としてガス供給業の事業収入に係るすべての収入を含む。この場合において，ガス小売事業および一般ガス導管事業または特定ガス導管事業を併せて行う法人の一般ガス導管事業または特定ガス導管事業の課税標準とすべき収入金額とは，託送供給収益，自社託送収益，事業者間精算収益，最終保障供給収益など，原則としてガス事業託送供給収支計算規則様式第1に整理されるすべての収益に相当する収入を含む（取扱通知（県）3章4の9の4前段・中段）。

なお，ガス供給業においてその製造過程に副産物として生ずるコークス・コールタール等の副産物の製造販売は，所得等課税事業であるから，それらの売上収入は収入金額課税であるガス供給業の収入金額に含まれない（取扱通知（県）3章4の9の4後段）。また，他のガス供給業を行う法人から託送供給を受けて大口供給に応じるガスの供給を行う場合の収入金額は，平成20年4月1日から令和4年3月31日までの間に開始する各事業年度分の法人事業税にかぎり，本則規定により算定した収入金額から託送供給の料金として支払うべき金額を控除した金額とされている（地法附則9⑩）。

2 一定の金額

電気供給業等を行う法人が控除される一定の金額には，法律，政令および総務大臣が指定したものがある。

（1） 法律に定められているもの

一定の金額のうち，つぎのものが法律に定められている（地法72の24の2①）。

イ 国または地方団体から受けるべき補助金

ロ 固定資産の売却による収入金額

（2） 政令に定められているもの

一定の金額のうち，つぎのものが政令に定められている（地令22）。

イ　保険金

ロ　有価証券の売却による収入金額

ハ　不用品の売却による収入金額

ニ　受取利息および受取配当金

ホ　電気供給業等を行う法人が，その事業に必要な施設を設けるため，電気・ガスの需要者その他当該施設により便益を受ける者から収納する金額

ヘ　電気供給業等を行う法人が，他の電気供給業等を行う法人から電気・ガスの供給を受けて供給を行う場合の収入金額のうち，他の法人から供給を受けた電気・ガスの料金として支払うべき金額

ト　電気供給業を行う法人が他の電気供給業を行う法人から非化石電源としての価値を有することを証する非化石証書を購入した場合であって，非化石電源としての価値を有するものとして電気の供給を行う場合における購入の対価として支払うべき金額

チ　再生可能エネルギー発電促進賦課金

リ　ガス供給業を行う法人が可燃性天然ガスの掘採事業を行う法人から可燃性天然ガスを購入して供給を行う場合（上記ヘに該当する場合を除く）における，購入した可燃性天然ガスに係る収入金額のうち，可燃性天然ガスに係る鉱産税の課税標準額

ヌ　ガス供給業と可燃性天然ガスの掘採事業とを併せて行う法人が掘採した可燃性天然ガスに係る収入金額のうち，可燃性天然ガスに係る鉱産税の課税標準額

（３）　総務大臣が指定したもの

　一定の金額のうち，つぎのものを総務大臣が指定している（昭和30年8月1日自治庁告示29号，昭和34年11月7日自治庁告示46号）。

イ　損害賠償金

ロ　投資信託に係る収益分配金

ハ　株式手数料

ニ　社宅貸付料

ホ　需要者の受電設備を新しく取り替える場合において，需要者から収納する旧受電設備の減価償却額

ヘ　需要者が旧受電設備の引き渡し難い場合において，需要者から旧受電設備に代えて収納する旧受電設備の価額

ト　需要者の希望により技術的に改造が可能な旧受電設備の付帯設備を新たな設備に取り替える場合において，需要者から収納する新付帯設備の取替えに要する工事費と旧付帯設備の改造に要する工事費との差額

3　収入金額等課税事業と所得等課税事業の併業

収入金額等課税事業または所得等課税事業のうち複数の事業を併せて行っている場合には，もとより，課税標準の分割計算に基づく課税をなすべきである。この場合において，各事業部門に共通する収入金額または経費があるときは，これらの共通収入金額または共通経費を各事業部門の売上金額など最も妥当と認められる基準によって按分した金額をもって各事業の収入金額，付加価値額または所得を算定する（取扱通知(県) 3章4の9の5）。

たとえば，電気供給業等を行う法人が，需要者その他の注文によりその事業に関連する施設の工事を行う場合には，工事を行う事業は所得等課税事業となる。ただし，その事業の規模および所得が主たる事業に比して些少であり，付加価値額または所得を区分して算定することがかえって煩瑣であるなどの場合には，工事により収納した金額から工事のため下請業者等に支出した金額を控除した金額を主たる事業の課税標準である収入金額に含めて課税して差し支えない（取扱通知(県) 3章4の9の8）。

また，従たる事業が主たる事業に比して社会通念上独立した事業部門とは認められない程度の軽微なものであり，したがって，従たる事業が主たる事業と兼ね併せて行われているというよりも，むしろ主たる事業の付帯事業として行われていると認められる場合には，各事業部門ごとに別々に課税標準額・税額を算定しないで従たる事業を主たる事業のうちに含めて，主たる事業に対する課税方式によって課税して差し支えない[3]（取扱通知(県) 3章4の9の9前段）。

この場合において，従たる事業のうち「軽微なもの」とは，一般に，従たる事業の売上金額が主たる事業の売上金額の1割程度以下であり，かつ，売上金額など事業の経営規模の比較において従たる事業と同種の事業を行う他の事業者と課税の公平性を欠くことにならないものである。この点，特に従たる事業が収入金額によって課税されている事業である場合には，事業を取り巻く環境変化に十分留意しつつ，その実態に即して厳に慎重に判断すべきである（取扱通知(県)3章4の9の9中段）。

第2節　保険業の課税標準

保険業の課税標準である収入金額は，保険の区分に応じて，各事業年度の収入保険料（再保険料として収入する保険料を除く）または正味収入保険料に一定割合を乗じて算出した金額である（地法72の24の2②・③）。

《算　式》

収入保険料（正味収入保険料）×一定割合＝収入金額

(1,000円未満切捨て)

1　生命保険会社・外国生命保険会社等

生命保険業は，昭和29年の税制改正により，「大多数は相互保険の形態をとっており…利益が上って参りますと…保険料の割もどしをするわけであります。保険料の割もどしをしますから，これは経営上損金に見て行く，従って形式上の純益が上って来ないので…自然事業税が納められない」と述べ，所得金額課税では適正な負担が期待できないことから収入金額課税とされた[4]。

生命保険業免許を受けた保険会社（生命保険会社）または外国生命保険業免許を受けた外国保険会社等（外国生命保険会社等）の各事業年度の収入金額は，

3)　付帯事業とは，主たる事業の有する性格等によって，必然的にそれに関連して考えられる事業をいう。それ以外に主たる事業の目的を遂行するため，または顧客の便宜に資するなどの理由によって，事業に伴って行われる事業をも含めて解される（取扱通知(県)3章4の9の9後段）。
4)　第19回国会衆議院地方行政委員会会議録10号昭和29年2月12日3頁。

生命保険会社・外国生命保険会社等が契約した保険の区分に応じて，それぞれ収入保険料（再保険料として収入する保険料を除く）に一定割合を乗じて算出した金額とされる[5]（地法72の24の2②，保険業法2③・⑧）。

イ　個人保険

　　各事業年度の収入保険料×24％＝収入金額（1,000円未満切捨て）

ロ　貯蓄保険

　　各事業年度の収入保険料×7％＝収入金額（1,000円未満切捨て）

ハ　団体保険

　　各事業年度の収入保険料×16％＝収入金額（1,000円未満切捨て）

ニ　団体年金保険

　　各事業年度の収入保険料×5％＝収入金額（1,000円未満切捨て）

　ところで，収入保険料の一定割合を課税標準としているのは，保険期間の満了または保険事由の発生によって，保険受取人に支払われる保険金に充当される部分（純保険料）は，その性質上，いわば預り金または積立金のようなものであり，これに対する課税は避けなければならない。そのため，総保険料から純保険料を控除した金額，すなわち保険業の経費に充てられる部分（付加保険料）を課税標準として，収入保険料に付加保険料率を乗じて課税標準が算定される。保険の区分によって収入保険料に乗じる率が異なるのは，これらの保険の付加保険料率が保険の区分によって異なることによる。

　なお，保険料は，現実に収入された事業年度の収入金額に算入される。したがって，法人が未収保険料として経理しているものについても，もとよりこれが収入された場合において，これを収入金額に算入することになる。また，法人が未経過保険料として経理しているものについても，これが収入された事業年度の収入金額に算入することになる（取扱通知(県)3章4の9の10(1)）。

---

5)　当分の間，生命保険会社・外国生命保険会社等が独立行政法人福祉医療機構と締結する保険契約に基づく収入保険料については，課税対象とされない（地法附則9⑨）。

2　損害保険会社・外国損害保険会社等

　損害保険業は，昭和30年の税制改正により，「その事業の性質上，所得の相当部分を資産の運用による利益に求めているのでありますが，他面，法人税にあっては配当所得を益金に算入しないこととしていますので，法人税の課税標準たる所得を課税標準とする事業税の課税は，損害保険業については必ずしも適正を得ていない」と述べ，生命保険業に準じて収入金額課税とされた[6]。

　損害保険業免許を受けた保険会社（損害保険会社）または外国損害保険業免許を受けた外国保険会社等（外国損害保険会社等）の各事業年度の収入金額は，損害保険会社・外国損害保険会社等が契約した保険の区分に応じて，それぞれ正味収入保険料に一定割合を乗じて算出した金額とされる[7]（地法72の24の2③，保険業法2④・⑨）。

　　イ　船 舶 保 険

　　　各事業年度の正味収入保険料×25％＝収入金額（1,000円未満切捨て）

　　ロ　運送保険・積荷保険

　　　各事業年度の正味収入保険料×45％＝収入金額（1,000円未満切捨て）

　　ハ　自動車損害賠償責任保険

　　　各事業年度の正味収入保険料×10％＝収入金額（1,000円未満切捨て）

　　ニ　地 震 保 険

　　　各事業年度の正味収入保険料×20％＝収入金額（1,000円未満切捨て）

　　ホ　上記イ～ニ以外の保険

　　　各事業年度の正味収入保険料×40％＝収入金額（1,000円未満切捨て）

---

6)　第22回国会衆議院地方行政委員会会議録12号昭和30年5月27日20頁。
7)　なお，保険の区分は，①船舶自体につき航海に関して生ずべき損害を填補することを目的とする海上保険（船舶保険），②陸上，湖川または港湾における運送品につき運送中に生ずることあるべき損害の填補を目的とする損害保険（運送保険），③貨物について生ずべき航海上の事故による損害の填補を目的とする海上保険（貨物保険），④自動車の運行によって他人の生命または身体を害したことによる保有者および運転者の損害を填補することを目的とする保険（自動車損害賠償責任保険）による（取扱通知(県)3章4の9の11）。

なお，各事業年度の収入金額を各事業年度の正味収入保険料に一定の割合を乗じて得た額としているのは，付加保険料部分のみを課税標準としようとするものである。また，保険の区分により正味収入保険料に乗ずる割合が異なるのは，保険の区分によって付加保険料の割合が異なることによる。ここで，正味収入保険料とは，つぎの算式により算定されるものをいう（取扱通知(県) 3 章 4 の 9 の 12）。

《算　式》

　　正味収入保険料＝（元受・受再保険の総保険料－保険料から控除すべき金額＋再保険返戻金）－（再保険料＋解約返戻金）

　なお，保険料から控除すべき金額とは，簡易火災保険の満期返戻金・海上保険の期末払戻金等で，解約以外の事由による保険料の払戻金をいうのであって，海上保険の利益払戻金のようなものは含まれない。この場合において，元受保険者が再保険者から返戻されたこれらに対応する金額は，保険料から控除すべき金額から控除することになる。また，解約返戻金とは，中途解約・更新契約等による返戻金で保険契約が解除された場合，すでに収入した保険料のうちから契約者へ払い戻されるものである。

3　少額短期保険業者

　内閣総理大臣の登録を受けて少額短期保険業を行う者（少額短期保険業者）の各事業年度の収入金額は，少額短期保険業者が契約した保険の区分に応じて，それぞれ正味収入保険料に一定の割合を乗じて算出した金額とされる[8]（地法72の24の2④，保険業法2⑱）。

　イ　生命保険等

　　各事業年度の正味収入保険料×16％＝収入金額（1,000円未満切捨て）

8）　少額短期保険業とは，平成17年 5 月の保険業法改正により，監督法令がなく，契約者保護の観点から問題とされていた根拠法のない共済の受け皿として，翌18年 4 月 1 日から新たに導入された，①保険金額が少額，②保険期間 1 年以内の保険で，③保障性商品の引受けのみを行うものをいう。

　ロ　損害保険

　　各事業年度の正味収入保険料×26％＝収入金額（1,000円未満切捨て）

第3節　発電・小売事業等

　令和2年に送配電部門の法的分離がなされ，送配電事業は引き続き法的規制が残る一方，すでに全面自由化されている発電事業および小売電気事業は，他の一般の事業と同様に競争的環境下に置かれる。こうした制度上の環境変化を背景として，電気供給業のうち，小売電気事業等・発電事業等について，平成2年度税制改正により課税方式が見直された。さらに，新たな事業類型として「配電事業」と「特定卸供給事業」が創設されたことに伴い，平成3年度税制改により，前者については一般送配電事業と，後者については発電事業と，それぞれ同様の措置を講じられている[9]。

1　対象事業

　つぎに掲げる事業が，対象事業となる。これは，地方税法上の「電気供給業」が，事業の実態として電気を供給している事業をいい，電気事業者が行うものに限られないことを踏まえたものである。

（1）小売電気事業等

　小売電気事業等とは，電気供給業のうち，小売供給を行う事業（小売電気事業）およびこれに準ずるものをいう（地法72の2①三，電気事業法2①二）。なお，小売電気事業を営もうとする者は，経済産業大臣の登録を受けなければならない（電気事業法2の2）。また，これに準ずるものとは，他の者の需要に応じて電気を供給する事業をいい，一般送配電事業，特定送配電事業，発電事業およ

9）　財務省『令和2年度税制改正の大綱』64〜65頁（2019年）。同『令和3年度税制改正の大綱』60〜61頁（2020年）。なお，配電事業とは，電気供給業のうち，自らが維持し，運用する配電用の電気工作物によりその供給区域において託送供給および電力量調整供給を行う事業であって，その事業の用に供する配電用の電気工作物が一定の要件に該当するものをいい，一般送配電事業と同じく許可制とされている（電気事業法2①十一の二）。

びこれに準ずる事業に該当する部分を除く（地規3の14）。

（2）発電事業等

　発電事業等とは，電気供給業のうち，自らが維持し，運用する発電用の電気工作物を用いて小売電気事業，一般送配電事業または特定送配電事業の用に供するための電気を発電する事業であって，その事業の用に供する発電用の電気工作物が一定の要件に該当するもの（発電事業）およびこれに準ずるものをいう（地法72の2①三，電気事業法2①十四）。

　なお，発電事業を営もうとする者は，一定の事項を経済産業大臣に届け出なければならない（電気事業法27の27）。また，これに準ずるものとは，自らが維持し，運用する送電用の電気工作物により一般送配電事業者に振替供給を行う事業をいい，一般送配電事業および送電事業に該当する部分を除く（地規6の2①）。

（3）特定卸供給事業

　特定卸供給事業とは，電気供給業のうち，発電用または蓄電用の電気工作物を維持し，運用する他の者に対して発電または放電を指示する方法により電気の供給能力を有する者から集約した電気を，小売電気事業，一般送配電事業，配電事業または特定送配電事業の用に供するための電気として供給する事業であって，その供給能力が一定の要件に該当するものをいう（地法72の2①三，電気事業法2①十五の二・十五の三）。なお，特定卸供給事業を営もうとする者は，一定の事項を経済産業大臣に届け出なければならない（電気事業法27の30）。

2　課税方式

　小売電気事業等，発電事業等および特定卸供給事業（発電・小売事業等）について，資本金・出資金の額が1億円を超える普通法人にあっては，収入割額，付加価値割額および資本割額の合算額によって，資本金・出資金の額が1億円以下の普通法人等にあっては収入割額と所得割額の合算額によって，それぞれ法人事業税が課される（地法72の2①三）。

（1）課税標準

　発電・小売事業等の課税標準は，つぎの法人の区分に応じて，それぞれ定められている（地法72の24の7③）。

　イ　資本金・出資金1億円超の普通法人

　　㈠　収入割については，各事業年度の収入金額とする。

　　㈡　付加価値割については，各事業年度の付加価値額とする。

　　㈢　資本割については，各事業年度の資本金等の額とする。

　ロ　資本金・出資金1億円以下の普通法人等

　　㈠　収入割については，各事業年度の収入金額とする。

　　㈡　所得割については，各事業年度の所得とする。

（2）標準税率

　発電・小売事業等の標準税率は，つぎの法人の区分に応じて，それぞれ定められている（地法72の24の7③）。

　イ　資本金・出資金1億円超の普通法人

　　㈠　収入割については，0.75％とする。

　　㈡　付加価値割については，0.37％とする。

　　㈢　資本割については，0.15％とする。

　ロ　資本金・出資金1億円以下の普通法人等

　　㈠　収入割については，0.75％とする。

　　㈡　所得割については，1.85％とする。

3　特定内国法人の課税標準

　内国法人で外国にその事業が行われる恒久的施設を有するもの（特定内国法人）の収入割の課税標準は，特定内国法人の収入金額の総額から国外の事業に帰属する収入金額を控除して算定される。この場合において，国外の事業に帰属する収入金額については，国外所得の取扱いに準じて取り扱われる[10]（個別

---

[10]　特定国内法人の所得金額，付加価値額および資本金等の額の算定方法については，第2章第2節3，第4章第3節3および第5章第1節3を参照のこと。

通知19)。すなわち，特定内国法人の収入金額は，つぎにより算定した金額とすることになる。

（1）原　　則

　国内の事業と国外の事業について区分計算をしている場合には，特定内国法人の収入金額の総額から国外の事業に帰属する収入金額（国外収入金額）を控除して得た額が，課税標準となる収入金額とされる（地法72の24の3前段）。

《算　式》

　　　収入金額の総額－国外収入金額＝収入金額（1,000円未満切捨て）

（2）特　　則

　国外収入金額の計算が困難である場合には，従業者の数により按分計算した金額をもって，特定内国法人の国外収入金額とみなされる（地法72の24の3後段，地令23①）。

《算　式》

$$収入金額の総額 \times \frac{外国の事務所等の従業者の数}{従業者の総数} ＝ 国外収入金額$$

　　　収入金額の総額－国外収入金額＝収入金額（1,000円未満切捨て）

第4節　外形標準課税の経緯

　戦後の税制においては，歴史的理由と課税技術上の問題から，電気供給業・ガス供給業等の特定の事業を除いては所得を課税標準としていたので，個人事業税は所得税の，法人事業税は法人税の付加税的色彩を有する部分が多く，納税者に二重課税ではないのかといった疑惑を招来する危険を有していた。このような危険を回避し，納税者の疑惑を払拭するためには，事業税をその性格に符合する税制に改変する必要があった[11]。シャウプ付加価値税の提起した問題は，その力点の置き所は変わったものの，平成10年代まで未解決のままに引き継がれてきた。そこで，以下では，平成16年の外形標準課税導入までの

---

11)　丸山高満『地方税の一般理論』190〜191頁（ぎょうせい，1983年）。

経緯を振り返ってみる。

1 政府税調での検討

昭和29年にシャウプ付加価値税が廃止されてから数年は，事業税への外形標準の導入問題が，少なくとも，政府税調においては，むしかえされることはなかった[12]。ところが，昭和36年に，外形標準導入問題が審議されて以来，外形標準課税の論議は，主として政府税調の場で続けられてきた。代表的なものとしては，つぎに掲げる答申がある。

（1） 昭和37年度の答申

「国，地方を通ずる税体系の問題の一環して，事業税及び固定資産税について，地方税としての性格，企業課税体系との関連等，種々の角度から，その負担のあり方について検討を行なった。

まず，事業税については，このような観点から，課税標準に売上基準又は付加価値基準を加味する方向について検討を行なった。このような改正については，個々の企業の負担の変動，その他経済全般に及ぼす影響等について，さらに慎重に吟味すべき点が多いと認められたので，この際は見送ることとしたが，将来の問題として，今後なお検討すべきものと考える」[13]。

（2） 昭和39年の長期答申

「事業税の性格や事業の所得に対する課税の累積にかんがみ，事業税の課税標準を所得金額としていることは適当かどうかについて，検討を加えた。

（①） 事業税は事業の規模ないし活動量あるいは収益活動を通じて実現される担税力をなんらかの基準によって測定して課税することが望ましい…。したがって，事業税の課税標準については，事業の規模ないし活動量あるいは収益活動を通じて実現される担税力を表わす何らかの所得金額以外の基準を求めて，これを課税標準とすることが適当である…。

（②） 所得以外の基準としては，…加算法による附加価値額によることが，

12） シャウプ付加価値税については，第1章第1節1・2を参照のこと。
13） 税制調査会『税制調査答申及びその真偽の内容と経過の説明』11頁（1961年）。

事業の規模ないし活動量あるいは収益活動を通じて実現される担税力を適正に示すということからも，また納税者に新たな帳簿作成の負担を与えないという点からも，適当である…。

（③）　附加価値要素を導入する場合においては，事業税負担のあり方，現行事業税の負担の実態との関連等を考慮するならば，(イ)所得金額と加算法による附加価値額とを併用する方法と，(ロ)所得金額に代えて加算法による附加価値額を課税標準とし，この附加価値額を構成するもののうち所得金額とその他の部分を区分して，所得金額に負担の比重を多くする方法とが考えられる。いずれにしても，所得金額部分とその他の部分に対する比重のおき方については，おのおの2分の1ずつとすることを目途として，今後具体的な検討を進めることが適当である…。

（④）　個人及び中小法人については，(イ)所得金額のみを課税標準とするか，または，(ロ)納税者に所得金額のみを課税標準とするか，新課税標準をとることとするかについて選択することを認めることとする，の2案のいずれかにすることが適当であると考えられ，このいずれをとることにするかについては，なお検討を加えるのが適当である」[14]。

（3）　昭和41年の中間答申

「事業税の課税標準については，現行の所得金額のほかに付加価値要素を導入することが適当であると考えられる。しかし，個人については，一般にその記帳能力も乏しく，企業基盤も脆弱であると認められるので，その課税標準は，所得金額とすることが適当である」[15]。

（4）　昭和43年の長期答申

「事業税の課税標準に付加価値要素を導入する場合における仮案を次の要領により想定（した）。

①　課税標準は，各事業年度の所得の金額及び加算法による付加価値額とす

---

14)　税制調査会『「今後におけるわが国の社会経済の進展に即応する基本的な租税制度のあり方」についての答申』28〜30頁（1964年）。
15)　税制調査会『長期税制のあり方についての中間答申』31頁（1967年）。

る。

(イ)　各事業年度の所得の金額は，原則として，法人税法の規定による各事業年度の所得の計算の例により算定する。

(ロ)　各事業年度の付加価値額は，各事業年度の所得並びに当該事業年度中において支払うべき給与，利子，地代及び家賃の額の合計額とする。

(ハ)　各事業年度の付加価値額の計算上生じた赤字は，その後5年間の各事業年度の付加価値額から控除する。

②　税率は，全体として現行の事業税額と同程度の税輸入を得，かつ，課税標準である所得金額及び付加価値額からそれぞれ同額の税収入を得られるように定めるものとする。

③　付加価値要素を導入することによる各企業の負担の変動を緩和するため，3年程度の経過措置を設け，当初においては付加価値額によるもののウェイトを低くし，漸次これを引き上げていくこととする」[16]。

（5）　昭和61年の抜本答申

「事業税に外形標準課税を導入する問題は，事業税の性格等にかんがみ，本来的には，事業税自体に課税標準として外形基準を導入することにより解決を図るべきであるとの意見もあるが，この問題は，累次の当調査会の答申において指摘してきた経緯等を踏まえて処理することが適当であり，現行の事業税に加えて，新しいタイプの間接税の導入に当たり，その一部を地方の間接税とす

---

16)　税制調査会『長期税制のあり方についての答申』35〜34頁（1968年）。ちなみに，木下和夫博士は，「事業税の改革についてはその後も幾度びか（政府）税調で審議されてきているが，この税の基本については現在までほとんど見直しは行われていない。付加価値要素を事業税に導入する可能性は，現在ではきわめて小さい」と指摘している（木下和夫『税制調査会：戦後税制改革の軌跡』23頁（税務経理協会，1992年））。これに対して，丸山高満博士は，「事業税への外形的課税標準の導入について納税者意識に生ずる最大の抵抗は，所得課税的認識の残滓に捕らわれた『利益がないのに課税するのか』という論理であろう。もちろんこの論理は正当ではない。…。事業税の性格に適合した税制への抜本改革は，納税者の租税意識に誘導されるものでもあると共に納税者の租税意識の熾烈な変革を必要とするものである」と述べている（丸山・前掲注11）191頁）。

れば，道府県税全体としてみてこの問題の現実的解決となる」[17]。

（6）　昭和63年の中間答申

「今回，新消費税の導入に当たっても，これまでの経緯を踏まえ，種々検討を行ったところであるが，制度の簡素化の要請，納税者等の事務負担の問題等があるため，その一部を地方の間接税とすることは困難であると考えられるので，事業税の外形標準課税導入の問題については，今後，別途検討を行う必要がある」[18]。

（7）　平成7年度の答申

「事業税に外形標準課税を導入する問題については，地方消費税を創設した以上，その必要がないのではないかとの意見もあったが，この問題については，消費課税としての地方消費税とは異なり，事業に対する応益課税としての事業税の性格，都道府県の税収の安定的確保，赤字法人に対する課税の適正化等の観点から，引き続き検討していく必要がある」[19]。

（8）　平成10年度の答申

「事業税が外形基準によって課税されることとなれば，事業税の性格が明確になるとともに，税収の安定性を備えた地方税体系が構築されるなど，地方分権の推進に資するものと考えられます。また，これに伴い，法人課税の表面税率（調整後）の引下げや赤字法人に対する課税の適正化にもつながるものと考えられます。この場合において，具体的な外形基準については，利潤，給与，利子及び地代等を加算した所得型付加価値など，引き続き幅広く検討することが必要と考えます。その際，中小法人の取扱いや税負担の変動，他の地方税との関係などの課題についても検討すべきです」[20]。

（9）　平成12年の中期答申

「当調査会としては，平成11年7月の地方法人課税小委員会報告において

---

17)　税制調査会『税制の抜本的見直しについての答申』71頁（1986年）。
18)　税制調査会『税制改革についての中間答申』60頁（1988年）。
19)　税制調査会『平成7年度の税制改正に関する答申』7頁（1995年）。なお，地方消費税については，第4章第5節1を参照のこと。
20)　税制調査会『平成10年度の税制改正に関する答申』6頁（1997年）。

『事業活動規模との関係，普遍性，中立性』，『簡素な仕組み，納税事務負担』という観点から望ましいとされた四つの外形基準について，さらに同小委員会を中心に各外形基準の課税の仕組みについて検討を行うとともに，それぞれの特徴等を整理しました。

(イ)　事業活動価値

　　a．法人の事業活動は，その事業活動によって生み出された価値（事業活動価値）の大きさという形で把握することが可能と考えられます。…。

　　b．事業活動価値は，事業活動によって生み出された価値に着目して法人に負担を求める税の課税標準として，法人の人的・物的活動量を客観的かつ公平に示すと同時に，各生産手段の選択に関して中立性が高いものとなると考えられることから，外形基準としては理論的に最も優れていると考えられます。…。

(ロ)　給 与 総 額

　　a．給与総額は，法人の人的活動料を示すこと，事業活動価値のおおむね７割を占め事業活動の規模を相当程度反映していること，実務上の簡便性に優れていることを踏まえ，外形基準として採用することも考えられます。さらに，事業活動規模を適切に反映させるという観点から，給与総額による課税のみでなく，所得基準による課税を併用することが適当と考えられ，この場合に事業活動価値における利潤のウェイトと同じように併用すれば，事業活動価値の簡便な方式とも観念できます。…。

(ハ)　物的基準と人的基準の組合せ

　　a．給与総額は，人的な活動量を中心として事業活動の規模を表す基準ですが，これに，事業活動価値の構成要素である支払利子及び賃借料と一定程度相関性のある物的基準を組み合わせて用いることにより，事業活動の規模を相当程度総合的に表す仕組みとなると考えられます。…。

(ニ)　資本等の金額

　　a．資本金に資本積立金を加えた金額（資本等の金額）も，法人の規模をある程度表しており，事業活動の規模もある程度示すものであると考え

られ，納税・課税事務の負担の少ない簡素な課税の仕組みとして，資本等の金額に着目した仕組みを考えることができます。…。

　以上のように，当調査会としては，事業活動価値が理論的に最も優れているとの考え方に留意しつつ，さらに事業活動価値を含めた各外形基準案について，納税・課税事務負担の観点から検討を進めていくことが適当であると考えます」[21]。

2　外形標準課税の導入

　国の外形標準導入の先送り姿勢に対して，東京都は平成12年2月，外形標準課税（銀行税）の導入に踏み切った。東京都銀行税は，課税標準の特例の限界を示すことによって，立法による解決への動きに拍車をかける機能を果たしたように思われる[22]。課税対象の公平性の議論は別として，事実上，東京都銀行税を政府税調が追認し，かつ与党税調が公式に認めた形である。

（1）　自治省案

　平成12年の中期答申を踏まえて，自治省（現総務省）は平成12年11月，初めて外形標準課税の具体的な案を公表するに至った。自治省案は，「所得基準と外形基準を2分の1ずつ併用する」こととし，「所得に係る税率を現行（9.6％）の2分の1（4.8％）に引き下げるとともに，残りの部分について，『事業規模額』という，法人の事業活動の規模を測る外形基準による課税方式を導入する」ものであった。ここで，「事業規模額」とは，収益配分額（＝報酬給与額＋純支払利子＋純支払賃借料）に，欠損金の繰越控除がないものとして計算した法人事業税の所得（単年度損益）を加えて算出するものである[23]。

　平成13年度の税制改正において，自治省案に関するさまざまな議論が展開された。この改革案に対しては，「外形基準に報酬給与額が含まれることで，

---

21)　税制調査会『わが国税制の現状と課題―21世紀に向けた国民の参加と選択―答申』206〜210頁（2000年）。

22)　東京都銀行税については，第1章第5節1（5）を参照のこと。

23)　自治省『法人事業税の改革案の説明』1〜2頁（2000年）。

図表4　自治省案と総務省案の異同

項　目	自治省案	総務省案
対象法人	所得課税法人	所得課税法人
課税標準	①所得，②事業規模額	①所得，②付加価値額，③資本等の金額
税　率	①所得基準（現行の1／2），②外形基準（1.6％，中小法人は1.0％）	①所得割（現行の1／2），②付加価値割（0.66％），③資本割（0.48％）
配慮事項	①資本金1,000万円未満の法人について，「簡易事業規模額」（年4.8万円）の選択制，②雇用安定控除の特例	①資本金1,000万円未満の法人について，「簡易外形税額」（年4.8万円）の選択制

(注) 1.　事業規模額（付加価値額）＝収益配分額（＝報酬給与額＋純支払利子＋純支払賃借料）±単年度損益

　　　2.　雇用安定控除額＝報酬給与額－収益配分額×85％（中小法人70％）

　　　3.　中小法人とは，資本金1億円以下の普通法人であって，現行法人事業税において，所得が課税標準とされているものである。

(出所)　自治省『法人事業税の改革案について』（平成12年11月），総務省『法人事業税の改革案（骨子）』（平成13年11月）に基づき，筆者が作成。

雇用への影響を懸念する意見」や，「欠損金の繰越控除の制限や法人住民税均等割の拡充のようなより簡素な仕組みで対応すべきではないかとの意見」もあり，結局，政府税調は「引き続き各方面の意見を聞きながら，景気の状況等を踏まえ，外形標準課税の早期導入を図ることが適当と考えます」と述べ，自治省案の導入は見送られた[24]。

（2）総務省案

続いて，平成13年11月には，総務省案が公表された。これは，自治省案に対して寄せられた「『賃金への課税ではないか』との懸念や『担税力にも配慮すべきではないか』との意見に配慮し，資本割を併用（所得割3：付加価値割2：資本割1）」することにより，「事業税額に占める給与分の割合を大幅に引き下げ」，また，「大法人・中小法人の税負担割合を変更することなく，課税の仕組みを簡素化」した改革案である[25]。

もちろん，総務省案は，自治省案を放棄したわけではない。にもかかわらず，

---

24)　税制調査会『平成13年度の税制改正に関する答申』6頁（2000年）。

政府税調は，総務省案について，「『薄く・広く・公平な課税』という考え方を堅持しつつ，各方面から寄せられた意見を取り入れて，工夫された案となっている。…，課税の不公平の是正，税収の安定化を図るとともに，努力した企業が報われる税制の確立，真の地方分権の実現に資するため，早期に導入すべきである」として評価した[26]。

政府は，平成14年度の税制改正の議論を踏まえ，「法人事業税の外形標準課税については，今後，各方面の意見を聞きながら検討を深め，具体案を得たうえで，景気の状況等も勘案しつつ，平成15年度税制改正を目途にその導入を図る」と述べ，政府としての正式の方針において，その目標年次が明確に位置づけられたのである[27]。これを受けて，政府税調は，「外形標準課税については，厳しい景気の状況を踏まえ慎重に対処すべきとの意見もあったが，受益と負担の関係を明確にして真の地方分権の実現に資するため，早急に導入すべきである」との結論を出し，平成15年度の税制改正で成案を得るようにすべきであるとの流れが形成されていた[28]。

第5節　外形標準課税制度

こうした流れを背景に，平成15年度の税制改正により，「これまでの議論を踏まえ検討を行った結果，現下の景気の状況等も勘案し，平成15年度に，資本金1億円超の法人を対象として，外形基準の割合を4分の1とする外形標準課税制度を創設し，平成16年度から適用する」ことが決定された[29]。自治省案・総務省案に比べると，外形標準課税の割合や対象法人の相当な絞り込み，などによる大胆な決着が図られたのである。

---

25)　総務省『法人事業税の改革案のポイント』（平成13年11月），同『法人事業税の改革案（骨子）』（平成13年11月）。

26)　税制調査会『平成14年度の税制改正に関する答申』7頁（2001年）。

27)　経済財政諮問会議『構造改革と経済財政の中期展望』23頁（2002年）。

28)　税制調査会『平成15年度における税制改革についての答申：あるべき税制の構築に向けて』8頁（2002年）。

1　基本的なしくみ

外形標準課税は，平成16年4月1日以後に開始する事業年度に係る法人事業税，同日以後の解散による清算所得に対する法人事業税について適用される（平成15年改正地法附則4①）。

（1）対 象 法 人

外形標準課税法人は，資本金・出資金の額が1億円を超える法人で，①公益法人等，②特別法人，③人格のない社団等，④投資法人，⑤特定目的会社を除くものとされる（旧地法72の2①一）。

（2）課 税 標 準

外形標準課税法人は，付加価値割額，資本割額および所得割額の合算額によって，法人事業税が課される（旧地法72の2①一イ）。

《算　式》

付加価値割額＋資本割額＋所得割額＝事業税額

イ　所得割

所得割は，従前のとおり，各事業年度の所得および清算所得を課税標準とし，その算定方法も同じである（旧地法72の12三）。

ロ　付加価値割

付加価値割は，各事業年度の付加価値額を課税標準とする（旧地法72の12一）。ここで，各事業年度の付加価値額とは，各事業年度の報酬給与額，純支払利子および純支払賃借料の合計額（収益配分額）と各事業年度の単年度損益との合計額をいう（旧地法72の14）。

付加価値額＝収益配分額±単年度損益

---

29)　自由民主党『平成15年度税制改正大綱』5頁（2002年）。もちろん，これは，経済合理性の追求というよりも，政治的妥協を積み重ねた帰結である。税源基盤の安定化と応益課税の強化をもたらす「理想化」された外形標準課税が実現したとは言い難い。というのは，税収の安定化・地域格差の是正とともに，応益原則を追求し，さらに中小企業への公平性に配慮するといった，あまりに多く，かつ背反する政策目標を法人事業税制の枠内で対処しようとしているところに問題があったと考えられる（佐藤主光『地方税改革の経済学』52頁（日本経済新聞出版社，2011年））。

ハ 資本割

　資本割は，各事業年度の資本等の金額を課税標準とする（旧地法72の12
二）。ここで，各事業年度の資本等の金額とは，法人の資本の金額または
出資金額と資本積立金額および連結個別資本積立金額との合計額をいう
（旧地法72の21①）。

（3）税　　　率

外形標準課税法人は，付加価値割，資本割および所得割について，それぞれ
標準税率が定められており，それを超える税率で法人事業税を課する場合には，
標準税率のそれぞれ1.2倍を超える税率で課することができない（旧地法72の24
の7①一・⑧）。

イ 付加価値割

　各事業年度の付加価値額に係る標準税率は，0.48％である（旧地法72の
24の7①一イ）。

ロ 資本割

　各事業年度の資本金等の額に係る標準税率は，0.2％である（旧地法72の
24の7①一ロ）。

ハ 所得割

　外形標準課税法人の標準税率は，各事業年度の所得のうち，①年400万
円以下の金額については3.8％，②年400万円を超え年800万円以下の金額
については5.5％，③年800万円を超える金額および清算所得については
7.2％が適用される（旧地法72の24の7①一ハ）。

2　外形標準課税の拡大

外形標準課税は，導入から10年余りが経過し，すでに制度として定着した
感がある。しかし，政府税調では，「外形標準課税は，多数の法人が法人事業
税を負担していないという状況の是正を図るとともに，法人所得に対する税負
担を軽減する一方，付加価値等に対して課税するものであり，応益性の観点か
ら，将来的には外形標準課税の割合や対象法人を拡大していく方向で検討すべ

図表5　外形標準課税の拡大

税　　　目	平成26年度	平成27年度	平成28年度〜
付加価値割	0.48%	0.72%	0.96%
資本割	0.2%	0.3%	0.4%
所得割			
年400万円以下の所得	3.8%（2.2%）	3.1%（1.6%）	2.5%（0.9%）
年400万円超800万円以下の所得	5.5%（3.2%）	4.6%（2.3%）	3.7%（1.4%）
年800万円超の所得	7.2%（4.3%）	6.0%（3.1%）	4.8%（1.9%）

（注）1．所得割の税率は，本則の税率（地方法人特別税等に関する暫定措置法適用
　　　　後の税率）である。
　　　2．3以上の都道府県に事務所等を設けて事業を行う法人の所得割に係る税率
　　　　については，軽減税率の適用はない。
（出所）　財務省『平成27年度税制改正の大綱』54頁（2015年）に基づき，筆者が
　　　　作成。

きである」との考え方が示されていた[30]。

（1）　平成27年度税制改正

改正前の法人事業税の4分の1に導入されている外形標準課税について，資本割と付加価値割の比率（1：2）を維持しつつ，2年間で段階的に8分の3，2分の1と拡大するとともに，拡大分に相当する所得割を縮減することとされた。具体的には，図表5に表示したように，外形標準課税の税率を見直すこととされた[31]。

（2）　平成28年度税制改正

平成27年度には，法人事業税の8分の3に導入されている外形標準課税について，平成28年度以降の資本割と付加価値割を8分の5に拡大し，見合いの所得割を縮減することとされた。具体的には，つぎのように，外形標準課税の税率が見直されている[32]。

　イ　付加価値割

　　平成28年度以降の標準税率は，0.96%とされていたところを1.2%に引

---

30)　税制調査会『抜本的な税制改革に向けた基本的考え方』19頁（2007年）。
31)　財務省『平成27年度税制改正の大綱』54頁（2015年）。
32)　財務省『平成28年度税制改正の大綱』42頁（2016年）。

き上げられる。

ロ　資本割

　　平成28年度以降の標準税率は，0.4％とされていたところを0.5％に引き
上げられる。

ハ　所得割

　　平成28年度以降の標準税率は，各事業年度の所得のうち，①年400万円
以下の金額については，2.5％（0.9％）とされていたところを1.9％（0.3％）
に，②年400万円を超え年800万円以下の金額については，3.7％（1.4％）
とされていたところを2.7％（0.5％）に，③年800万円を超える金額につい
ては，4.8％（1.9％）とされていたところを3.6％（0.7％）に，それぞれ引き
下げられる[33]。

（3）　若干の指摘

　財源確保のためには，外形標準課税の割合だけでなく，対象法人を拡大して
いくべきだとの見解もある。ところが，いずれの税制改正においても，中小法
人への適用拡大は見送られた。もちろん，資本金・出資金1億円超の法人とそ
れ以下の法人のどちらが有利になるのかは明らかではないが，赤字もしくは比
較的低所得の場合に限ると，後者のほうが有利となる。たとえば，外形標準課
税の導入時，東京都においては，その導入前は資本金1億円を超える法人のう
ち，平成18年1月中旬までの届出により資本金1億円以下となったのは804社
であった[34]。

　もともと，租税法上は意味をもたない「企業の規模」によって，租税法上意
味がある別の要素を代替させているという構造に照らすと，その「別の要素」
と企業規模が密接に関連しているほど，中小企業税制の適用対象は容易に画定

33）　その後，平成31年度税制改正により，特別法人事業税を創設することに併せて，
　　所得割の標準税率は，①年400万円以下の金額については，0.4％に，②年400万円を
　　超え年800万円以下の金額については，0.7％に，③年800万円を超える金額について
　　は，1.0％に見直されている（財務省『平成31年度税制改正の大綱』54頁（2018年））。
　　なお，特別法人事業税については，第5章第6節1を参照のこと。
34）　青木智子「外形標準課税の現状と課題」税研127号31頁（2006年）。

できる。他方で,「中小」という企業規模と着目すべき本来の要素が乖離すればするほど,中小企業税制はその対象を画定することが困難になり,また,その存立基盤を失っていくことになる[35]。

　このように考えると,企業規模によって異なる制度を採用することは,制度の複雑化を招くことにつながり,減資による課税回避を選択する大法人もあり,課税の中立性・公平性を損なうおそれがある。理論的には,外形標準課税は事業活動に応じた課税を行うものであるため,事業活動規模が小さい法人の場合は,それに見合った税負担となるのであるから,大法人と中小法人を区別して異なる制度とする合理的理由はないという帰結となる。

　また,全国の普通法人247万9,281社のうち,外形標準課税法人は2万3,428社（構成比0.9%）にすぎない状況からしても,大法人と中小法人を同一の制度とすべきなのかもしれない[36]。しかしながら,現実の課税制度の構築の観点からは,その実効性が担保されていなければ,それは机上の空論の域を出でないのであろう。都道府県・中小法人双方にとって,外形標準課税を適用することによる徴税費・事務負担の増大を考えると,対象法人を拡大する改革は避けるべきという帰結になろう。

[35]　佐藤英明「わが国における『中小企業税制』の意義と展望」租税法研究38号76頁。そこでは,「『資本金1億円以下』という規模に着目した適用除外は,例外的な中小企業税制でありうる。そしてかりに,資本金1億円以下の法人は資金市場へのアクセスがそれ以上の規模を有する企業よりも特別に困難であり,そのことに対応して自己資本充実の必要が特別に大きいこと,および,留保金課税の除外が自己資本充実に有効であること,の2点を示す説得的な根拠があれば,それは中小企業税制として合理的な制度でありうる」と述べており,このことは外形標準課税の除外にも当てはまる。
[36]　総務省「平成26年度道府県税の課税状況等に関する調」（平成28年4月）。

97

第4章 付加価値割

chapter 4

　本章では，平成16年に導入された外形標準課税のうち，まず，付加価値割についてみることにする。付加価値割とは，付加価値額により法人の行う事業に対して課する事業税をいう（地法72一）。これまでの論議の中で，政府税調は，平成12年の中期答申において，「事業活動価値（付加価値）は，事業活動によって生み出された価値に着目して法人に負担を求める税の課税標準として，法人の人的・物的活動量を客観的かつ公平に示すと同時に，各生産手段の選択に関して中立性が高いものとなると考えられることから，外形基準としては理論的に最も優れている」と提言していたものである[1]。

《算　式》

　付加価値額×標準税率1.2%（発電・小売事業等0.37%）

　　　　　　　　　　　　　　　＝付加価値割額（100円未満切捨て）

第1節　付加価値割の課税標準

　付加価値割の課税標準は，各事業年度の付加価値額である（地法72の12一）。各事業年度の付加価値額は，収益配分額と単年度損益との合計額による（地法72の14）。

1）　税制調査会『わが国税制の現状と課題―21世紀に向けた国民の参加と選択―答申』
　　207頁（2000年）。

《算　式》

　　収益配分額±単年度損益＝付加価値額（1,000円未満切捨て）

　ところで，租税理論上，付加価値税は，設備投資の扱いによって，所得型付加価値税と消費型付加価値税に分けられる。付加価値を課税ベースにするので，売上額から仕入額を控除する点は同じである。だが，設備投資を行った場合，前者は減価償却費のみを控除するのに対して，後者はその全額を控除することができる。シャウプ勧告と対比させるならば，所得型は加算法と，消費型は控除法と，それぞれ課税ベースが一致する。

1　加　算　法

　加算法についてみると，これは，各事業者の賃金，地代，利子などの生産要素に対する報酬に純利潤を加えた金額を課税ベースとし，それに対して税率を適用することにより付加価値税額を算定する方法である。純利潤は，減価償却費を控除した概念であるので，この方法は，所得型付加価値税を算定するのに適している。すなわち，控除法による消費型付加価値税は，一般消費税としての性格をもっているのに対して，加算法による所得型付加価値税は，企業課税としての性格をより多くもっている。

　そもそも，付加価値税を企業課税として構成しうるとする主張は，シュミットによって行われ，井藤半彌博士を通じて，日本にも紹介された。シュミットは，「企業というものは，家計と相並んで独自の生活をいとなみ，公共費用の支出を必要とするものであり，また公共給付から利益をうけるものである。国家給付は生産の一要素として，企業の生産成果に貢献するものである。従って企業が，この国民経済的共同費用の分担に参加するのは当然である」と，企業課税の根拠を利益説に求める[2]。そして，付加価値は，「事業の活動量につい

---

[2]　井藤半彌「シュミットの企業課税論」日本租税研究会編『租税財政論集第1集』41頁（日本租税研究会，1965年）。なお，利益説とは，税金を財源として供給される公共財・サービスから受ける便益に応じて税負担を納税者間に配分することが，公平の原則に適うという考え方である。

ての正確な規準をあらわすものであり，従って一般事業課税の，より適当な標準となるものである」と考えたのである[3]。

　シュミットの提案では，この種の企業課税は，法人税，営業税および売上税に代わる統一的企業課税として新設されるものであり，ここから，この種の付加価値税には，きわめて重要な国税・地方税を通ずる基幹税としての地位が与えられている。もっとも，付加価値税を企業課税として構成しようとする考え方は，決して例外的なものではない。たとえば，サリバン女史は，付加価値税を売上税とみる見方と並んで，企業受益説を基礎とした企業課税とみる見方があるとしている。企業課税として付加価値税を考える者には，コルムやステュデンスキーがおり，アメリカにおける最初の付加価値税提案者，トーマス・アダムスの考えもこれと一致している[4]。

　アダムスの提唱した付加価値税は，その後，コルムとステュデンスキーにより理論が生成されていった。コルムは，企業課税の根拠として主張される利益説に基づく税ないし政府のサービスに対する対価としての税の意味を重視し，法人はその利益の有無を問わず，政府のサービスの対価に対して支払いをなすべきであるという性格を有するから，法人税以外の課税対象による企業課税が必要であるとして，生産要素に対する課税としての付加価値税を支持したのである。

　さらに，ステュデンスキーは，近代企業はそれ自体独立した存在であるので，企業を独立に課税する根拠として，企業は政府から受けるサービスの対価を支払うべきである。その課税は，企業の収益とは関係なく，付加価値等に基づくべきである。なぜなら，政府より受けるサービスは，企業の生産規模に応じているからである。そしてまた，政府のサービスは，より広くは社会の福祉のためになされるものであり，その負担は生産者と消費者に等しく配分されるべきである，という福祉理論によって，製造業者，卸売業者および小売業者に対す

3）　井藤・前掲注2）44頁。
4）　佐藤進『付加価値税論』32～34頁（税務経理協会，1973年），水野忠恒『消費税の制度と理論』17～31頁（弘文堂，1989年）。

る売上税のほか，付加価値税が正当化されるとした。

　ただ，企業課税として付加価値税をみる場合にも，転嫁の問題が入り，少なくとも企業課税の場合，転嫁がありえないと考えるのは現実的ではない。この転嫁に対する考え方により，付加価値税の性格についても，論議が分かれる。ステュデンスキーは，付加価値税の一部は消費者に転嫁されるとしても，そのすべてが消費者に転嫁されるとは限らないとしつつ，付加価値税が生産活動に対する税の形態である性格には変わりがないとして，付加価値税が企業に対する税であることを強調したのである。

2　控　除　法

　もう1つは，控除法である。これは，消費型付加価値税を算定するのに適した方法で，前段階税額控除法と仕入高控除法がある。このうち，前段階税額控除法は，各事業年度の売上高に税率を適用して求めた税額から，事業者が仕入れの際にすでに納付した税額を控除することにより，付加価値税額を算定する方法である。各事業者は，仕入先から送付された税額票（インボイス）に基づいて税額控除を受けることになるので，この方法は「インボイス方式」とも呼ばれる[5]。

　他方，仕入高控除法は，各事業者の売上高と仕入高との差額を課税ベースとし，それに対して税率を適用することにより，付加価値税額を算定する方法である。この場合，各事業者は，インボイスを用いることなく，自らの帳簿上の記録に基づいて税額を算定することになるので，この方法は「帳簿方式」とも呼ばれる。企業の付加価値に対する課税の性格を一番多くもっているのは，この方法に基づく付加価値税である。

　仕入高控除法では，事務負担は軽いのに対して，前段階税額控除法では，

5）　ちなみに，インボイスは，課税事業者のみが発行することができ，免税事業者は発行することができない。したがって，免税事業者から仕入れを行った課税事業者は，その仕入れについては税額控除を行うことができない。そのため，取引の中間段階に位置する免税事業者が取引から排除されかねず，あるいは，事実上それらの事業者の多くに課税事業者となることを選択するよう迫ることにもなる。

個々の取引すべてにインボイスを作成・保管・添付するので，事業者の事務上の負担が重くなる。反面，税額算定の正確なことに関しては，前段階税額控除法が最も優れている。前段階税額控除法では，取引の都度，インボイスの発行が義務づけられているため，免税措置を設けるとか，複数税率を採用するのに比較的弾力的に対処できる。これに対して，仕入高控除法は，複数税率や免税に考慮なく，一括して前段階仕入高を控除するので，個々の品目ないし個々の取引の中に含まれる税額算定が難しくなるという欠点がある[6]。

　たとえば，欧州諸国やニュージーランド・カナダ等の付加価値税においては，前段階税額控除法がとられている。これに対して，日本の付加価値税（消費税・地方消費税）では，仕入高控除法が用いられている。もっとも，令和5年10月1日からは，複数税率に対応した仕入税額控除の方式として，「適格請求書等保存方式」（インボイス制度）が導入され，インボイス制度の下では，税務署長に申請して登録を受けた課税事業者である「適格請求書発行事業者」が交付する「適格請求書」等の保存が仕入税額控除の要件となる。

　インボイス制度導入後においては，仕入税額控除の対象となる課税仕入れに係る消費税額は，適格請求書または適格簡易請求書の記載事項に基づき計算した金額その他の政令で定めるところにより計算した金額とされ，免税事業者や消費者など，適格請求書発行事業者以外の者（免税事業者等）から行った課税仕入れは，原則として仕入税額控除の適用を受けることができなくなる（改正消法30①）。この改正については，中立の原則，付加価値税の本質，免税制度の趣旨からみて問題点を抱えており，再検討すべきではなかろうか。

3　2つの付加価値税

　以上のように，消費型付加価値税は，消費者への転嫁を前提にしているのに対して，所得型付加価値税は，転嫁を前提にしていない。とはいえ，転嫁の問題は，企業課税の永遠のテーマであり，所得型付加価値税が価格に転嫁されな

[6]　個々の取引における税額算定が明確でないのは，加算法の場合も同じであり，これは国境税調整等に際しての難点となる。

いという保証はどこにもない。そしてまた，消費型付加価値税は，伝票やインボイスによって転嫁することを明記はしているものの，市場メカニズムの中では，すべて消費者が負担しているとは言い難い。

　付加価値額を課税標準とするかぎり，加算法も控除法もほとんど差異はない。計算技術上の若干の差異を除けば，本質的には同じである。また，法的には，いずれの税においても，納税義務者は事業者であり，この点も違いはない。税の転嫁は，法的な権利義務の下にあるのではなく，市場における力関係によって左右される[7]。これらを同じ課税根拠で，しかも都道府県という同じレベルの政府が課税するというのは，いたずらに税制を複雑にするだけである。

　もっとも，加算法による所得型付加価値税は，世界に背を向けたものなのかもしれない。控除法であれば，回避できる問題が新たに生じることは，グローバリゼーションの中で，国際競争がますます激化することを考えれば，避けるべきであろう。本質的には，付加価値税の歴史の中で，所得型付加価値税がなぜ国際基準とならなかったか，という点に深く関わっている。

　わが国においては，法人事業税の付加価値割という所得型付加価値税が存在する。さらに，消費型付加価値税として，消費税・地方消費税もある。もちろん，2つの付加価値税を容認するのか，それとも，いずれか一方の付加価値税を解消するのか，という議論はある。しかし，そもそも，すでに消費型付加価値税が存在しているのに，あえて地方で同一の課税ベースに対して，不完全な所得型付加価値税を課す必要はあるのか。法人事業税は，一方で地方消費税，他方で法人住民税との関係が問題となる[8]。

　法人事業税の本質を理解し，今後の方向性について考えるためにも，以下では，付加価値割の基本的なしくみについて整理・検討を加える。付加価値割とは，外形標準課税法人に課される事業税をいい，付加価値額を課税標準として，

7）　田中治「事業税の外形標準課税」新井隆一先生古希記念『行政法と租税法の課題と展望』339～340頁（成文堂，2000年）。

8）　私見としては，消費税・地方消費税および法人住民税の改革を行いつつ，法人事業税を地方消費税と法人住民税に発展的に解消すべきだと考える。詳しくは，拙著『地方企業課税の理論と実際』（関西学院大学出版会，2007年）を参照のこと。

一定の税率を乗じることにより計算される。ここで，付加価値額とは，収益分配額と単年度損益の合計額である。また，付加価値割の標準税率は，1.2%—発電・小売事業等の場合は，0.37%—であり，これを基準に各都道府県は税条例により適用税率を定める[9]（地法72の24の7①一イ・③一ロ）。

第2節　収益配分額

付加価値割の課税標準の構成要素のうち，まず，収益配分額とは，各事業年度の報酬給与額，純支払利子および純支払賃借料の合計額をいう（地法72の14）。

《算　式》

収益配分額＝報酬給与額＋純支払利子＋純支払賃借料

1　報酬給与額

報酬給与額とは，雇用関係またはこれに準ずる関係—たとえば，法人と役員の間の委任関係—に基づいて提供される労務の提供の対価として支払われるものをいい，定期・定額で支給されるものと不定期・業績比例で支給されるものとを問わず，また，給料，手当，賞与などその名称を問わない（取扱通知(県)3章4の2の1）。

（1）　報酬給与額の算定方法

各事業年度の報酬給与額は，原則として，①法人が各事業年度において役員・使用人に対する報酬，給料，賃金，賞与，退職手当その他これらの性質を有する給与として支出する金額と，②法人が各事業年度において確定給付企業年金に係る規約に基づいて加入者のために支出する掛金その他の法人が役員・使用人のために支出する掛金等の金額との合計額による[10]（地法72の15①，地

9）　なお，地方税法は，税率の上限（制限税率）を定めており，標準税率の1.2倍を超える税率を定めることができない（地法72の24の7⑧一）。また，発電・小売事業等については，第3章第3節1・2を参照のこと。

10）　ただし，棚卸資産等に係るものを除き，法人税の所得の計算上損金の額に算入されるものに限る（地法72の15①括弧書，地令20の2）。たとえば，法人税の税務調査により給与の損金否認額が生じた場合は，「報酬給与額」は減少する。しかし一方で，

令20の2～20の2の3)。なお，報酬給与額の算定にあたっては，つぎの諸点に留意しなければならない（取扱通知(県) 3章4の2の3～4の2の8)。

イ　報酬給与額に含まれる給与の範囲は，原則として，所得税において給与所得または退職所得とされるものに限られる。ただし，企業内年金制度に基づく年金や，死亡した者に係る給料・退職金等で遺族に支払われるものについては，その性格が給与としての性質を有すると認められることから，所得税において給与所得または退職所得とされない場合であっても，報酬給与額として取り扱われること。

ロ　通勤手当，在勤手当および旅費のうち報酬給与額とされないものは，所得税において非課税とされるものであること。

ハ　内国法人が外国において勤務する役員・使用人に対して支払う給与は，役員・使用人が非居住者であっても，報酬給与額となる。この場合において，実費弁償の性格を有する手当等を支給しているときは，手当等の額は，報酬給与額に含めない。なお，役員・使用人が外国で勤務する場所が恒久的施設に該当する場合には，給与は，内国法人の国外の事業に帰属する報酬給与額となり，これは課税対象外とされる国外付加価値額に算入されること。

ニ　請負契約に係る代金は，労務の提供の対価ではなく，仕事の完成に対する対価であることから，報酬給与額に含めない。ただし，名目上請負契約とされている場合であっても，仕事を請け負った法人が請負契約に係る業務を行っているとは認められず，請負法人と注文者である法人が当該業務において一体となっていると認められるときは，請負法人の使用人に対する労務の提供の対価に相当する金額は，注文者である法人の報酬給与額として取り扱うこと。

ホ　法人が役員・使用人のために給付する金銭以外の物または権利その他経済的利益（現物給与）については，所得税において給与所得または退職所

その分だけ「単年度損益」が増加する。その結果，「付加価値額」は変動しないことになる。

得として課税され，かつ，法人税の所得の計算上損金の額に算入される場合にかぎり，報酬給与額に含まれる。ただし，法人が賃借している土地・家屋をその役員・使用人に社宅等として賃貸している場合の賃借料については，支払賃借料または受取賃借料とされていることから，所得税において給与所得または退職所得として課税される場合であっても，報酬給与額には含めないこと。

　ヘ　法人が，自己を契約者とし，役員・使用人を被保険者とする，①被保険者の死亡または生存を保険事故とする生命保険（養老保険），②一定期間内における被保険者の死亡を保険事故とする生命保険（定期保険），③養老保険に定期保険を付したもの（定期付養老保険）などに加入して，その保険料を支払う場合には，保険料の額のうち所得税において給与所得または退職所得として課税されるものは報酬給与額とすること。

（2）　労働者派遣等に係る報酬給与額

　法人が労働者派遣契約または船員派遣契約に基づき，労働者派遣または船員派遣（労働者派遣等）の役務の提供を受け，または労働者派遣等をした場合には，上記（1）にかかわらず，つぎに掲げる法人の区分に応じて，それぞれに定める金額をもって当該法人の報酬給与額とされる（地法72の15②，地令20の2の4）。

　イ　派遣先法人

　　　労働者派遣等の役務の提供を受けた法人（派遣先法人）については，上記（1）の合計額に，各事業年度において労働者派遣等の役務の提供の対価として，派遣元法人に支払う金額（派遣契約料）に75％を乗じて得た額を加えた金額とされる。

　ロ　派遣元法人

　　　労働者派遣等をした法人（派遣元法人）については，上記（1）の合計額から，各事業年度において労働者派遣等の対価として，派遣先法人から支払いを受ける金額（派遣契約料）に75％を乗じて得た額を控除した金額とされる。

　この場合の報酬給与額の取扱いにあたっては，①派遣契約料は，消費税・地

方消費税を除いた金額を基礎とすること，②派遣契約料には，派遣労働者または派遣船員（派遣労働者等）に係る旅費等を含むこと，③派遣労働者等が派遣元法人の業務にも従事している場合には，派遣労働者等に支払う給与等の額のうち派遣元法人の業務に係るものは含めないことに留意しなければならない（取扱通知（県）3章4の1の3，4の2の15）。

（3）　出向者に係る給与・退職給与

法人の役員・使用人が他の法人に出向した場合において，その出向した役員・使用人（出向者）の給与・退職給与については，つぎのように取り扱われる（取扱通知（県）3章4の2の14）。

イ　出向先法人が出向者に支払った給与

出向者の給与については，その実質的負担者の報酬給与額とされる。したがって，出向先法人が出向者に支払った給与は，出向先法人の報酬給与額に含まれる。なお，転籍先法人が転籍者に支払った給与も，出向者の場合と同様，転籍先法人の報酬給与額に含まれる。

ロ　出向先法人の給与負担金

出向者に対する給与を出向元法人が支給することとしているため，出向先法人が自己の負担すべき給与に相当する金額（給与負担金）を出向元法人に支出したときは，給与負担金は，出向先法人の報酬給与額として取り扱い，出向元法人の報酬給与額として取り扱わない。

ハ　出向者に対する給与較差補填金

出向元法人が出向先法人との給与条件の較差を補填するため，出向者に対して支給した給与は，出向元法人の報酬給与額として取り扱われる。

ニ　出向先法人の退職給与負担金

出向者に係る退職金については，実際に支われる事業年度において，出向元法人の報酬給与額として取り扱うことになる。ただし，出向元法人が確定給付企業年金契約等を締結している場合において，出向先法人があらかじめ定めた負担区分に基づき，出向者に係る掛金・保険料等の額を出向元法人に支出したときは，その支出した金額は出向先法人の報酬給与額と

して取り扱われる。

ホ　海外子会社に出向する者の給与

　　内国法人から海外子会社に出向する者の給与については，国内で出向が行われた場合と同様，その実質的負担者の報酬給与額とされる。したがって，内国法人が出向者の給与を負担した場合には，その給与は内国法人の報酬給与額となる。また，海外出向者に対する給与較差補填金についても，これと同様の取扱いとなる。

　　これらの場合，海外子会社が内国法人の恒久的施設ではないので，内国法人の負担した給与または給与較差補填金は，国外付加価値額ではなく，国内付加価値額として算入されることになる。なお，その給与を海外子会社が負担した場合には，それは，海外子会社の外国における事業に帰属することになるので，法人事業税の課税対象外となる。

（4）　報酬給与額となる掛金等の範囲

法人が役員・使用人のために支出する掛金等のうち，報酬給与額となるものは，つぎに掲げるものとされている（取扱通知(県)3章4の2の9）。

イ　退職金共済制度に基づいて，被共済者のために支出する掛金

ロ　確定給付企業年金に係る規約に基づいて，加入者のために支出する掛金等

ハ　企業型年金規約に基づいて，企業型年金加入者のために支出する事業主掛金

ニ　個人型年金規約に基づいて，個人型年金加入者のために支出する掛金

ホ　勤労者財産形成給付金契約に基づいて，信託の受益者等のために支出する信託金等

ヘ　勤労者財産形成基金契約に基づいて，信託の受益者等のために支出する信託金等および勤労者について支出する預入金等の払込みに充てるために支出する金銭

ト　厚生年金基金の事業主として負担する掛金等として負担する平成26年4月1日前の期間に係る掛金等および存続厚生年金基金の事業主として負

担する掛金等

チ　適格退職年金契約に基づいて，受益者等のために支出する掛金等

2　純支払利子

純支払利子とは，各事業年度における支払利子の合計額から受取利子の合計額を控除した金額をいう[11]（地法72の16①本文）。ただし，受取利子の合計額が支払利子の合計額を超える場合には，純支払利子はマイナスにならず，ゼロとなる（取扱通知(県)3章4の1の1）。

《算　式》

　　純支払利子＝支払利子の合計額−受取利子の合計額

（1）　支払利子の範囲

支払利子とは，法人が各事業年度において支払う負債の利子をいう（地法72の16②）。具体的には，主として，つぎに掲げるものが該当する（取扱通知(県)3章4の3の1）。

　イ　借入金の利息

　ロ　社債の利息

　ハ　社債の発行その他の事由により金銭債務に係る債務者となった場合に，金銭債務に係る収入額がその債務額に満たないときにおける，その満たない部分の金額

　ニ　コマーシャル・ペーパーの券面価額から発行価額を控除した金額[12]

　ホ　受取手形の金額と当該手形の割引による受領金額との差額を手形売却損として処理している場合の，その差額

　ヘ　買掛金を手形によって支払った場合において，相手方に対して手形の割引料を負担したときにおける，その負担した割引料

---

11)　ただし，支払利子または受取利子は，法人税の所得の計算上，損金の額または益金の額に算入されるものに限る（地法72の16①括弧書）。

12)　コマーシャル・ペーパー（CP）とは，企業が短期資金の調達を目的に，CP市場において割引形式で発行する短期社債をいい，非金融事業法人等が商取引の裏づけをもたずに発行する短期・無担保の約束手形として位置づけられている。

ト　従業員預り金，営業保証金，敷金その他これらに準ずる預り金の利息

チ　金融機関の預金利息

リ　コールマネーの利息[13]

ヌ　信用取引に係る利息[14]

ル　現先取引および現金担保付債券貸借取引に係る利息[15]

ヲ　利子税ならびに地方税法65条（法人道府県民税に係る納期限の延長の場合の延滞金），同法72条の45の2（法人事業税に係る納期限の延長の場合の延滞金）および同法327条（法人市町村民税に係る納期限の延長の場合の延滞金）の規定により徴収される延滞金

ワ　内部取引において，上記イ～ヲに相当するもの

なお，支払利子が計上される事業年度は，原則として，法人税の所得の計算上，損金の額に算入される事業年度と一致する（地法72の16①括弧書）。ただし，棚卸資産，有価証券，固定資産および繰延資産に係る支払利子については，これを支出した事業年度以後の事業年度において分割して損金の額に算入される。これに対して，支払利子の算定においては，これらの資産に係る支払利子で損金の額に算入されるものについては，納税事務を考慮して，損金の額に算入される事業年度ではなく，その利子を支出した事業年度に計上される（取扱通知

---

13)　コールマネーとは，コール市場において，資金を借手側からみた場合の名称であり，逆に，貸手側からみた場合は「コールローン」という。なお，コール市場とは，民間金融機関が短期的な支払準備の過不足を相互に調整するためのインターバンク市場である。

14)　信用取引とは，証券会社による顧客への信用供与を媒介として行われる株式の売買取引をいい，その際に必要とされる受渡資金・株券を証券金融会社が証券会社に貸し付けることを「貸借取引」と呼ぶ。信用取引と貸借取引とは，通常，一体となって運営されているため，「信用取引」という場合，両者を含む意味で用いられることが多い。

15)　なお，現先取引とは，一定期間後に一定の価格で買い戻すあるいは売り戻すことをあらかじめ約して債券を売却あるいは買い入れる，条件付債券売買をいう。また，現金担保付債券貸借取引（債券レポ取引）とは，貸借期間の終了時に対象銘柄と同種・同量の債券を返済する債券の消費貸借取引をいい，債券の借手が貸手に担保として現金を供するところに特色がある。

（県）3章4の1の2）。

　（2）　受取利子の範囲

　受取利子とは，法人が各事業年度において支払いを受ける利子をいう（地法72の16③）。具体的には，主として，つぎに掲げるものが該当する（取扱通知（県）3章4の3の2）。

イ　貸付金の利息

ロ　国債，地方債および社債の利息

ハ　償還有価証券の調整差益[16]

ニ　売掛金を手形によって受け取った場合において，相手方が手形の割引料を負担したときにおける，その負担した割引料

ホ　営業保証金，敷金その他これらに準ずる預け金の利息

ヘ　金融機関等の預貯金利息および給付補填備金

ト　コールローンの利息

チ　信用事業を営む協同組合等から受ける事業分量配当のうち，協同組合等が受け入れる預貯金の額に応じて分配されるもの

リ　相互会社から支払いを受ける基金利息

ヌ　生命保険契約に係る据置配当の額および未収の契約者配当の額に付されている利息

ル　損害保険契約のうち，保険期間の満了後満期返戻金を支払う旨の特約がされているものに係る据置配当の額および未収の契約者配当の額に付されている利息

ヲ　信用取引に係る利息

ワ　合同運用信託，公社債投資信託および公募公社債等運用投資信託の収益として分配されるもの

カ　現先取引および現金担保付債券貸借取引に係る利息

16）　償還有価証券とは，償還期限および償還金額が確定している売買目的外有価証券をいい，たとえば，社債，国債，地方債，コマーシャル・ペーパーなどである（法基通2―1―33）。

112

ヨ　還付加算金

タ　内部取引において，上記イ～ヨに相当するもの

このように，受取利子は，原則として，支払利子とその範囲を同じくする。もっとも，国債・地方債の利息，合同運用信託等の収益の分配，還付加算金については，支払う側が外形標準課税の対象外であるため，支払利子には含まれない点が異なる。

（3）　純支払利子の留意点

純支払利子の算定にあたっては，つぎの諸点に留意しなければならない（取扱通知(県) 3章4の3の3～4の3の11）。

イ　金利の変動に伴って生ずるおそれのある損失を減少させる目的で繰延ヘッジ処理を行っている場合，または特例金利スワップ取引等を行っている場合の支払利子または受取利子の計算は，繰延ヘッジ処理による繰延ヘッジ金額に係る損益の額または特例金利スワップ取引等に係る受払額のうち，繰延ヘッジ処理または特例金利スワップ取引等の対象となった資産等に係る支払利子または受取利子に対応する部分の金額を加算または減算した後の金額を基礎とすること[17]。

ロ　リース譲渡契約によって購入または販売した資産に係る割賦期間分の利息は，契約書等において購入代価または販売代価と割賦期間分の利息とが明確かつ合理的に区分されているときは，支払利子および受取利子として取り扱うこと。

ハ　リース取引の目的となる資産の売買があったものとされるリース取引に係るリース料の合計額のうち，賃貸人における取引価額と利息とが明確かつ合理的に区分されている場合には，その利息を支払利子および受取利子

---

[17]　金利スワップとは，異なる金利によるキャッシュフローの交換取引をいう。通常は，同一通貨建ての固定金利キャッシュフローと変動金利キャッシュフローが交換されるが，異種通貨間の金利スワップも活発に取引されている。また，キャッシュフローの交換は，通常，差額の受け渡しによって行われる。元本は，交換対象となるキャッシュフローを計算するための名目上の元本としての役割しか果たしておらず，元本の交換は行われない。

として取り扱うこと[18]。

ニ　金銭貸借とされるリース取引に係る各事業年度のリース料のうち，通常の金融取引における元本と利息の区分計算の方法に準じて合理的に計算された利息は，支払利子および受取利子として取り扱うこと。

ホ　貿易商社が支払う輸入決済手形借入金の利息は，それが委託買付契約に係るもので，その利息を委託者に負担させることとしている場合であっても，貿易商社の支払利子となる。この場合において，委託買付契約において利息が明確かつ合理的に区分されているときは，その利息は委託者の支払利子および貿易商社の受取利子として取り扱うこと[19]。

ヘ　遅延損害金は，支払利子および受取利子として取り扱うこと[20]。

ト　売上割引料は，支払利子および受取利子として取り扱わないこと[21]。

チ　国債，地方債または社債をその利息の計算期間の中途において購入した法人が支払った経過利息は，支払利子として取り扱わない。この場合において，法人が支払った経過利息を前払金として経理したときには，これらの債券の購入後最初に到来する利払期において支払いを受ける利息から前払金を差し引いた金額が受取利子となる。なお，経過利息を受け取った法人が，それを利息として経理した場合には，その利息は受取利子として取

---

18)　リース取引は，その経済的実質に基づいて，ファイナンス・リース取引とオペレーティング・リース取引に大別される。前者は，リース契約に基づくリース期間の中途において当該契約を解除することができないリース取引またはこれに準ずるリース取引で，借手が，当該契約に基づき使用する物件（リース物件）からもたらされる経済的利益を実質的に享受することができ，かつ，リース物件の使用に伴って生じるコストを実質的に負担することになるリース取引をいう。これに対して，後者は，ファイナンス・リース取引以外のリース取引をいい，汎用機種を不特定多数の借手に賃貸する契約として実行されるのが一般的で，中途解約が認められている。

19)　委託買付とは，遠隔地の業者に商品の買い入れを委託することをいい，逆に，他人から委託を受けて商品の買い付けをすることを「受託買付」と呼ぶ。

20)　遅延損害金とは，借入金の返済が遅れた場合に，遅延期間に応じて一定の利率に基づいて算定したうえで支払うものをいう（取扱通知（県）3章4の3の8括弧書）。

21)　売上割引料とは，売掛金またはこれに準ずる債権について，支払期日前にその支払いを受けたことにより支払うものをいう（取扱通知（県）3章4の3の9括弧書）。

り扱うこと。

リ　金銭債権を債権金額と異なる金額で取得した場合において，その債権金額と取得価額との差額（取得差額）の全部または一部が金利の調整により生じたものと認められるときは，金銭債権に係る支払期日までの期間の経過に応じて，利息法または定額法に基づき取得差額の範囲内において金利の調整により生じた部分の金額については，受取利子として取り扱うこと。

3　純支払賃借料

　純支払賃借料とは，各事業年度における支払賃借料の合計額から受取賃借料の合計額を控除した金額をいう[22]（地法72の17①本文）。ただし，受取賃借料の合計額が支払賃借料の合計額を超える場合には，純支払賃借料はマイナスにならず，ゼロとなる（取扱通知(県)3章4の1の1）。

《算　式》

　　純支払賃借料＝支払賃借料の合計額－受取賃借料の合計額

（1）　支払賃借料の範囲

　支払賃借料とは，法人が各事業年度において土地・家屋の賃借権，地上権，永小作権その他の土地・家屋の使用・収益を目的とする権利で，その存続期間が1月以上であるもの（賃借権等）の対価として支払う金額をいう（地法72の17②）。各事業年度の支払賃借料は，法人税の所得の計算上損金の額に算入されるものに限ることから，支払賃借料が計上される事業年度は，法人税の所得の計算上損金の額に算入される事業年度と一致する（取扱通知(県)3章4の1の2前段）。

（2）　受取賃借料の範囲

　受取賃借料とは，法人が各事業年度において賃借権等の対価として支払いを受ける金額をいう（地法72の17③）。各事業年度の受取賃借料は，法人税の所得の計算上益金の額に算入されるものに限ることから，受取賃借料が計上される事業年度は，法人税の所得の計算上益金の額に算入される事業年度と一致す

---

22)　ただし，支払賃借料または受取賃借料は，法人税の所得の計算上，損金の額または益金の額に算入されるものに限る（地法72の17①括弧書）。

る（取扱通知（県）3章4の1の2後段）。

（3） 純支払賃借料の留意点

純支払賃借料の算定にあたっては，つぎの諸点に留意しなければならない（取扱通知（県）3章4の4の1〜4の4の9）。

イ　支払賃借料および受取賃借料の対象となる土地・家屋には，これらと一体となって効用を果たす構築物または附属設備（構築物等）を含むことから，固定資産税における土地・家屋のほか，土地・家屋に構築物が定着し，または設備が附属し，かつ，土地・家屋とこれらの構築物等が一体となって取引をされている場合には，これらの構築物等を含むこと。

ロ　支払賃借料および受取賃借料の対象となる土地・家屋の使用・収益を目的とする権利とは，地上権，地役権，永小作権，土地・家屋に係る賃借権，土地・家屋に係る行政財産を使用する権利等をいい，鉱業権，土石採取権，温泉利用権，質権，留置権，抵当権などはこれに含めないこと[23]。

ハ　土地・家屋の賃借権等の対価の額は，土地・家屋を使用・収益できる期間が連続して1月以上であるものにかぎり，支払賃借料および受取賃借料となること。

ニ　土地・家屋の賃借権等の設定に係る権利金その他の一時金は，支払賃借料および受取賃借料として取り扱わないこと。

ホ　土地・家屋の賃借権等に係る役務の提供の対価の額と土地・家屋の賃借

---

23)　ちなみに，地上権とは，他人の土地において工作物または竹木を所有するため，その土地を使用する権利をいう（民法265）。このような土地利用権は，賃貸借によることもでき，地上権か賃借権かは，譲渡性の有無・期間の長短などから判断される。賃借権の譲渡・転貸には，賃貸人の承諾が必要とされ，賃貸人に登記義務はないのに対して，地上権には譲渡性があり，地主には登記義務がある（民法605，612①）。存続期間は，賃借権では20年を超えることができないのに対して，地上権では契約により自由に設定できるが，定めのないときは当事者の請求により20年以上50年以下の範囲内で裁判所が定める（民法268，604①）。なお，建物所有のための利用権では，地主が地上権より効力の弱い賃借権を選ぶため，賃貸借が圧倒的に多い。また，地役権とは，他人の土地を自己の土地の便益に供する権利をいい，要役地の所有権移転とともに土地に随伴して移転する（民法280，281）。

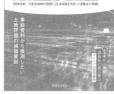

Q&A　企業組織再編の会計と税務〔第8版〕

組織再編成の多様化に伴う適格要件の緩和（三角合併等の対価要件の見直し、逆さ合併が予定されている場合の株式交換等の適格要件の見直し）や株式交付制度の創設を反映した第8版。

税理士法人 山田＆パートナーズ・太陽有限責任監査法人 著

2021/8発売　6813-4　A5判上製 548頁 5,390円

はじめての人のための
中小企業の事業再生と税務の基礎Q&A

中小企業の事業再生ではどのような税務の問題が発生するか。
調査時のリスクを軽減させるための基本的な論点をわかりやすく解説。

賀須井 章人 著

2021/9発売　6814-1　A5判並製 178頁 2,310円

ステークホルダー別　2021/10発売
私的企業再生の税務ハンドブック

私的再生における各ステークホルダー（債務者企業、債権者、取締役等、株主、保証人）ごとに、課税関係を解説。

勢〆 健一 著

6828-8　A5判並製 194頁 2,420円

事業承継を乗り切るための　2021/9発売
組織再編・ホールディングス活用術
6815-8

丁寧なヒアリングによる問題抽出の方法と、組織再編の活用による顧客ニーズに沿った解決策の提案を可能にする。

税理士法人 アイユーコンサルティング 著

A5判並製 240頁 2,860円

投資ストラクチャーの税務〔十訂版〕
　2021/10発売
　6825-7
　－クロスボーダー投資と匿名組合／任意組合－

会社型・信託型・匿名組合・任意組合、海外Vehicleの基本からクロスボーダー事業投資の具体的な方法まで。

鬼頭 朱実・箱田 晶子・藤本 幸彦 著

A5判上製 532頁 5,280円

相続税調査はどう行われるか
　2021/8発売
　6794-6
　－調査対象選定から加算税賦課まで－

相続税の調査対象の選定、調査の流れとその対応方法まで事例とともに丁寧に解説。不安を解消して調査に備えよう。

武田 秀和 著

A5判並製 272頁 3,190円

評価の手順と明細書の書き方がゼロからわかる
ヒヤリハットで身につく取引相場のない株式評価のキホン

これから株式評価をはじめる人の実務のヒヤリを未然に防ぐ。
基礎的な評価の考え方と明細書の書き方をわかりやすく解説。

橋本 達広 著

2021/9発売　6797-7　A5判並製 178頁 2,200円

はじめて株式評価を行う税理士のための
非上場株式の評価に係る資料の収集と分析

中小企業の自社株評価実務における資料収集とその分析のアプローチ方法を基礎から解説。株式評価を依頼されたらはじめに読む。

木村 英幸 著

2021/9発売　6699-4　A5判並製 136頁 2,200円

税理士のスキルアップ民商法
　2021/7発売
　6807-3
　－ひとまず読みたい実践の書－

民法と商法・会社法の基本的な問題からハイレベルな議論まで解説。コンパクトでも充実した内容の実務に役立つ書。

山下 眞弘 著

A5判並製 176頁 1,980円

理論と実例から導き出す　2021/7発売
税理士懲戒処分の考え方と予防策

税理士専門官である著者が、日々の業務に潜む税理士法違反のリスク、懲戒勧告を受けた場合の対応などを解説。

喜屋武 博一 著

6790-8　A5判並製 244頁 2,860円

権等の対価の額とが，契約等において明確かつ合理的に区分されていない場合には，その全額が支払賃借料および受取賃借料となること。

ヘ　土地・家屋を使用・収益するにあたり，その賃借料のすべてまたは一部が契約等において賃借人の事業に係る売上高等に応じたものとされている場合であっても，土地・家屋の賃借権等の対価の額と認められるかぎり，支払賃借料および受取賃借料となること。

ト　土地・家屋の明渡しの遅滞により賃貸人に支払う違約金等は，支払賃借料および受取賃借料として取り扱うこと。

チ　内部取引において，賃借権等の対価として支払う金額および賃貸権等の対価として支払いを受ける金額については，それぞれ支払賃貸料および受取賃貸料に該当すること。

リ　法人が賃借している土地・家屋をその役員・使用人に社宅等として賃貸している場合には，法人が支払う賃借料は支払賃借料となり，役員・使用人から支払いを受ける賃借料は受取賃借料となること。

ヌ　立体駐車場等の賃借料については，立体駐車場等が固定資産税において家屋に該当しないものであっても，立体駐車場等が土地と一体となっていると認められる場合には，土地・家屋の賃借権等の対価の額にあたるものとして支払賃借料および受取賃借料として取り扱うこと。

ル　法人が自ら保有し，または賃借している土地・家屋に，構築物等を別途賃借して設置した場合の建築物等の賃借料は，法人の支払賃借料および構築物等を賃貸した者の受取賃借料とならないこと。

ヲ　高架道路等の構築物については，高架下において別の土地の利用が可能であるから，土地・家屋の賃借権等と構築物が別個に取引されている場合には，構築物の賃借料は支払賃借料および受取賃借料とならないこと。

ワ　荷物の保管料については，契約等において1月以上荷物を預け，一定の土地・家屋を使用・収益していると認められる場合には，土地・家屋の賃借権等の対価の額にあたるものとして支払賃借料および受取賃借料となること。

カ　法人が自己の商品を他の法人の店舗等において販売するにあたり，いわ

ゆる「消化仕入契約」に基づき販売しており，土地・家屋の賃借権等の対価の額が，法人税の所得の計算上，自己の商品を販売する法人の損金の額および他の法人の益金の額に算入されていない場合には，売上から控除される土地・家屋の賃借権等の対価の額は自己の商品を販売する法人の支払賃借料および他の法人の受取賃借料とならないこと[24]。

ヨ　土地・家屋の賃借権等に係る契約等において，水道光熱費，管理人費その他の維持費を共益費等として支払っており，賃借料と共益費等が明確かつ合理的に区分されている場合には，共益費等は支払賃借料および受取賃借料として取り扱わないこと。

タ　土地・家屋に係る取引であっても，リース取引の目的となる資産の売買があったものとされるリース取引および金銭貸借とされるリース取引に係るリース料は，支払賃借料および受取賃借料として取り扱わないこと。

第3節　単年度損益

いま1つの付加価値額の構成要素は，単年度損益である。単年度損益とは，欠損金の繰越控除がないものとして計算した法人事業税の所得金額のことをいい，単年度損益がプラスの場合には収益配分額に加算し，マイナスの場合には収益配分額から減算して付加価値額を算定する（地法72の18①）。たとえば，単年度の損失が大きい場合には，付加価値額がマイナスとなり，当該事業年度の付加価値割はゼロとなる。もっとも，付加価値額は当該事業年度における事業活動の規模を表すものであることから，付加価値額のマイナス分は，翌事業年度に繰り越すことはできず，切り捨てられる。

1　単年度損益の算定方法

単年度損益とは，各事業年度における益金の額から損金の額を控除した金額

---

24)　消化仕入契約とは，実際に販売された商品のみを仕入れたこととする契約で，自己の商品を販売する法人に対して売上の一定割合を控除した残額が支払われるものをいう（取扱通知(県)3章4の4の9(6)括弧書）。

をいい，原則として，法人税の課税標準である所得の計算の例による（取扱通知(県)3章4の5の1）。

（1）国内法人

国内法人にあっては，単年度損益は，各事業年度における益金の額から損金の額を控除した金額による。法令で特別の定めをする場合を除くほか，法人税の課税標準である所得の計算の例によって算定される（地法72の18①一）。

《算　式》

単年度損益＝益金の額－損金の額

（2）外国法人

外国法人にあっては，単年度損益は，①各事業年度の恒久的施設帰属所得に係る所得金額または欠損金額と，②恒久的施設非帰属所得に係る所得金額または欠損金額との合算額による。法令で特別の定めをする場合を除くほか，法人税の課税標準である恒久的施設帰属所得に係る所得および恒久的施設非帰属所得に係る所得の計算の例によって算定される（地法72の18①二）。

《算　式》

単年度損益＝恒久的施設帰属所得金額（欠損金額）＋恒久的施設非帰属所得金額（欠損金額）

2　特別の定め

法人税の課税標準である所得の計算の例によらないものとして，単年度損益の計算には，つぎの特別な取扱いが定められている。

（1）欠　損　金

単年度損益の算定にあたっては，所得割の課税標準の算定と異なり，①法人税法27条（中間申告における繰戻しによる還付に係る災害損失欠損金額の益金算入），同法57条（欠損金の繰越し），同法57条の2（特定株主等によって支配された欠損等法人の欠損金の繰越しの不適用），同法64条の5（損益通算），同法64条の8（通算法人の合併等があった場合の欠損金の損金算入），②租税特別措置法55条（海外投資等損失準備金），同法59条の2（対外船舶運航事業を営む法人の日本船舶による収

入金額の課税の特例），同法59条の2（対象純支払利子等に係る課税の特例）の規定の例によらない（取扱通知(県)3章4の5の2）。

なぜなら，単年度損益における欠損金とは，その事業年度に法人が生み出した収益の総額を上回って，生産要素を提供した者に，過剰に配分した結果であるから，これを同じ事業年度の収益配分額から控除することは適当である。だが，当年度損益から過年度に生じた繰越欠損金等を控除したのでは，正しい単年度損益を算定できない，という理由からである。

（2）所得税額・復興特別所得税額

法人事業税には，法人税のように所得税額控除制度がないので，所得控除を行わず損金算入する法人と，所得税額控除を行い損金不算入とする法人との間で不均衡が生じないよう，単年度損益の計算上，所得税額・復興特別所得税額は，損金不算入とされる（地令20の2の13）。

（3）分配時調整外国税相当額

集団投資信託の収益の分配に係る所得税額から控除すべき外国所得税のうち一定の金額の合計額（分配時調整外国税相当額）は，単年度損益の計算上，損金の額に算入されない[25]（地令20の2の14，法法69の2①，法令148①）。

（4）寄　附　金

単年度損益に係る寄附金の損金算入限度額は，法人の申告事務の簡略化の見地から，法人税における損金算入限度額をもって，その限度額とされる（地令20の2の15）。

（5）所得基準額

内国法人の各事業年度の単年度損益を算定する場合において，その例によるものとされる所得基準額は，法人税の課税標準である所得の計算上所得基準額とされた額とされる（地令20の2の16）。

---

[25]　分配時調整外国税とは，外国の法令に基づき信託財産につき課される税で，源泉徴収に係る所得税に相当するもの（外国所得税）のうち，外国所得税の課された収益を分配するとしたならば，その収益の分配につき所得税を徴収されるべきことになるものに対応する部分をいう（所法176③）。

（6）　外国法人税額

内国法人の国外所得に対して課された外国法人税額は，単年度損益の計算上，損金の額に算入されない。一方，内国法人の国外所得以外の所得に対して課された外国法人税額は，損金の額に算入される（地令20の2の17）。なぜなら，法人事業税においては，国内の事務所等に帰属する所得のみを課税対象としている。また，外国で生じた所得であっても，外国の事務所等に帰属せず，国内の事務所等に帰属することになるものは，法人事業税の課税対象とされている。これらとの均衡を図るため，内国法人の国外所得以外の所得に対して課された外国法人税額に限定して，損金の額に算入されるわけである。

（7）　海外投資等損失準備金

法人事業税においては，国内の事務所等に帰属するものだけに課税標準を限定するという趣旨から，国外の資源開発事業に係る海外投資等損失準備金制度は，不適用とされる（地法72の18②括弧書）。

3　特定内国法人の付加価値額の算定方法

法人税においては，内国法人の各事業年度において外国の法令により法人税に相当する税を納める場合は，損金の額に算入するか，損金の額に算入しないで法人税額から控除するか，どちらかを選択することが認められている（法法41，69）。というのは，法人税は全世界所得が課税対象であるために，二重課税排除のための制度が設けられたわけである。

一方，法人事業税においては，国内の事務所等に帰属する所得等が課税標準となるため，外国の事務所等に帰属する所得等は課税対象から除外される。そのため，単年度損益の計算について，外国法人税の取扱いと所得の取扱いとの均衡を図る必要が生じる。そこで，単年度損益の計算にあっては，①国外所得に対して課される外国法人税額は損金の額に算入せず，②国外所得以外の所得に対して課されたものは，損金の額に算入することとされている（地令20の2の17）。さらに，外国の事務所等に帰属する所得に課された外国法人税がある場合には，つぎに掲げる方法により単年度損益を計算することになる。

（1）原　　則

　国内の事業と国外の事業について区分計算をしている場合には，特定内国法人の付加価値額の総額から国外の事業に帰属する付加価値額（国外付加価値額）を控除して得た額が，課税標準となる付加価値額とされる（地法72の19前段）。

《算　式》

　　付加価値額の総額－国外付加価値額＝付加価値額（1,000円未満切捨て）

（2）特　　則

　国外付加価値額の計算が困難であるときは，従業者の数により按分計算した金額をもって，特定内国法人の国外付加価値額とみなされる（地法72の19後段）。ただし，特定内国法人の所得について区分計算をしている場合には，この方式によることはできず，その付加価値額も区分計算することになる[26]。

《算　式》

$$付加価値額の総額 \times \frac{外国の事務所等の従業者の数}{従業者の総数} = 国外付加価値額$$

　　付加価値額の総額－国外付加価値額＝付加価値額（1,000円未満切捨て）

　なお，付加価値額の総額は，外国の法令により課された外国法人税額のうち，国外所得以外の所得に対して課された税額を損金の額に算入しないものとして算定した単年度損益を基礎にして計算した金額である（地令20の2の20①）。また，特定内国法人が法人税において外国税額控除を受けず，これを法人税の所得の計算上損金の額に算入している場合における付加価値額の総額は，外国法人税額を損金の額に算入しないで計算した単年度損益を基礎にして計算した金額とされる（地令20の2の20②）。

第4節　雇用安定控除

　外形標準課税の導入に際し，付加価値額に占める報酬給与額が大きいことから，雇用への影響に配慮して，資本割を併用するとともに，付加価値割による

---

26)　特定内国法人の所得の計算方法については，第2章第2節3を参照のこと。

課税を軽減する「雇用安定控除」が講じられた。さらに，外形標準課税の拡充に際し，賃上げを促進する観点から，いわゆる「地方税版所得拡大促進税制」が手当されている。

1　雇用への影響

そもそも，政府税調は，平成12年の中期答申において，「外形基準に給与総額を用いる場合に，雇用に関するコストアップを招き，雇用や給与水準に影響を及ぼすのではないかという点に留意することは，重要であると考えます。外形標準課税の導入に当たっては，雇用への影響を極力少なくするよう十分留意し，具体的な課税の仕組みを検討することが必要である」と，雇用への配慮を外形標準課税の検討課題としていた[27]。また当時，多くの論者は，この点を課題としてあげていた。

たとえば，田近栄治・油井雄二両教授は，ミシガン州の単一事業税の経験を参考にしながら，人材派遣会社の例をあげて，「人材派遣会社と作業員（派遣労働者）が働いた会社との間で，付加価値をどのように割り振るかという問題が生じる。…。事業税では，税の転嫁が困難であるとすれば，各事業者は課税ベースの押し付け合いをすることになる。また逆に，加算法では，免税業者となる小さな人材派遣会社をいくつも作り，派遣する人材の付加価値をすべて人材派遣会社に帰属させることによって，派遣される人材によって生み出される付加価値への税を回避することができる」と，付加価値額を課税標準とする際の問題点であるとした[28]。

さらに，梅原英治教授は，旧自治省案の労働者派遣に係る報酬給与額の算定におけるみなし方式について，「この制度では，派遣受け入れ会社にとっては，課税対象となる報酬給与額が実際よりも少なくなるので課税上有利に作用し，常雇労働者を派遣労働者に切り替えるインセンティブをもつことになる。他方，

27)　税制調査会・前掲注1）216頁。
28)　田近栄治＝油井雄二『日本の企業課税：中立性の視点による分析』231～232頁（東洋経済新報社，2000年）。

派遣会社にとっては，派遣契約料のうち派遣労働者に回る部分の割合が75％を超える場合には，課税対象となる報酬給与額から控除できる金額が過少になるので課税上不利に作用し，派遣労働者の賃金切り下げにつながる可能性がある」と，労働者派遣問題に与える影響を指摘した[29]。

　いわば，賃金・給与の支払額に応じた課税は，雇用を抑制することになりかねないことから，中立性を欠くことになる。しかも，賃金支払額課税の軽減等の配慮をしないと，企業の流出を招いてしまうことにもなる。こうした点を配慮して，雇用安定控除が講じられており，さらに，労働者派遣等に係る報酬給与額の取扱いについては，地方税法で規定されたのである。

2　雇用安定控除額の算定方法

　加算法であれ，控除法であれ，付加価値を構成する最大の要素は，報酬給与額であり，付加価値に占める人件費の割合（労働分配率）は，図表6に表示したように，平成15年度で71.6％に達している。にもかかわらず，控除法である消費税・地方消費税の場合には，雇用の創出を阻害するといったことは，さして問題にされない。一方，加算法である事業税付加価値割では，雇用への影響を配慮して，「雇用安定控除」という特例措置が講じられている。

（1）　特例対象法人

　収益配分額のうちに報酬給与額の占める割合が70％を超える法人の付加価値割の課税標準の算定については，付加価値額から雇用安定控除額を控除することとし，収益配分額に対する報酬給与額の割合の高い法人に配慮されている。

---

29)　梅原英治「法人事業税の外形標準課税問題の研究（Ⅲ）旧自治省『法人事業税の改革案』の検討」大阪経大論集52巻1号142頁（2001年）。なお，労働者派遣とは，「自己の雇用する労働者を，当該雇用関係の下に，かつ，他人の指揮命令を受けて，当該他人のために労働に従事させること」（労働者派遣法2一）と定義されており，労働者を他人に雇用させることを約してするものは含まれない。また，派遣労働者も，近年における企業のコスト削減と正社員の絞り込みの努力の中で増加し続け，平成11年の労働者派遣法改正により対象業務が原則自由化され，平成16年の製造業への派遣解禁以降は，とりわけ著しい。

図表6　付加価値の構成

年度	付加価値率	人件費	支払利息等	賃借料	租税公課	営業純益
11	19.4%（100%）	（75.5%）	（5.4%）	（9.3%）	（4.3%）	（5.5%）
12	19.3%（100%）	（73.2%）	（4.9%）	（9.3%）	（3.9%）	（8.7%）
13	19.2%（100%）	（75.1%）	（4.5%）	（9.6%）	（3.8%）	（7.0%）
14	19.4%（100%）	（73.7%）	（4.2%）	（10.0%）	（3.9%）	（8.2%）
15	19.3%（100%）	（71.6%）	（4.0%）	（10.4%）	（3.7%）	（10.3%）

（注）　付加価値率（構成比）＝付加価値(＝人件費＋支払利息等＋賃借料＋租
　　　　税公課＋営業純益)÷売上高×100
（出所）　財務省『年次別法人企業統計調査（平成15年度)』5頁（2004年）
　　　　に基づき，筆者が作成。

　ここで，雇用安定控除額とは，報酬給与額から収益配分額に70％を乗じて得
た額を控除した金額をいう（地法72の20①・②）。

《算　式》

　　雇用安定控除額＝報酬給与額－収益配分額×70％

（2）　特定内国法人

　特定内国法人が雇用安定控除の適用の有無の判定および雇用安定控除額の算
定の際に用いる収益配分額および報酬給与額は，これらの収益配分額および報
酬給与額から国外の事業に帰属する収益配分額および報酬給与額（国外収益配
分額・報酬給与額）を控除したものとなる。この場合において，国外付加価値額
を計算することが困難であるときは，従業者の数により按分計算した金額を
もって，特定内国法人の国外収益配分額・報酬給与額とみなされる（地法72の
20③，地令20の2の21）。

《算　式》

　　国外収益配分額・報酬給与額

$$＝\frac{収益配分額・報酬}{給与額の総額}×\frac{外国の事務所等の従業者の数}{従業者の総数}$$

　なお，特定内国法人が付加価値額を計算する場合において，国外付加価値額
を従業者の数を用いて算定した場合には，国外収益配分額・報酬給与額につい
ても，従業者の数を用いて算定することになる（地令20の2の20③，20の2の21

②)。

（3）　賃上げ・投資促進税制

平成27年度税制改正により，外形標準課税の拡大に際し，法人税の所得拡大促進税制と同様の要件を満たす法人を対象として，付加価値割に所得拡大促進税制が平成30年3月31日までの3年間の時限措置として導入された[30]。その後，平成30年度税制改正により，所得拡大促進税制は賃上げ・投資促進税制に改組され，令和3年度税制改正において要件等の見直しを行い，令和5年3月31日まで延長されている[31]。

すなわち，令和3年4月1日から令和5年3月31日までの間に開始する各事業年度において，「新規雇用者給与等の増加額（＝新規雇用者給与等支給額−新規雇用者比較給与等支給額）≧新規雇用者比較給与等支給額×2％」の要件を満たす場合には，つぎの算式により計算した金額を付加価値割の課税標準から控除される[32]（地法附則9⑬・⑭）。

《算　式》

賃上げ・投資促進税制控除額

$$= 新規雇用者給与等の増加額 \times \frac{収益配分額 − 雇用安定控除額}{収益配分額}$$

3　出向と労働者派遣

出向のうち，在籍出向は，出向元法人との雇用関係を維持しながら，出向先法人で労働に従事し，しかも賃金は出向元法人から支払われる。この点は，労

---

30)　財務省『平成27年度税制改正の大綱』54〜56頁（2015年）。

31)　財務省『平成30年度税制改正の大綱』58〜59頁（2017年），同『令和3年度税制改正の大綱』41〜42頁（2020年）。

32)　なお，新規雇用者給与等支給額とは，適用事業年度の所得の計算上損金の額に算入される国内新規雇用者のうち一般被保険者に該当するものに対する給与等の支給額であり，新規雇用者比較給与等支給額とは，前事業年度の所得の計算上損金の額に算入される国内新規雇用者のうち一般被保険者に該当するものに対する給与等の支給額である（措法42の12の5③五・六）。

働者派遣と類似している。しかし，在籍出向では，出向先法人とも雇用関係を形成するのに対して，労働者派遣では二重の雇用関係はありえない。他方，移籍出向では，出向元法人との雇用関係は終了し，新たに出向先法人との雇用関係が形成される。この点で，派遣元法人との雇用関係を維持している労働者派遣とは異なる。

（1）出　　　向

法人の役員・使用人が他の法人に出向した場合において，その出向した役員・使用人（出向者）の給与については，実質的負担者の報酬給与額とし，出向者の退職給与その他これに類するものについては，形式的支払者の報酬給与額とされる。その具体的取扱いにあたっては，つぎの諸点に留意しなければならない（取扱通知(県) 3章4の2の14）。

　イ　出向者に対する給与を出向元法人が支給することとしているため，出向先法人が給与負担金を出向元法人に支出したときは，給与負担金は出向先法人の報酬給与額として取り扱い，出向元法人の報酬給与額として取り扱わないこと。

　ロ　出向元法人が出向先法人との給与条件の較差を補填するため，出向者に対して支給した給与は，出向元法人の報酬給与額として取り扱うこと[33]。

　ハ　出向先法人が，出向元法人に対して，出向者に支給すべき退職給与その他これに類するものの額に充てるため，あらかじめ定めた負担区分に基づき，出向者の出向期間に対応する退職給与の額として合理的に計算された金額を定期的に支出している場合には，その支出する金額は，出向先法人の報酬給与額として取り扱わないこと[34]。

---

33)　たとえば，出向先法人が経営不振等で出向者に賞与を支給することができないため，出向元法人が出向者に対して支給する賞与の額は，出向元法人の報酬給与額となる（取扱通知(県) 3章4の2の14(2)後段）。

34)　ただし，出向元法人が確定給付企業年金契約等を締結していた場合において，出向先法人があらかじめ定めた負担区分に基づき，出向者に係る掛金・保険料等を出向元法人に支出したときは，その支出した金額は出向先法人の報酬給与額として取り扱われる（取扱通知(県) 3章4の2の14(3)但書）。

（2）　労働者派遣等

法人が労働者派遣等の役務の提供を受け，または労働者派遣等をした場合には，つぎに掲げる法人の区分に応じて，それぞれに定める金額をもって各法人の報酬給与額とされる（地法72の15②，地令20の2の4）。

　イ　派遣先法人

$$報酬給与額＝\left(\begin{array}{c}役員・使用人に対する報酬，給料，\\賃金，賞与，退職手当その他これ\\らの性質を有する給与の合計額\end{array}＋\begin{array}{c}役員・使用人のために\\支出する確定給付企業\\年金等の掛金の合計額\end{array}\right)$$

$$＋派遣契約料×75\%$$

　ロ　派遣元法人

$$報酬給与額＝\left(\begin{array}{c}役員・使用人に対する報酬，給料，\\賃金，賞与，退職手当その他これ\\らの性質を有する給与の合計額\end{array}＋\begin{array}{c}役員・使用人のために\\支出する確定給付企業\\年金等の掛金の合計額\end{array}\right)$$

$$－派遣契約料×75\%$$

なお，派遣労働者等に係る報酬給与額の取扱いにあたっては，①派遣契約料には派遣労働者等に係る旅費等が含まれる点，②派遣契約料は消費税・地方消費税抜きのものとなる点，③派遣労働者等が派遣元企業の業務にも従事している場合には，派遣労働者等に支払う給与等の額のうち派遣元法人の業務に係るものは含まれない点，などに留意しなければならない（取扱通知(県)3章4の1の3，4の2の15）。

第5節　地方消費税・交付金制度

以上，付加価値割の基本的なしくみについて整理・検討したが，以下では，もう1つの付加価値税である消費税・地方消費税について言及する[35]。平成元年の消費税の創設から5年経ち，高齢化社会への対応から消費税率引上げが税制改革の焦点となりだしたとき，地方分権の観点から，地方消費税の構想が

---

35)　詳しくは，拙著『消費税・地方消費税のしくみと制度』（税務経理協会，2015年）を参照のこと。

打ち出された。その後，地方消費税の創設をめぐり激しい議論がなされた。その結果，地方税源の充実を図る観点から，消費譲与税に代えて，地方消費税が道府県税として創設され，平成9年4月1日から導入されている。そこで，地方消費税および地方消費税交付金の制度について整理・検討する。

1　地方消費税

　地方消費税は，消費税の納税義務者をその納税義務者とし，消費税額をその課税標準としており，消費税の性格をそのまま取り込んでいる。すなわち，地方消費税も，消費税と同様，消費に広く薄く負担を求める間接税であり，消費者に転嫁し，地方消費税の累積を排除するしくみ，事務負担の軽減などを取り込んだのである。

（1）　譲　渡　割

　事業者の行った課税資産の譲渡等については，事業者に対して，個人事業者の場合は原則として住所地の都道府県が，法人の場合は原則として主たる事務所等所在の都道府県が譲渡割を課税することとされている。ここで，譲渡割とは，課税資産の譲渡等に係る消費税額から仕入れ等に係る消費税額等を控除した後の消費税額を課税標準として課する地方消費税をいう（地法72の77二）。

　イ　納税義務者

　　譲渡割の納税義務者は，課税資産の譲渡等（特定資産の譲渡等を除く）および特定課税仕入れを行った事業者とされ，消費税の納税義務者と同一に定められている（取扱通知(県) 4章1）。ここで，事業者とは，個人事業者および法人をいい，消費税法における「事業者」の定義と同一である[36]（地法72の77一，消法2①四）。

　ロ　課　税　団　体

　　譲渡割の課税団体は，原則として，個人事業者の住所地または法人の主たる事務所等の所在の都道府県である（地税72の78②）。譲渡割の課税権

36）　なお，人格のない社団等は，法人とみなされる（地法72の78④）。また，国・地方団体等の場合には，特例が設けられている（地法72の78⑤）。

を有する都道府県を決定する基準となる場所（基準地）は，納税者の便宜等を勘案して，原則として消費税の納税地と一致するように定められており，消費税の納税地所在の都道府県が譲渡割の課税団体となる[37]。

　地方消費税にあっては，どの都道府県が課税権を有するか否かが納税地によって左右されることを意味する。もっとも，地方税法が採用した清算制度によって，これは重要な問題とはなっていない。すなわち，「課税権」の帰属と「収入権」の帰属とは，別次元であり，目下のところ，都道府県は，専ら収入権に関心をもっていると推測される[38]。

ハ　課 税 標 準

　譲渡割の課税標準は，国内取引に係る消費税額である[39]（地法72の77二）。具体的には，課税売上げに係る消費税額から課税仕入れ等に係る消費税額等を控除した後の消費税額（差引税額）である。

　課税売上げに係る消費税額－課税仕入れ等に係る消費税額等

＝差引税額（100円未満切捨て）

ニ　税　　　率

　譲渡割の税率は，78分の22である（地法72の83）。地方消費税は，多段階の消費課税であるという税の性格から，仮に，その税率が都道府県によって不均一である場合には，消費税等の適正な課税に支障を生じることになるので，地方消費税の税率は一定税率とされている[40]。なお，地方消費税の課税標準は消費税額とされ，消費税の標準税率7.8％（軽減税率6.24％）であることから，地方消費税の税率は消費税率に換算して2.2％

---

37)　なお，譲渡割の基準地は，個人事業者については1月1日，法人については事業年度の開始の日により判定される（地法72の78③）。

38)　碓井光明『要説地方税のしくみと法』259頁（学陽書房，2001年）。

39)　ちなみに，地方税の課税標準額を計算する場合において，その金額に1,000円未満の端数があるときは，その端数金額またはその全額を切り捨てることとされている（地法20の4の2①）。しかしながら，地方消費税においては，納税者の便宜等を勘案して，消費税額がそのまま課税標準額として用いられる（地法72の82）。

40)　地方消費税研究会編『逐条解説地方消費税』43頁（ぎょうせい，1998年）。

(1.76%）となる。したがって，地方消費税と消費税とを合わせた実質の負担率は，10%（8%）となる。

　ホ　賦課徴収

　　譲渡割の賦課徴収は，納税者の事務負担等を勘案し，当分の間，国が消費税の賦課徴収の例により，消費税の賦課徴収と併せて行う（地法附則9の4①）。

　ヘ　申告・納付等

　　譲渡割の申告・納付は，当分の間，消費税の申告・納付の例により，消費税の申告・納付と併せて，申告については税務署長に，納付については国に行う（地法附則9の5，9の6①）。また，譲渡割に係る還付金または過誤納金の還付は，当分の間，国が消費税の還付の例により，消費税に係る還付金または過誤納金と併せて行う（地法附則9の7）。

（2）貨　物　割

課税貨物については，その課税貨物を保税地域から引き取る者に対して，保税地域所在の都道府県が貨物割を課税することとされている。ここで，貨物割とは，課税貨物に係る消費税額を課税標準として課する地方消費税をいう（地法72の77三）。

　イ　納税義務者

　　貨物割の納税義務者は，課税貨物を保税地域から引き取る者とされ，消費税の納税義務者と同一に定められている（取扱通知(県)4章2）。

　ロ　課　税　団　体

　　貨物割の課税団体は，原則として，課税貨物が引き取られる保税地域所在の都道府県である（地法72の78①）。

　ハ　課　税　標　準

　　貨物割の課税標準は，課税貨物の引取りに係る消費税額である[41]（地法72の77三）。

41）　前掲注39）と同じ。

ニ　税　　率

　　貨物割の税率は，譲渡割の場合と同じく，78分の22—消費税率に換算
して標準税率2.2％（軽減税率1.76％）相当—である（地法72の83）。

ホ　賦課徴収

　　貨物割の賦課徴収は，国が消費税の賦課徴収の例により，消費税の賦課
徴収と併せて行う（地法72の100①）。

ヘ　申告・納付等

　　貨物割の申告・納付は，消費税の申告・納付の例により，消費税の申
告・納付と併せて，申告については税関長に，納付については国に行う
（地法72の101，72の103①）。また，譲渡割に係る還付金または過誤納金の
還付は，国が消費税の還付の例により，消費税に係る還付金または過誤納
金の還付と併せて行う（地法72の104）。

2　清　算　制　度

　地方税である地方消費税は，国という単一の団体が課税団体となる消費税と
は異なり，各都道府県が課税団体となり，課税団体は複数である。なおかつ，
最終消費者が財を購入したり，サービスの提供を受ける際に負担した地方消費
税が，必ずしも最終消費者が財を購入したり，サービスの提供を受けた最終消
費地の所在する都道府県に帰属しないということが生じる。

　そこで，地方消費税の創設にあたっては，最終消費地と課税地の不一致を解
消し，消費税の性格との整合性を図るため，都道府県間の清算制度が仕組まれ
た。すなわち，いったん地方消費税として各都道府県に納付された税収につい
て，都道府県間において消費に相当する額に応じてマクロ的清算を行い，最終
消費地と課税地の一致を図ることとされたのである[42]。具体的な清算のしく

---

[42]　もちろん，地方消費税を応益課税と考えるならば，各段階の付加価値を課税ベー
　　スにして，企業課税とみるのが妥当である。自治省（現総務省）も，当初，この立
　　場であった。しかし一方，大蔵省（現財務省）は，あくまでも最終消費者への負担
　　にこだわり，結局，妥協の産物として都道府県の消費指標等で配分する形で導入さ
　　れたわけである（和田八束『税制改革の理論と現実』266頁（世界書院，1997年））。

みは，つぎのとおりである（地法72の114①〜③，地法附則9の15，取扱通知（県）4章10（1）・（2））。

　イ　各都道府県に払い込まれた譲渡割額と貨物割額の合算額について，つぎの区分ごとに，各都道府県の消費に相当する額に応じて按分する[43]。

　　(イ)　旧税率分に相当する額については，国から払い込まれた譲渡割額と貨物割額の合算額の10／22相当額から国に支払った徴収取扱費を控除した額を，各都道府県ごとの消費に相当する額に応じて按分する。

　　(ロ)　税率引上げ分に相当する額については，国から払い込まれた譲渡割額と貨物割額の合算額の12／22相当額を，各都道府県ごとの消費に相当する額に応じて按分する。

　ロ　上記イで47都道府県分に按分された額のうち，他の46都道府県分として按分された額を他の都道府県にそれぞれ払い込む。

　ハ　上記ロの払い込みは，47都道府県間でそれぞれ行われることから，相対する都道府県間で相互の払込額を相殺する[44]。

3　地方消費税交付金

もともと，消費税の地方への再配分は，その5分の1を消費譲与税として地方に譲与していた（消費譲与税法2）。そのうち，市町村に対しては，消費譲与税の11分の5を配分していた。その際，その2分の1の額を人口で，他の2分の1の額を従業者数で按分するものとされていた（消費譲与税法3）。

ところが，平成6年秋の税制改革により，消費譲与税は廃止された。市町村については，これに伴う歳入不足を補填する必要があり，その際，安定財源を市町村に帰属させるとの観点等から，地方消費税の2分の1を市町村に交付す

---

43)　消費に相当する額は，小売年間販売額とサービス業対個人事業収入額ならびに小売年間販売額の総額およびサービス業対事業収入額の総額の合算額を人口で按分して得られる額とを合計して得た額である（地法72の114④，取扱通知（県）4章10（3））。

44)　清算の時期は，①1月〜3月分は5月，②4月〜6月分は8月，③7月〜9月分は11月，④10月〜12月分は翌年2月の年4回とされている（地令35の19①）。

る交付金制度が創設されたのである。具体的には，地方消費税交付金は，つぎの方法により市町村に交付される（地法72の115，地法附則9の15，地令35の21①，取扱通知(県)4章11）。

イ　各都道府県に払い込まれた譲渡割額と貨物割額の合算額について，つぎの区分ごとに，各都道府県の消費に相当する額に応じて按分する[45]。

(イ)　旧税率分に相当する額については，都道府県は，清算を行った額の1／2相当額を，当該都道府県内の市町村に対して，その額の2分の1の額を人口で，他の2分の1の額を従業者数で按分する。

(ロ)　税率引上げ分に相当する額については，都道府県は，清算を行った額の1／2相当額（社会保障財源化分の市町村交付金）を，当該都道府県内の市町村に対して，人口で按分する。

ロ　都道府県は，上記イにより按分された額を，各市町村に対して，6月（1月〜3月分），9月（4月〜6月分），12月（7月〜9月分），翌年3月（10月〜12月分）に交付する。

4　使　　　途

社会保障・税一体改革により，国分の消費税収については全額「社会保障四経費」に充てることとされ，また，引上げ分の地方消費税収（市町村交付金を含む）についても，つぎのように使途が明確にされている。

（1）　地方消費税

都道府県は，税率引上げ分に相当する額について清算を行った額から，社会保障財源化分の市町村交付金として市町村に交付した額を控除した額を，制度として確立された年金，医療および介護の社会保障給付ならびに少子化に対処するための施策に要する経費（社会保障四経費）その他社会保障施策に要する経費に充てるものとする（地法72の116①，消法1②）。

---

45)　前掲注43)と同じ。

（2）　地方消費税交付金

市町村は，社会保障財源化分の市町村交付金として交付を受けた額を，社会保障四経費その他社会保障施策に要する経費に充てるものとする（地法72の116②）。

（3）　社会保障施策

社会保障施策に要する経費には，社会保障四経費が含まれているところ，この社会保障施策とは，社会福祉，社会保険または保健衛生に関する施策のいずれかに関する施策をいい，その対象範囲はつぎのとおりである（平成26年１月24日総税都２号総務省治税務局都道府県税課長通知）。

イ　社 会 福 祉

社会福祉とは，生計の困難な者や心身に障害のある者に対して必要な援助を行うなど，国民の生存権を確保することによって，国民生活の内容を豊かならしめることを意味し，具体的には，①生活保護，②児童福祉，③母子福祉，④高齢者福祉，⑤障害者福祉などである。

ロ　社 会 保 険

社会保険とは，保険的方法によって社会保障を行う制度の総称で，法令に基づき実施される強制保険的な制度を意味し，具体的には，①国民健康保険，②介護保険，③年金などである。

ハ　保 健 衛 生

保健衛生とは，国民の健康を保つための施策を意味し，具体的には，①医療に係る施策，②感染症その他の疾病の予防対策，③健康増進対策などである。

（4）　若干の指摘

消費税・地方消費税は，使途を特定せず一般経費に充てる「普通税」に分類されており，「目的税」とはされていない。一般に，目的税とは，「税法上，特定の公的サービスに要する費用に充てることを課税目的としている税」と定義されている[46]。消費税・地方消費税は，その使途が法定されているのに，なぜ「社会保障目的税」とはされないのか（地法72の116，消法1②）。

この疑問について，梅原英治教授は，「消費税が『社会保障目的税』たりえないのは，課税目的と課税物件がリンクしえないところにあるのであって，使途が社会保障経費に特定されているかどうかではない。それは，社会保障財源として，なぜ消費税を増税するかを消費税増税論者がいつまで経っても説得力に説明できない理由でもある」と検証している[47]。

　また，使途充足の現状をみても，社会保障四経費と消費税収（国分）との間には，大きな「スキマ」がある。この「スキマ」は，赤字国債で賄われているので，消費税を増税すればその分借金を減らすことができる。しかし，消費税率を10％に引き上げた後でも，なお消費税充足率は6割程度にとどまり，スキマ解消には程遠い。だからといって，さらに消費税率を2倍近くに引き上げることは現実的でなく，消費税の社会保障目的税化を維持する実益はほとんどない。社会保障の安定財源確保と消費税の増税とを切り離して，別々に議論すべきであろう。

---

46)　税制調査会・前掲注1）278頁。
47)　梅原英治「消費税の『社会保障目的税化』『社会保障財源化』の検討」大阪経大論集69巻2号263頁（2018年）。

第5章 資本割

chapter 5

　本章では，残り1つの外形標準課税（資本割）についてみることにする。資本割とは，資本金等の額により法人の行う事業に対して課する事業税をいう（地法72二）。これまでの論議の中で，政府税調は，平成12年の中期答申において，「資本等の金額（資本金等の額）も，法人の規模をある程度表しており，事業活動の規模もある程度示すものであると考えられ，納税・課税事務の負担の少ない簡素な課税の仕組み」として提言したものである[1]。

《算　式》

　　資本金等の額×標準税率0.5％（発電・小売事業等0.15％）

　　　　　　　　　　　　　　　　＝資本割額（100円未満切捨て）

第1節　資本割の課税標準

　資本割の課税標準は，各事業年度の資本金等の額である（地法72の12二）。ここで，各事業年度の資本金等の額とは，各事業年度終了の日における法人税法上の資本金等の額をいう（地法72の21①柱書）。

1　法人税法上の資本金等の額

　資本金等の額は，法人税法上の固有の概念であり，会社法上の概念とは異な

1）　税制調査会『わが国税制の現状と課題―21世紀に向けた国民の参加と選択―答申』
　　209頁（2000年）。

図表7　資本金等の額の概念図

資　　　産	負　　　債	
	資本金等の額	資本金・出資金の額
		（資本積立金額）
	利益積立金額	

(注) 1. 資本金等の額は，株主等が拠出した部分の金額である。
　　 2. 利益積立金額は，法人が稼得した部分の金額である。
(出所)　法人税法2条16号，法人税法施行令8条1項に基づき，筆者
　　　　が作成。

る[2]。資本金等の額の基本的な役割は，株主段階で課税済みの資産が，どれだ
け法人に出資されているかを示すことにある。これによって，株主の原資への
課税（配当課税）を防止することができる。法人税法は，その数値を，会社の
資本金の額に一定の修正を加えて算出しているのである。

　法人税法上，資本金等の額とは，法人が株主等から出資を受けた金額として
政令で定める金額をいい，つぎの算式により計算した金額である（法法2十六，
法令8①）。

《算　式》

　　資本金等の額＝資本金・出資金の額＋（イ～ヲの合計額－ワ～ラの合計額）

　イ　株式の発行または自己株式の譲渡において払い込まれた金銭の額および
　　　給付資産の価額から増加した資本金・出資金の額（増加資本金額等）を減算
　　　した金額[3]

　ロ　新株予約権行使により自己株式を交付したときに払い込まれた金銭の額

2）　もちろん，資本金等の額は，法人税法上，資本金の額と資本剰余金額の合計額と
　　規定されており，基本的には払込資本を意味する概念である（法法2十六，法令8①）。
　　このうち，前者は，会社法上の資本金の額の借用概念であり，後者は，会社法上，
　　資本準備金とその他資本剰余金からなる資本剰余金におおむね相当する（会社法445
　　①～③，会社計算規則76②一・三・④）。ただし，自己株式の譲渡および取得や組織
　　再編成の場合には，法人税法上の資本剰余金と会社法上の資本剰余金との乖離が生
　　ずる。
3）　ちなみに，自己株式の取得は，資本調達のために発行した株式の払戻しと同様の
　　効果を生じ，資本充実に反して債権者の権利を害するなどの理由で，長らく原則と

　　および給付資産の価額ならびに行使直前の新株予約権の帳簿価額の合計額
　　から増加資本金額を減算した金額

ハ　取得条項付新株予約権の取得事由が発生した場合の，その取得の直前の
　　取得条項付新株予約権の帳簿価額から増加資本金額を減算した金額

ニ　協同組合等の加入金の額

ホ　合併により移転を受けた資産および負債の純資産価額から合併による増
　　加資本金額と合併の抱合株式の合併直前の帳簿価額等とを減算した金額

ヘ　分割型分割により移転を受けた資産および負債の純資産価額から増加資
　　本金額等および分割法人の株式に係る分割純資産対応帳簿価額を減算した
　　金額

ト　分社型分割により移転を受けた資産および負債の純資産価額から増加資
　　本金額等を減算した金額

チ　適格現物出資により移転を受けた資産および負債の純資産価額から増加
　　資本金額等を減算した金額

リ　非適格現物出資により現物出資法人に交付した株式の非適格現物出資時
　　の価額から増加資本金額等を減算した金額

ヌ　株式交換により移転を受けた株式交換完全子法人の株式の取得価額から
　　増加資本金額等を減算した金額

ル　株式移転により移転を受けた株式移転完全子法人の株式の取得価額から
　　株式移転時の資本金額および株式移転完全子法人の株主に交付した株式以
　　外の資産の価額ならびに新株予約権の株式移転完全子法人における帳簿価
　　額の合計額を減算した金額

ヲ　資本金・出資金の額を減少した金額

ワ　準備金・剰余金の額を減少して資本金・出資金の額を増加した場合の，

して禁止されてきた。ところが，平成13年10月の商法改正により，取得目的を問わず，会社は自己株式を取得することができるようになった（会社法156〜173の2）。この点で，保有する自己株式は「金庫株」とも呼ばれる。一方で，これまで規制がなかった自己株式の処分については，新たに規制を定め，新株発行との整合性を図っている（会社法199〜202の2）。

その増加した金額，または再評価積立金を資本に組み入れた場合の，その組み入れた金額

カ　資本・出資を有する法人が資本・出資を有しないことになった場合の，その有しないことになったときの直前における資本金等の額

ヨ　分割型分割があった場合の，その分割の直前の資本金等の額に分割移転割合を乗じて計算した金額

タ　現物分配法人の適格株式分配の直前の適格株式分配により株主等に交付した完全子法人株式の帳簿価額

レ　現物分配法人の適格株式分配に該当しない株式分配の直前の資本金等の額に完全子法人株式移転割合を乗じた金額

ソ　資本の払戻し等に係る減資資本金額

ツ　出資等減少分配に係る分配資本金額

ネ　自己株式の取得等により金銭その他の資産を交付した場合の取得資本金額

ナ　自己株式の取得の対価の額

ラ　みなし配当の金額とみなし配当事由に係る対価の額とされる金額との合計額からその金銭の額と資産の額との合計額を減算した金額

2　課税標準となる資本金等の額

　期末の資本金等の額が課税標準になるが，実務上は，「利益積立金額及び資本金等の額の計算に関する明細書」（法人税申告書別表五（一））に基づき，その金額を確認することになる。ただし，清算法人には，その資本金等の額はないものとみなされる（地法72の21①但書）。したがって，清算法人については，資本割の課税を行われないわけである[4]。

4）　ちなみに，清算法人は，清算期間中に現存する事務所等および寮等に限って，法人住民税の均等割の課税対象となる（取扱通知(県) 2章52(2)）。詳しくは，拙稿「会社の消滅に係る地法人二税の検討（上）清算法人を中心に」税理62巻8号124頁（2019年）を参照のこと。

（1）　1年未満の事業年度の場合

事業年度が1年に満たない場合には，資本金等の額は，月割によって算定することとされている。この場合における月数は，暦に従い計算し，1月に満たないときは1月とし，1月に満たない端数を生じたときは切り捨てる（地法72の21③）。

《算　式》

$$資本金等の額 = \frac{当該事業年度終了日に}{おける資本金等の額} \times \frac{当該事業年度の月数}{12}$$

（2）　無償減資等または無償増資等が行われた場合

資本金等の額の算定にあたっては，無償減資等または無償増資等が行われた場合，事業活動の規模に応じて課税するという外形標準課税の趣旨を考慮して，その無償減資等の額を法人税法上の資本金等の額から減算し，また，無償増資等の額を法人税法上の資本金等の額に加算することとされている[5]（地法72の21①本文）。すなわち，資本金・資本準備金の額を減少して，その減少した金額を欠損の填補に充てる場合，または剰余金・利益準備金の額を資本金の額とした場合における資本金等の額は，つぎの算式により算定される。

《算　式》

$$\begin{matrix}資本金\\等の額\end{matrix} = \begin{matrix}当該事業年度終了日に\\おける資本金等の額\end{matrix} + \left(\begin{matrix}過去事業年度\\のイの金額\end{matrix} - \begin{matrix}過去事業年度の\\ロ・ハの合計額\end{matrix}\right)$$

---

5)　ちなみに，資本金を増加させる取引を「増資」といい，これには，会社の株主資本の増加を伴う有償増資（実質的増資）と，会社の株式資本は変化せず，その内訳構成が変化するだけの無償増資（形式的増資）とがある。形式的増資の場合，株主資本のうちの資本準備金やその他資本剰余金の部分から資本金への振替が行われるから，資本金は増加するものの，同額だけ他の部分が減少することになり，会社の株主資本は変化しない。これに対して，資本金の額を減少させる取引を「減資」といい，増資の場合と同様に，会社の株主資本の減少を伴うか否かにより，有償減資（実質的減資）と無償減資（形式的減資）に区分される。形式的減資は，業績不振等で赤字が累積して生じた資本の欠損を計算上で解消する目的で行うものであり，累積損失と資本金が相殺されるだけで，会社の純資産額は変化しない。

$$+\left(\begin{array}{l}\text{当該事業年度} \\ \text{のイの金額}\end{array} - \begin{array}{l}\text{当該事業年度} \\ \text{のハの金額}\end{array}\right)$$

　なお，この算式において減算または加算することができるのは，つぎに掲げる金額について，その内容を証する書類を添付した確定申告書を提出した場合に限られる（取扱通知(県)3章4の6の2）。

　イ　平成22年4月1日以後に，剰余金を資本金とし，または利益準備金の額の全部もしくは一部を資本金とした金額[6]

　ロ　平成13年4月1日から平成18年4月30日までの間に，資本・出資の減少（有償減資を除く）による資本の欠損の填補に充てた金額および資本準備金による資本の欠損の填補に充てた金額

　ハ　平成18年5月1日以後に，剰余金を損失の填補に充てた日にその他利益剰余金の額がゼロを下回る場合における，そのゼロを下回る金額

（3）　資本金等の額が資本金と資本準備金の合算額を下回る場合

　上記（1）・（2）による資本金等の額が，各事業年度終了の日における資本金と資本準備金の合算額または出資金の額に満たない場合には，資本割の課税標準である各事業年度の資本金等の額は，各事業年度終了の日における資本金と資本準備金の合算額または出資金の額とされる（地法72の21②）。平成16年の導入当時は，会社法も施行されておらず，平成18年度税制改正以前は，貸借対照表上の資本剰余金の概念と，法人税法上の資本積立金の概念とに現在ほどの乖離はなく，簡素な課税のしくみとして「資本等の金額」が資本割の課税標準として採用された。

　その後，会社法の制定に伴い，平成18年度税制改正により「資本等の金額」は「資本金等の額」に改められ，自己株式の取得において一定の金額を資本金等の額から控除する法人税法の改正が行われた[7]。これを機に，自己株式を多額に取得した法人の資本金等の額がマイナスとなり，資本割を負担しない状態

---

6)　ただし，剰余金は，資本金・資本準備金の額を減少して剰余金の額として計上したものを除き，剰余金の額を減少して資本金の額を増加するものに限る（地法72の21①一括弧書，地規3の16①，会社計算規則29②一）。

になっているケースが問題となっていた。そこで，平成27年度税制改正により，この問題点に対する対応が図られたわけである[8]。

3　資本金等の額の算定方法

資本割の課税標準となる資本金等の額は，内国法人・外国法人の別に，それぞれ算定される。

（1）内　国　法　人

国内に主たる事務所等を有する法人（内国法人）の資本金等の額の算定については，つぎの「イ→ロ→ハ→ニ→ホ→ヘ」の順序により行われる（取扱通知（県）3章4の6の3）。

イ　収入金等額課税事業以外の事業に係る資本金等の額を算定する（地令20の2の26①）。

ロ　一定の要件を満たす持株会社の資本金等の額を算定する[9]（地法72の21⑥，地令20の2の22，20の2の23）。

ハ　国外の事業以外の事業に係る資本金等の額を算定する（地法72の22①，地令20の2の24）。

ニ　非課税事業以外の事業に係る資本金等の額を算定する（地令20の2の26③）。

ホ　上記イ〜ニの計算の結果が1,000億円を超えている場合における資本金等の額を算定する（地法72の21⑥・⑦）。

ヘ　所得等課税事業と収入金額等課税事業とを併せて行う法人のそれぞれの事業に係る資本金等の額を算定する（地令20の2の26⑥）。

7）　財務省『平成18年度税制改正の大綱』8〜9頁（2005年）。
8）　財務省『平成27年度税制改正の大綱』55頁（2015年）。
9）　持株会社とは，他の会社の株式を所有することにより，その会社の事業活動を支配する会社をいい，これには純粋持株会社と事業持株会社がある。前者は，株式の所有を通じて他の会社を支配することを主たる事業活動にしている持株会社であるのに対して，後者は，自らも相当規模の事業活動を行い，他の会社の事業活動を支配することを主たる事業活動としているわけではない持株会社である。従来，独占禁止法で禁じられていたのは前者であったが，平成9年12月の同法改正によって解禁されている。

なお，事業税は応益原則に基づいて課するという税の性格から，その課税の対象となる事業は，国内において行われる事業に限られている。したがって，内国法人で外国にその事業が行われる恒久的施設を有するもの（特定内国法人）の資本割の課税標準となる資本金等の額は，つぎの算式により計算した金額とされる（地法72の22①，地令20の2の24①）。

《算　式》

　　資本金等の額＝特定内国法人の資本金等の額

$$- \quad \begin{array}{c}\text{特定内国法人の} \\ \text{資本金等の額}\end{array} \times \frac{\text{国外付加価値額}}{\text{付加価値額の総額}}$$

　ただし，特定内国法人が国外付加価値額を区分経理している場合で，①国外付加価値額がゼロ以下である場合，②付加価値額の総額から国外付加価値額を控除して得た額がゼロ以下である場合，③付加価値額の総額のうちに付加価値額の総額から国外付加価値額を控除して得た額の占める割合が50％未満である場合の，いずれかに該当するときは，つぎの算式により計算した金額とされる（地令20の2の24②）。

《算　式》

　　資本金等の額＝特定内国法人の資本金等の額

$$- \quad \begin{array}{c}\text{特定内国法人の} \\ \text{資本金等の額}\end{array} \times \frac{\begin{array}{c}\text{外国の事務所等} \\ \text{の従業者の数}\end{array}}{\text{従業者の総数}}$$

（2）外 国 法 人

　国内に主たる事務所等を有しない法人（外国法人）の資本割の課税標準は，つぎの算式により計算した金額とされる（地法72の22②，地令20の2の25①）。

《算　式》

　　資本金等の額＝外国法人の資本金等の額

$$- \quad \begin{array}{c}\text{外国法人の} \\ \text{資本金等の額}\end{array} \times \frac{\begin{array}{c}\text{外国の事務所等} \\ \text{の従業者の数}\end{array}}{\text{従業者の総数}}$$

　この場合において，外国法人の各事業年度の資本金等の額については，事業年度終了の日の電信売買相場の仲値により換算した円換算額による。なお，電信売買相場の仲値は，原則として，その法人の主たる取引金融機関のものによることになる（取扱通知(県)3章4の6の1）。もっとも，外国法人に対しては，持株会社に係る特例は適用されないこととされており，外国法人の資本金等の額の算定については，つぎの「イ→ロ→ハ→ニ」の順序により行われる（取扱通知(県)3章4の6の4）。

　イ　国外の事業以外の事業に係る資本金等の額を算定する（地法72の22②，地令20の2の25）。

　ロ　収入金額等課税事業または非課税事業以外の事業に係る資本金等の額を算定する（地令20の2の26④）。

　ハ　上記イ・ロの計算の結果が1,000億円を超えている場合における資本金等の額を算定する（地法72の21⑦・⑧）。

　ニ　所得等課税事業と収入金額等課税事業とを併せて行う法人のそれぞれの事業に係る資本金等の額を算定する（地令20の2の26⑦）。

第2節　持株会社の特例

　持株会社の場合，大量の子会社株式を保有するため，事業規模に比べて資本金が大きくなる傾向がある。そのような持分会社に資本割の計算をそのまま適用すると，多額の資本金等の額が課税標準に反映され，事業規模に比して過大な課税が行われることになってしまう。そこで，持株会社について，一定の軽減措置が講じられている。

1　特定子会社の範囲

　特定子会社とは，内国法人が発行済株式または出資の総数または総額の50％を超える数の株式または出資を直接・間接に保有する他の法人をいう（地法72の21⑥二括弧書，地令20の2の23）。なお，特定子会社の判定にあたっては，つぎの諸点に留意しなければならない（取扱通知(県)3章4の6の8）。

イ　特定子会社は，内国法人に限らず，外国法人も含まれること。

　ロ　内国法人の特定子会社が他の法人の発行済株式等の総数の50％を超える数の株式等を直接・間接に保有している場合には，他の法人は内国法人の特定子会社に該当すること[10]。

　ハ　他の法人が有する自己の株式または出資の数は，他の法人の発行済株式または出資の総数だけでなく，内国法人が直接・間接に保有する株式または出資の数にも含まれないこと。

2　持株会社に係る資本圧縮措置

　発行済株式総数の50％超を保有する子会社（特定子会社）の株式等の帳簿価額が，総資産価額の50％を超える内国法人（持株会社）の資本割の課税標準となる資本金等の額は，つぎの算式により計算した金額とされる（地法72の21⑥）。

《算　式》

　　資本金等の額＝持株会社の資本金等の額

$$
= \frac{\text{持株会社の}}{\text{資本金等の額}} \times \frac{\begin{array}{l}\text{当該事業年度終}\\\text{了の時における}\\\text{特定子会社の株}\\\text{式等の帳簿価額}\end{array} + \begin{array}{l}\text{前事業年度終了}\\\text{の時における特}\\\text{定子会社の株式}\\\text{等の帳簿価額}\end{array}}{\begin{array}{l}\text{当該事業年度}\\\text{の総資産価額}\end{array} + \begin{array}{l}\text{前事業年度の}\\\text{総資産価額}\end{array}}
$$

（1）　総資産価額

　総資産価額とは，確定決算に基づく貸借対照表に計上されている総資産の帳簿価額から，つぎに掲げる金額を控除して得た額をいう（地令20の2の22）。

　イ　固定資産の帳簿価額の損金経理により減額することに代えて積立金として積み立てている金額

---

10)　たとえば，ある内国法人が他の法人の発行済株式等の総数の51％の数の株式等を保有し，他の法人が別の法人の発行済株式等の総数の51％の数の株式等を保有している場合には，別の法人は，他の法人の特定子会社に該当するとともに，内国法人の特定子会社にも該当することになる（取扱通知(県)3章4の6の8(2)後段）。

　ロ　特別償却準備金として積み立てている金額

　ハ　再評価が行われた土地に係る再評価差額金が貸借対照表に計上されてい
　　る場合の再評価差額

　ニ　特定子会社に対する貸付金および特定子会社の発行する社債の金額

　なお，総資産の帳簿価額は，法人税の受取配当等の益金不算入の計算におい
て控除する負債の利子を算定する際に用いる総資産の帳簿価額と同じである。
ただ，上記ニについては，法人税においてこれを控除するという規定はなく，
これは資本割独自の控除項目である。また，法人税の基本通達において加算す
ることが任意とされている，つぎの（2）ロ・ハについては，資本割において
は必ず加算することになる（法基通3－2－5）。この点は，法人税と異なる。

（2）　総資産の帳簿価額

　総資産の帳簿価額の計算については，上記（1）によるほか，つぎの方法に
よる（取扱通知(県)3章4の6の5）。

　イ　支払承諾見返勘定または保証債務見返勘定のように，単なる対照勘定と
　　して貸借対照表の資産・負債の部に両建経理されている場合には，資産の
　　部に経理されている金額は，総資産の帳簿価額から控除する。

　ロ　貸倒引当金勘定の金額が，①金銭債権から控除する方法により取立不能
　　見込額として貸借対照表に計上されている場合には，その控除前の金額を，
　　②注記の方法により取立不能見込額として貸借対照表に計上されている場
　　合には，これを加算した金額を，それぞれの金銭債権の帳簿価額とする。

　ハ　退職給付信託における信託財産の額が，退職給付引当金勘定の金額と相
　　殺されて貸借対照表の資産の部に計上されず，注記の方法により貸借対照
　　表に計上されている場合には，信託財産の額を加算した金額を総資産の帳
　　簿価額とする[11]。

11)　なお，退職給付信託とは，退職一時金制度および企業年金制度における退職給付
　債務の積立不足額を積み立てるために設定するものであり，資産の信託への拠出時に，
　退職給付信託財産とその他の年金資産の時価との合計額が対応する退職給付債務を
　超える場合には，退職給付信託財産は退職給付会計上の年金資産として認められな
　い（退職給付に関する企業会計基準の適用指針18）。

ニ　貸借対照表に計上されている返品債権特別勘定の金額がある場合には，これらの金額を控除した残額を売掛金の帳簿価額とする。

ホ　貸倒損失が金銭債権から控除する方法により取立不能見込額として貸借対照表に計上されている場合には，これを控除した残額を金銭債権の帳簿価額とする。

ヘ　貸借対照表に計上されている補修用部品在庫調整勘定または単行本在庫調整勘定の金額がある場合には，これらの金額を控除した残額をこれらの勘定に係る棚卸資産の帳簿価額とする。

（3）　繰延税金資産

法人が税効果会計を適用している場合において，貸借対照表に計上されている繰延税金資産の額があるときは，当該資産の額は，総資産の帳簿価額に含まれる[12]（取扱通知(県) 3 章 4 の 6 の 6）。また，総資産の帳簿価額から控除する剰余金の処分により積み立てている圧縮積立金・特別償却準備金の額は，貸借対照表に計上されている圧縮積立金勘定・特別償却準備金勘定の金額とこれらの勘定に係る繰延税金負債の額との合計額となる[13]（取扱通知(県) 3 章 4 の 6 の 7

---

12)　なお，税効果会計とは，企業会計上の資産または負債の額と課税所得計算上の資産または負債の額に相違がある場合において，法人税その他利益に関連する金額を課税標準とする税金（法人税等）を適切に期間配分することにより，法人税等を控除する前の当期純利益と法人税等を合理的に対応させることを目的とする手続である（税効果会計に係る会計基準 1）。また，繰延税金資産とは，将来減算一時差異が解消されるときに課税所得を減少させ，税金負担額を軽減することができると認められる範囲内で計上するものをいい，その範囲を超える額については控除しなければならない（税効果会計に係る会計基準注解（注 5））。

13)　なお，圧縮積立金は，旧商法では利益処分案の株主総会決議によって積立て・取崩しがなされていた。ところが，会社法では，法人税等の税額計算を含む決算手続として会計処理することになる。また，特別償却をせずに特別償却準備金を積立てようとする場合，旧商法では利益処分経理により積立てが認められていた。ところが，会社法により従来の利益処分案が廃止されたため，特別償却準備金を積み立てる方法について，適用しようとする事業年度の決算の確定の日までに剰余金の処分により積立金として積み立てる方法によることになった（措法 52 の 3）。具体的には，当期末の貸借対照表に圧縮積立金または特別償却準備金の積立て・取崩しを反映させるとともに，株主資本等変動計算書に圧縮積立金または特別償却準備金の積立額・

前段）。

　なお，繰延税金負債が繰延税金資産と相殺されて貸借対照表に計上されている場合には，その相殺後の残額となる。その相殺については，圧縮積立金勘定または特別償却準備金勘定に係る繰延税金負債の額が繰延税金資産の額とまず相殺されたものとして取り扱われる（取扱通知(県) 3 章 4 の 6 の 7 後段）。

第3節　資本金等の額が1,000億円を超える法人の特例

　資本割の標準税率は0.5％と低いものの，資本金等の額が1,000億円になると，資本割額が5億円に上る。このようなことから，資本金等の額が1,000億円を超える場合には，「資本圧縮措置」という特例措置が講じられている。

1　資本圧縮措置

　資本金等の額が1,000億円を超える法人の資本割の課税標準については，資本圧縮措置が講じられており，図表8の左欄に掲げる金額の区分によって資本金等の額を区分し，その区分に応ずる右欄に掲げる率を乗じて計算した金額の合計額が課税標準となる[14]（地法72の21⑦）。これにより，資本金等の額は最大で4,250億円，資本割額は21億2,500万円—発電・小売事業等の場合は，6億3,750万円—となる。具体的には，つぎのように資本割の課税標準が計算される。

　　イ　1,000億円＜資本金等の額≦5,000億円の法人
　　　　圧縮後の金額＝500億円＋資本金等の額×50％

　　ロ　5,000億円＜資本金等の額≦1兆円の法人
　　　　圧縮後の金額＝1,750億円＋資本金等の額×25％

　　ハ　1兆円＜資本金等の額の法人
　　　　圧縮後の金額＝4,250億円

　取崩額を記載することになる（株主資本等変動計算書に関する企業会計基準の適用指針25後段）。

[14]　ただし，資本金等の額が1兆円を超える場合には，1兆円とする（地法72の21⑦括弧書）。

図表8　資本金等の額の圧縮率

資　本　金　等　の　額	圧　縮　率
1,000億円以下の金額	100%
1,000億円超5,000億円以下の金額	50%
5,000億円超10,000億円以下の金額	25%

（注）　資本金等の額が1兆円を超える場合には，1兆円とする。
（出所）　地方税法72条の2第7項に基づき，筆者が作成。

　なお，事業年度が1年に満たない場合には，図表8の左欄に掲げる金額は，月割によって計算し，1,000億円，5,000億円または1兆円に，それぞれ当該事業年度の月数を乗じて得た額を12で除して計算した金額とされる。この場合における月数は，暦に従い計算し，1月に満たないときは1月とし，1月に満たない端数を生じたときは切り捨てる（地法72の21⑧）。

2　資本圧縮措置の適用方法

　資本圧縮措置の適用については，内国法人・外国法人の別に，それぞれ計算される。

（1）内　国　法　人

　内国法人の資本圧縮措置の適用にあたっては，資本金等の額から，まず，①収入金額等課税事業分を従業者数按分により控除する。つぎに，②特定子会社に係る金額を総資産に占める特定子会社株式の帳簿価額の割合の比率により控除する。それから，③国外の事業に係る金額を付加価値額または従業者数按分により控除する。また，④非課税事業分を従業者数按分により控除する。そして，⑤上記①～④の計算の結果が1,000億円を超えている場合には，資本圧縮措置を適用することになる（取扱通知(県)3章4の6の3）。

図表9　内国法人の資本金等の額の算定

	収入金額課税	非　課　税		特定子会社
国内	①	④	⑤資本金等の額の圧縮	②
			課税標準となる資本金等の額	
国外		③		

（出所）　取扱通知(県)3章4の6の3に基づき，筆者が作成。

（2）　外　国　法　人

外国法人の資本圧縮措置の適用にあたっては，資本金等の額から，まず，①国外の事業に係る金額を従業者数按分により控除する。つぎに，②収入金額等課税事業・非課税事業分を従業者数按分により控除する。そして，③残った金額が1,000億円を超えている場合には，資本圧縮措置を適用することになる（取扱通知3章4の6の4）。つまり，外国法人については，内国法人と異なり，持株会社の資本金等の額の算定に関する規定の適用はないわけである。

図表10　外国法人の資本金等の額の算定

	収入金額課税・非課税	
国内	②	③資本金等の額の圧縮
		課税標準となる資本金等の額
国外	①	

（出所）　取扱通知(県)3章4の6の4に基づき，筆者が作成。

第4節　資本割と均等割の異同

このように，法人事業税の資本割は，資本金等の額を課税標準としている。このほか，法人道府県民税の均等割は，税額区分の基準に資本金等の額を採用している[15]。課税標準とするか，税額区分の基準とするかの違いはあるものの，両者は類似している。そこで，以下では，資本割と均等割について，比較・検

討することにしたい。

1　標準税率

　地方税法は，課税権をもつ地方団体に対して，一定の枠を課する法規であることから，税率の規定のしかたがきわめて特徴のあるものとなっている。すなわち，税率の具体的決定について地方団体に全く裁量の余地を認めない一定税率を採用している税目もある。とはいえ，原則的には，地方自治の原則の建前から，地方団体が課税する場合に通常よるべき税率として標準税率を法定し，その地方団体が財政上その他の必要があると認める場合には，別の税率を採用して差し支えないものとしている（地法1①五）。

　建前としては，地方税の税率は，各地方団体の税条例で自由に定めることができることが望ましい。とはいえ，国民の税負担や国家の経済施策との関連から，ある程度の規制を加える必要もある。標準税率制度は，地方団体の自主性を尊重しつつ，全国的な負担の均衡を図るという地方税独自の制度である。地方法人二税の税率についても，この標準税率を定めている。

　法人事業税の税率は，標準税率制度がとられており，資本割の標準税率は，0.5％―発電・小売事業等の場合は，0.15％―である[16]（地法72の24の7①―ロ・④―ロ）。なお，標準税率を超える税率で法人事業税を課する場合には，それぞれの標準税率の1.2倍（制限税率）を超える税率で課することができない（地法72の24の7⑧―）。したがって，各都道府県は，制限税率の範囲内において税条例で適用税率を定めることになる。

　これに対して，法人道府県民税の均等割は，「資本金等の額」の区分に応じて，5段階に区分されている。その標準税率は，図表11の左欄に掲げる法人の区分に応じて，それぞれ右欄に定める額となる（地法52①）。なお，法人道府県民税の均等割には，制限税率の規定はない[17]。もっとも，標準税率を定めて

---

15)　詳しくは，拙稿「事項別にみた法人住民税の基礎理論と基本問題（3）法人均等割」税61巻11号79頁（2006年）を参照のこと。

16)　なお，発電・小売事業等については，第3章第3節1・2を参照のこと。

図表11　均等割の税率

法 人 の 区 分	税 率
資本金等の額が50億円を超える法人	年額80万円
資本金等の額が10億円を超え50億円以下である法人	年額54万円
資本金等の額が1億円を超え10億円以下である法人	年額13万円
資本金等の額が1,000万円を超え1億円以下である法人	年額5万円
上記以外の法人	年額2万円

（注）　上記以外の法人とは，①公共法人等，②人格のない社団等，③非営
利型法人以外の一般法人，④資本金等の額が1,000万円以下の法人な
どである。
（出所）　地方税法52条1項に基づき，筆者が作成。

いる税目は，住民負担の実情等を考慮して，特に施設等を充実する場合を除き，
一般的には標準税率によることが望ましいものと考えられる。

2　税額の算定方法

　事業年度が1年に満たない法人については，資本割の課税標準となる資本金
等の額は，当該事業年度の月数に応じた金額となるよう計算される。さらに，
分割法人の場合，課税標準となる資本金等の額は従業者の数に按分した額とさ
れ，事業年度の中途において，新設された事務所等にあっては当該事業年度終
了の日，廃止された事務所等にあっては廃止の日の属する月の直前の月の末日
現在における従業者の数に基づき，月割によって算定した数値によることとさ
れている（地法72の48⑤）。

　これに対して，法人道府県民税の均等割は，資本金等の額に応じて，年額
80万円から年額2万円までの5段階に区分されている（地法52①）。均等割に
おける資本金等の額は，法人税法上の資本金等の額に無償増減資等の金額を加
減した額—ただし，資本金等の額が資本金と資本準備金の合算額を下回る場合

---

17)　ちなみに，法人市町村民税の場合は，「資本金等の額」の要素のほか，その市町村
からの受益度をも，その要素に加味することとして「従業者の数」が用いられており，
年額300万円から5万円までの9段階に区分されている（地法312①）。また，法人
市町村民税の均等割には，制限税率（＝標準税率×1.2）が定められている（地法312
②）。

は，資本金と資本準備金の合算額——とされており，資本割におけるそれと同一である（地法23①四の五）。

　もっとも，均等割には，資本割におけるような資本圧縮措置は認められていない。しかしこれは，そうした措置を講じるほど，過大な均等割額の負担とならないからであろう[18]。また，均等割は，法人が都道府県内に事務所等または寮等があるという事実に対して課税されるから，その納めるべき税額は，均等割の税率に，法人税額の課税標準の算定期間中において，事務所等または寮等を有していた月数を乗じて得た額を12で除して算定することになる[19]（地法52③前段）。

《算　式》

$$均等割の税率 \times \frac{事務所等または寮等の所在月数}{12}$$

$$= 均等割額（100円未満切捨て）$$

　このように，資本割と均等割の課税のしくみは，資本金等の額に一定税率を乗じて算出するか，税額区分の基準に資本金等の額を採用するかの違いはあるものの，両者は類似の課税標準であり二重課税ともいえる。そのため，資本割については，均等割との総合・廃止も視野に入れた検討を行う必要があると考える。

---

18)　たとえば，資本金等の額が1兆円を超える法人の資本割の課税標準は，資本圧縮措置により，一律4,250億円（＝1,000億円×100％＋（5,000億円－1,000億円）×50％＋（1兆円－5,000億円）×25％）となり，資本割額は8億5,000万円（＝4,250億円×標準税率0.5％）となる（地法72の21⑦，72の24の7①一ロ）。もし仮に，当該法人が各都道府県に事務所等を有しているとしても，法人道府県民税の均等割は各80万円で，法人全体の均等割額は3,760万円（＝年額80万円×47団体）にすぎない（地法52①）。

19)　なお，所在月数は，地方税法20条の5第1項の適用される期間には該当せず，民法140条に定める初日不算入の規定は適用されない。また，月数は，暦に従って計算し，1月に満たないときは1月とし，1月に満たない端数を生じたときは切り捨てる（地法52③後段）。

154

第5節　税 額 控 除

　法人事業税においては，法人税のような所得税額の控除，外国税額の控除，一定の政策目的に従ってなされる租税特別措置による税額の特別控除はない。とはいえ，事業税額の計算の特例として，①特定寄附金に係る事業税額の控除，②仮装経理に基づく過大申告の場合の更正に伴う事業税額の控除，③租税条約の実施に係る更正に伴う事業税額の控除について定めがある。

《算　式》

　　（付加価値割額＋資本割額＋所得割額）−税額控除額＝事業税額

（100円未満切捨て）

1　特定寄附金に係る事業税額の控除

　平成28年度税制改正により，平成28年4月20日から令和7年3月31日までの間に，認定地方公共団体に対して，まち・ひと・しごと創生寄附活用事業に関連する寄附金（下限10万円）を支出した場合には，寄附を行った法人に対して，寄附額の3割に相当する額の税額控除の特例措置（企業版ふるさと納税）が講じられている[20]。

（1）　控除額

　特定寄附金を支出した日を含む事業年度（寄附金支出事業年度）において支出した特定寄附金の合計額の20％が「控除額」となる。この場合において，寄附金支出事業年度における控除額が事業税額の20％を超えるときは，その20％相当額を控除することになる（地法附則9の2の2①）。

《算　式》

　　支出した寄附金の合計額×20％＝控除額

（2）　控除の順序

特定寄附金税額控除は，「所得割→付加価値割→資本割→収入割」の順に，事業税額全体から行う（取扱通知(県)3章5の3(1)）。また，事業税額からの税額控除としては，まず特定寄附金に係る事業税額の控除をし，つぎに仮装経理に基づく過大申告の場合の更正に伴う事業税額の控除をし，すでに納付すべきことが確定している事業税額がある場合にはこれを控除した後に，租税条約の実施に係る更正に伴う事業税額を控除する（地法附則9の2の2③）。

（3）　控除方法

特定寄附金税額控除は，確定申告書または更正請求書に，この控除の対象となる特定寄附金額，控除を受ける金額および当該金額の計算に関する明細を記載した書類ならびに当該書類に記載された寄附金が特定寄附金に該当することを証する書類の添付がある場合にかぎり，適用される。その控除する金額は，仮決算に係る中間申告書または確定申告書に添付された特定寄附金額を基礎して計算した金額を限度とする（地法附則9の2の2②）。

2　仮装経理に基づく過大申告の場合の更正に伴う事業税額の控除

各事業年度の開始の日前に開始した事業年度の内国法人の付加価値割額，資本割額，所得割額または収入割額について減額更正をした場合において，その更正により減少する部分の金額のうち，事実を仮装して経理したところに基づくもの（仮装経理事業税額）については，還付することなく，各事業年度の付加価値割額，資本割額，所得割額または収入割額から控除される[21]（地法72の24の10①・②）。

---

[21]　なお，税額控除の対象となる金額とは，仮装経理を行った事業年度についての減額更正により生じた過納金のうち，法人が地方税法72条の25（中間申告を要しない法人事業税の申告納付），同法72条の28（中間申告を要する法人の確定申告納付）または同法72条の29（清算事業年度の申告納付）の規定によって提出した確定申告書に記載された事業税額として納付されたものに係る金額である（地法72の24の10②，地令24の2）。また，これに伴う反射的更正に係るものについても，同様の取扱いとなる（地法72の24の10⑤）。

（1）　控除の順序

　法人税には，仮装経理に基づく過大申告の場合の更正に伴って，前1年以内の法人税額を限度とする還付制度がある[22]（法法135②）。ところが，法人事業税には，このような還付制度は設けられていない（取扱通知(県)3章5の1(3)）。そこで，控除は，更正の日以後に終了する事業年度の確定申告に係る事業税額から行うことになる。この場合において，外形標準課税法人については，「所得割→付加価値割→資本割→収入割」の順に，事業税額全体から行う（取扱通知(県)3章5の1(1)）。

　また，各事業年度終了の日以前に行われた適格合併に係る被合併法人の当該適格合併の日前に開始した事業年度の付加価値割，資本割，所得割または収入割につき更正を受けた場合の仮装経理事業税額についても，合併法人の付加価値割額，資本割額，所得割額または収入割額から控除される（取扱通知(県)3章5の1(4)）。

（2）　還付・充当の場合

　つぎに掲げる場合には，仮装経理事業税額を還付し，または法人の未納に係る地方団体の徴収金に充当される（地法72の24の10③・⑦，取扱通知(県)3章5の1(5)）。

　イ　つぎの事業年度の申告期限が到来した場合

　　(イ)　更正の日の属する事業年度開始の日から5年を経過する日の属する事業年度

---

22)　もちろん，法人が仮装利益を計上した事業年度について更正の請求をしたとしても，税務署長は，その後の確定決算で修正の経理をし，それに基づく確定申告書を提出するまでは，仮装利益について減額更正をしないことができる（法法129①）。また，減額更正がされた場合であっても，減額となった法人税額について直ちに還付されず，その更正の日の属する事業年度開始の日から5年以内に開始する各事業年度の法人税額から順次控除する（法法70）。これは，数年間の税金を一時に還付する点において財政を不安定にするおそれがあるのみならず，申告納税制度の本旨からみても好ましくないこと，いわゆる「粉飾決算」をなくして真実の経理公開を確保しようという要請とも相容れないことなどから，こうした経理を抑制するためとられた措置である。

(ロ)　残余財産が確定したときの，その残余財産の確定の日の属する事業年度

(ハ)　合併による解散をしたときの，その合併の日の前日の属する事業年度

(ニ)　破産手続開始の決定による解散をしたときの，その破産手続開始の決定の日の属する事業年度

(ホ)　普通法人・協同組合等が法人税法別表2の公益法人等に該当することになったときの，その該当することになった日の前日の属する事業年度

ロ　上記イにおいて，期限後申告がなされた場合または当該事業年度の付加価値割，資本割，所得割もしくは収入割について決定があった場合

ハ　更生手続開始の決定や再生手続開始の決定などの事実が生じたときに，その事実が生じた日以後1年以内に法人から還付の請求があり，その請求に理由がある場合

（3）　還付の請求

上記（2）ハの場合，すなわち，つぎに掲げる事実が生じたときは，当該法人は，その事実が生じた日以後1年以内に，その適用に係る仮装経理事業税額の還付を請求することができる（地法72の24の10④）。

イ　更生手続開始の決定があったこと[23]。

ロ　再生手続開始の決定があったこと[24]。

ハ　上記イ・ロに準ずる一定の事実があったこと[25]。

---

23)　更生手続とは，株式会社のみを対象とする再建型倒産処理手続として，再生手続の特別手続に該当する（会社更生法1，2①）。その特徴としては，第1に，必ず管財人が選任される管理型の手続である。第2に，担保権者も更正担保権者として手続に組み込み，その権利実行を禁止し，権利内容を更生計画で変更できる点である。第3に，更生計画の内容として，会社分割や合併，株式交換，株式移転など多様なものが認められ，さまざまな会社法上の特則も設けられている点である。

24)　再生手続とは，経済的に窮境にある債務者について，その債権者の多数の同意を得て，かつ，裁判所の認可を受けた再生計画を定めること等により，債務者と債権者との間の民事上の権利関係を適切に調整し，もって債務者の事業または経済生活の再生を図ることを目的とする再建型倒産処理手続をいう（民事再生法1）。その特徴としては，①管財人を選任しないで債務者自身が主体となって追行する倒産手続（DIP型手続），②手続の迅速性，③債権者の自己責任の強調という，3点が指摘できる。

3　租税条約の実施に係る更正に伴う事業税額の控除

　昭和61年度税制改正により，独立当事者間基準の考え方に基づき，法人間の国際取引に限って移転価格税制が導入された[26]。移転価格税制の本質は，取引価格の規制に基づき課税権を国家間に衡平に配分することにあるから，法人所得が海外に移転する取引のみが対象となる。具体的には，内国法人が国外関連社との間の国外関連取引に係る対価の額が一般の取引価格と異なることにより，内国法人の所得金額が減少または増加することになる場合には，独立した第三者間でその取引を行ったとした場合に通常成立すると認められる取引価格（独立企業間価格）で行われたものとみなして，各事業年度の所得金額を計算する制度である（措法66の4①・②）。

（1）　控　除　額

　税務署長が租税条約に基づく合意に伴う更正をした場合において，その更正に係る法人税の所得に基づいて法人事業税の更正が行われたことに伴い，租税条約の実施に係る還付すべき金額が生ずるときは，更正があった日が更正の請求があった日の翌日から起算して3月を経過した日以後である場合を除き，租税条約の実施に係る還付すべき金額は，その更正の日の属する事業年度開始の日から1年以内に開始する各事業年度の確定申告に係る事業税額から順次控除される[27]（地法72の24の11①・②）。

---

25)　たとえば，①特別清算開始の決定，②再生計画認可の決定に準ずる事実，③負債の整理に関する計画の決定や契約の締結で，第三者が関与する協議によるもの，などである（地令24の2の5）。

26)　もちろん，昭和61年の移転価格税制の採用以前から後発的理由による更正の請求が認められており，それに伴って法人税につき減額更正が行われた場合には，地方団体も，更正の請求に基づき，地方法人二税について減額更正を行い，それによる減差税額をその年度に納税者に還付しなければならないこととされていた。しかし，減額更正による減差税額を直ちに還付することは，地方財政運営に混乱と支障を及ぼし好ましくないという，地方団体からの強い主張に基づき，平成6年度の地方税法の改正で，更正のあった事業年度に直ちに還付する代わりに，その更正の日の属する事業年度の開始の日から1年以内に開始する事業年度の法人税額から控除し，控除しきれなかった金額は，還付し，または未納の徴収金に充当することとされて今日に至っている。

（2） 控除の順序

外形標準課税法人の場合には，「所得割→付加価値割→資本割→収入割」の順に繰越控除を行う（取扱通知(県)３章５の２（４））。この場合において，控除しきれなかった金額があるときは，当該法人に対して，その控除しきれなかった金額を還付し，または当該法人の未納に係る地方団体の徴収金に充当される（地法72の24の11④）。

（3） 還付・充当の場合

租税条約の実施に係る控除不足額を還付する場合には，つぎに掲げる日のいずれか遅い日の翌日からその還付のための支出を決定しまたは充当をする日までの期間の日数に応じて，年7.3％と還付加算金特例基準割合のいずれか低い割合を乗じて計算した還付加算金が，その還付しまたは充当すべき金額に加算される[28]（地令24の２の９①，地令附則３の２①）。

　イ　更正の日の属する事業年度開始の日から１年を経過する日の属する事業年度の確定申告書が提出された日の翌日から起算して１月を経過する日

　ロ　更正の請求があった日の翌日から起算して１年を経過する日

第6節　特別法人事業税・譲与税制度

地方法人特別税・譲与税制度の廃止に伴い，平成31年度税制改正により，地方税の税源の偏在性の是正に資するため，法人事業税の所得割および収入割の税率を引き下げるのと併せて，引下げ分に相当する特別法人事業税が導入された。その収入額を特別法人事業譲与税として，都道府県に対して譲与することとされている[29]（特別法人事業税等法１）。そこで，以下では，法人事業税に関係の深い特別法人事業税・譲与税制度について，概要をみることとする。

27)　なお，更正の請求があった日の翌日から起算して３月を経過した日以後に更正を行った場合には，繰越控除の適用はなく，直ちに還付しなければならない。だが，更正の請求がなく更正を行った場合には，常に繰越控除が行われる（取扱通知(県)３章５の２(２)）。

28)　還付加算金特例基準割合とは，各年の平均貸付割合に年0.5％を加算した割合をいう（地法附則３の２④）。

1 特別法人事業税

令和元年10月1日以後に開始する事業年度から地方法人特別税が廃止されるのに伴い，同日以後に開始する事業年度から新たな国税（特別法人事業税）が課されている（特別法人事業税等法附則2①）。

（1） 納税義務者

特別法人事業税は，法人が納税義務を負う（特別法人事業税等法4）。具体的には，外形標準課税法人，所得課税法人および収入金額課税法人が，特別法人事業税の納税義務者となる。また，特別法人事業税においても，人格のない社団等およびみなし課税法人は，法人とみなされる（特別法人事業税等法3）。

（2） 課税の対象

法人の基準法人所得割額および基準法人収入割額には，国が特別法人事業税を課する（特別法人事業税等法5）。ここで，基準法人所得割額とは，地方税法の規定によって計算した法人事業税の所得割額をいい，一方，基準法人収入割額とは，地方税法の規定によって計算した法人事業税の収入割額である。

（3） 課 税 標 準

特別法人事業税の課税標準は，基準法人所得割額または基準法人収入割額である（特別法人事業税等法6）。なお，この所得割額および収入割額は，「公益等に因る課税免除及び不均一課税」（地法6），「受益に因る不均一課税及び一部課税」（地法7），「仮装経理に基づく過大申告の場合の更正に伴う事業税額の控除及び還付」（地法72の24の10），「租税条約の実施に係る更正に伴う事業税額の控除」（地法72の24の11），「法人事業税の減免」（地法72の49の4）および「法人事業税の特定寄附金税額控除」（地法附則9の2の2）に関する規定を適用しないで，税率は標準税率によって計算したものである。

---

29) 財務省『平成31年度税制改正の大綱』55〜57頁（2018年）。ちなみに，地方法人特別税・譲与税制度とは，平成20年度税制改正により，税制の抜本的な改革において，偏在性の小さい地方税体系の構築が行われるまでの間の措置をいい，基本的なしくみは，特別法人事業税・譲与税制度と同様である（暫定措置法1，32）。

（4） 税額の計算

特別法人事業税額は，つぎに掲げる法人の区分に応じて，それぞれ課税標準額に一定割合を乗じて算出した金額とされる（特別法人事業税等法7）。

　イ　外形標準課税法人

　　　基準法人所得割額×260％＝特別法人事業税額（100円未満切捨て）

　ロ　特別法人（協同組合等）

　　　基準法人所得割額×34.5％＝特別法人事業税額（100円未満切捨て）

　ハ　所得課税法人

　　　基準法人所得割額×37％＝特別法人事業税額（100円未満切捨て）

　ニ　収入金額課税法人

　　　基準法人収入割額×30％＝特別法人事業税額（100円未満切捨て）

　ホ　発電・小売事業等を行う法人

　　　基準法人収入割額×40％＝特別法人事業税額（100円未満切捨て）

（5） 賦 課 徴 収

特別法人事業税の賦課徴収は，都道府県が法人事業税の賦課徴収の例により，法人事業税と併せて行う。この場合において，地方税法17条の6第1項（更正・決定等の期間制限の特例）の規定により更正・決定をすることができる期間については，特別法人事業税および法人事業税は，同一の税目に属する地方税とみなされる（特別法人事業税等法8）。

（6） 申告・納付等

特別法人事業税の申告は，法人事業税の申告の例により，法人事業税の申告と併せて行うとともに，特別法人事業税に係る徴収金の納付は，法人事業税に係る地方団体の徴収金の納付の例により，法人事業税に係る地方団体の徴収金の納付と併せて行う（特別法人事業税等法9，10①・②）。また，都道府県は，特別法人事業税に係る徴収金の納付があった場合には，納付があった月の翌々月の末日までに，特別法人事業税に係る徴収金として納付された額を国に払い込む（特別法人事業税等法10③）。

2 特別法人事業譲与税

特別法人事業譲与税は，使途について条件または制限のない一般財源として，特別法人事業税の収入額を都道府県に対して譲与するものである（特別法人事業税等法29，34）。

（1） 譲 与 基 準

各都道府県に対して譲与する特別法人事業譲与税額は，特別法人事業譲与税の総額を各都道府県の人口で按分した額（基準特別法人事業譲与税額）である。ただし，財源超過団体がある場合には，①財源超過団体は，基準特別法人事業譲与税額からその75％（上限：財源超過額）を控除した額，②財源不足団体は，基準特別法人事業譲与税額に上記①の控除した額の合算額を各財源不足団体の人口で按分した額を加えた額とされる[30]（特別法人事業税等法30）。

（2） 譲与時期・譲与額

特別法人事業譲与税の譲与時期は，５月，８月，11月，翌年２月の４回とされ，それぞれ２月～４月，５月～７月，８月～10月，11月～翌年１月に国に収納された特別法人事業税額を各都道府県の人口で按分した額（基準各譲与時期特別法人事業譲与税額）を譲与する。ただし，財源超過団体がある場合には，つぎの団体の別に，それぞれに定める金額とされる（特別法人事業税等法31①・②）。

イ 財源超過団体

(イ) ５月分

譲与額＝基準各譲与時期特別法人事業譲与税額

$$＝特別法人事業税額×\frac{各都道府県の人口}{47都道府県の人口合計}$$

---

[30] 財源超過団体とは，「基準財政収入額−特別法人事業譲与税見込額×75％＋基準特別法人事業譲与税見込額×75％」が「基準財政需要額」を超える都道府県をいい，それ以外の都道府県は財源不足団体とされる（特別法人事業税等法30②二・三）。

(ロ)　8月分

譲与額＝基準各譲与時期特別法人事業譲与税額−（5月分財源超過団

体譲与制限額×$\frac{1}{3}$＋8月分財源超過団体譲与制限額）

(ハ)　11月分

譲与額＝基準各譲与時期特別法人事業譲与税額−（5月分財源超過団

体譲与制限額×$\frac{1}{3}$＋11月分財源超過団体譲与制限額）

(ニ)　翌年2月分

譲与額＝基準各譲与時期特別法人事業譲与税額−（5月分財源超過団

体譲与制限額×$\frac{1}{3}$＋翌年2月分財源超過団体譲与制限額）

ロ　財源不足団体

基準各譲与時期特別法人事業譲与税額に，上記イの財源超過団体から控除した額を各財源不足団体の人口で按分した額を加えた額を譲与する。

3　法人事業税交付金

地方法人特別税・譲与税制度の廃止に伴う市町村分の法人住民税法人税割の減収分の補塡措置として，平成28年度税制改正により，法人事業税の一部を令和元年10月1日から都道府県内の市町村に交付する制度（法人事業税交付金）が創設されている[31]。

（1）　交 付 方 法

法人事業税交付金は，つぎの方法により交付される[32]。

イ　道府県が交付する場合

道府県は，当該道府県内の市町村に対して，納付された法人事業税額—超過課税の場合は，納付された法人事業税額から超過課税相当分を控除し

---

31)　財務省『平成28年度税制改正の大綱』45頁（2015年）。

た額—に7.7％を乗じて得た額を各市町村の従業者数で按分して得た額を交付する（地法72の76，地令35の4の5，35の4の6）。

ロ　都が交付する場合

都は，都内の市町村に対して，納付された法人事業税額から超過課税相当分を控除した額に7.7％を乗じて得た額を各市町村および特別区の従業者数で按分して得た額を交付する（地法734④，地令57の2の6）。なお，特別区に係る額は，特別区財政調整交付金の原資とされる（地方自治法282②，地方自治令210の10）。

（2）交　付　時　期

法人事業税交付金の交付時期は，8月，12月，翌年3月の3回とされ，それぞれ3月〜7月，8月〜11月，12月〜翌年2月の各算定期間中に実際に納付されたものを，各市町村の従業者数で按分して得た額を交付する（地令35の4の7，57の2の7）。

32）　なお，令和4年度までに交付される法人事業税交付金については，経過措置が講じられている（平成31年地令附則3）。したがって，令和2年度は，法人事業税額に3.4％を乗じて得た額を法人税割額で按分して得た額を交付する。令和3年度は，法人事業税額に7.7％を乗じて得た額の3分の2を法人税割額で，他の3分の1を各市町村または特別区の従業者数で按分して得た額を交付する。令和4年度は，法人事業税額に7.7％を乗じて得た額の3分の1を法人税割額で，他の3分の2を各市町村または特別区の従業者数で按分して得た額を交付する。

第6章 事業所税

chapter 6

　本章では，外形標準課税の一類型である事業所税についてみることにする。事業所税は，人口30万以上の都市等が都市環境の整備および改善に関する事業に要する費用に充てるため，人口・企業が集中し，都市環境の整備を必要とするこれらの都市の行政サービスとその所在する事業所または事務所（事業所等）との受益関係に着目して，事業所等に対して特別の税負担を求める「地方目的税」である[1]。

第1節　事業所税の沿革

　事業所税の成り立ちを振り返ると，昭和30年代後半以降における経済社会の高度成長に伴う人口，企業の都市への集中により，都市環境の整備および改善に要する財政需要が著しく増大した。しかし当時，都市には，これに対応する十分な財源がなかったため，数年にわたる論議を経て，大都市における新しい財源として，昭和50年に事業所税が創設されたのである。

---

[1]　地方目的税とは，その収入を特定の使途に充てる目的で課される地方税をいい，住民の必要とする特定の目的に充てる財源を確実に確保したい場合や，使途について受益関係または原因関係のある者を納税者とすることにより納税者の負担意識を明確にしたい場合などに採用される。もちろん，地方税においても，普通税が原則で，目的税は例外である。詳しくは，拙稿「地方目的税の基礎理論と基本問題（1）序説」税68巻10号120頁（2013年），同「（2）法定税」税68巻11号112頁（2013年），同「（3）法定任意税」税68巻12号144頁（2013年）を参照のこと。

1 新税構想の検討

　事業所税が創設されるにあたっては，その数年前からいくつかの新税構想が示され，議論されている。つぎに掲げる新税構想が示された背景には，昭和45年に地方制度調査会が，大都市には特別な財政需要が存在することや，無秩序な人口集中を抑制する必要があることから，大都市における事業所等に対して特別の税負担を求めなければならないという見解を示したことがあった。

（1）事務所事業所税構想

　昭和47年度の自治省案によると，市町村の区域内における事業所等の増加に伴う財政需要を考慮し，市町村税源の充実を図るため，事業所等の新増設に対して1回にかぎり，事務所事業所税を課するものである[2]。

　イ　課 税 団 体

　　事務所事業所税の課税団体は，市町村とする。

　ロ　課 税 客 体

　　事務所事業所税の課税客体は，市町村の区域内に新増設される事業所等の建物およびその敷地である土地とする。ただし，新増設される事業所等のうち，延べ面積500m^{2}未満のものについては，課税しない。また，人口10万未満の市町村で一定の区域内に新増設される事業所等は，課税対象から除く。

　ハ　課 税 標 準

　　事務所事業所税の課税標準は，事業所等の建物の取得価格およびその敷地である土地の価格とする。なお，価格は，固定資産評価基準により算定される。

　ニ　税　　　　率

　　事務所事業所税の税率は，3％とする。

　ホ　納 税 義 務 者

　　事務所事業所税の納税義務者は，事業所等の取得者とする。

2）　栗田幸雄「事業所税の創設の経緯とその概要」自治研究51巻4号36〜39頁（1975年）。

168

　へ　徴 収 方 法

　　　事務所事業所税の徴収は，普通徴収の方法による。

　事務所事業所税構想に対しては，都市税源の充実強化を図るものとして，地方自治関係者を中心として多くの支持があったものの，反対意見も少なくなかった。反対意見の主なものを挙げると，つぎの3つに要約される。

　その1は，事務所事業所税の基本的な性格をめぐる批判であり，この税は単なる都市税源の充実強化を目的とするものであるのか，事業所等の都市への集中を抑制することを目的とするものであるのか性格があいまいであるという意見である。

　その2は，課税方法に関する意見であり，新増設される事業所等のみに対して課税し，既存のものに課税しないのはかえって不公平になるので，既存の事業所等に対しても課税すべきであるという意見である。

　その3は，実施のタイミングに関連するものであって，民間の設備投資意欲を刺激し，景気の早急な浮揚を図ることが必要とされる時期に事業所等の新増設に対して新たに課税することは適当でないという意見である。

　結局，このような意見が大勢を占め，事務所事業所税の創設は見送られることになった。

（2）　都市整備税構想

　昭和48年度の自治省案によると，大都市地域の再開発および新都市圏の整備促進を図ることにより，国土の均衡ある発展に資するため，都市整備税を課するものである[3]。

　イ　課 税 団 体

　　　都市整備税の課税団体は，都および政令指定都市ならびに移転促進地域
　　　に係る市町村とする。

　ロ　課 税 客 体

　　　都市整備税の課税客体は，課税団体の区域内に所在する事業所等とする。

3）　栗田・前掲注2）39〜41頁。

ハ　納税義務者等

　　都市整備税の納税義務者は，事業所等において事業を行う者とする。納
　税義務者に対する課税額は，資産割額，従業者割額および所得割額の合計
　額とする。

ニ　使　　　途

　　都市整備税の収入額の2分の1は，課税団体における都市再開発事業に
　要する経費に充てるものとし，他の2分の1は新都市件整備特別会計に繰
　り入れる。

　都市整備税構想については，①地方税を国で吸い上げるという発想は，地方
税に馴染まないのではないか，②新税と既存の税体系のあり方なり，税負担者
と受益サービスとの関連を新税創設でなくてはならないという観点で説明しつ
くせるか，といった点が議論の対象となった。結局，自治省の「都市整備税」
と時を同じくして発表された，通商産業省の「工場追出し税」，建設省の「特別
都市開発税」および運輸省の「事業所税」との調整がつかないまま，いずれも
廃案となった。

（3）　事務所・事業所税構想

　昭和49年度の自治省案によると，人口・企業が集中している大都市地域の再
開発に必要な財源を確保するため，事務所・事業所税を課するものである[4]。

イ　課 税 団 体

　　事務所・事業所税の課税団体は，都，政令指定都市その他政令で指定す
　る市とする。

ロ　課 税 標 準

　　事務所・事業所税の課税標準は，①資産割は事業所等に係る固定資産税
　額，②従業者割は事業所等に係る支払給与総額とする。

ハ　税　　　率

　　事務所・事業所税の税率は，①資産割は固定資産税の20％程度，②従業

4）　栗田・前掲注2）41〜43頁。

者割は支払給与総額の0.5％程度とする。

　二　納税義務者

　　　事務所・事業所税の納税義務者は，事業所等において事業を行う者とする。ただし，500m²程度未満の事業所等に対しては課税しない。

　事務所・事業所税構想については，法人所得課税の強化が図られたこととも関連して企業側としてそれ以上の負担を負うことについて反対の意見が強く，また，昭和48年末の石油危機による経済情勢の急激な変動により経済の見通しをつけることが困難となった。さらに，この自治省案と時を同じくして発表された，建設省，通商産業省，運輸省および国土庁の新税構想との調整をとる十分な時間的余裕がなかったこともあって，またもや見送りとなった。

　（4）　事業所税構想

　ところが，昭和49年11月19日，5省庁間の合意が成立し，地方税として「事業所税」，国税として「大都市事業所税」を併設することとして，政府税調・与党税調に提議された。政府税調・与党税調では，つぎのような論拠から，事業所税の新設が了承された。一方，特定の区域に限って課税することが，国税としての性格からみてどうかといった問題もあり，大都市事業所税の新設は見送られた[5]。

　イ　大都市における自主財源の強化を図る必要があること。

　ロ　大都市においては，集中の利益を求めて事業所等が集中し，過度の人口集中を招いており，著しく都市機能が低下してきており，これが回復を図るための諸般の都市再開発に要する財政需要が生じていること。

　ハ　大都市の行政サービスと事業所等の事業活動との間の受益関係に着目した場合，所得課税のみでなく，企業の活動状況を一定の外形基準によって捉えて負担を求めることができる税制が必要であること。

　ニ　法人の税負担の状況は，実効税率でみた場合，法人事業税を含めて49.47％であり，なお若干の負担を求めることは可能であると考えられる

5）　栗田・前掲注2）43～46頁。

こと。

ホ　今後，大都市において法定外普通税として「事業所税」を起こそうとす
　　る動きが出てくることが予測されるが，この種の地方税を法定外普通税と
　　して認めるよりもむしろ法定税として創設することが望ましいこと[6]。

2　事業所税の新設

難産の末，事業所税は，昭和50年に新設された。当初は，人口50万以上の都
市が課税団体とされた。

(1)　事業所税の概要

事業所税の概要を列挙すれば，昭和50年当時，つぎのとおりであった[7]。

イ　事業所税は，地方目的税として，都・政令指定都市等が課するものである。

ロ　事業所税の性格にかんがみ，公共法人・公益法人等に係る人的非課税お
　　よび都市施設で一般的に市町村が行うものと同種のもの，中小企業の共同
　　化等の施設その他一定の施設等に係る非課税の制度が設けられた。

ハ　都市施設で非課税とされるもの以外のもの，広大な面積を要し，床面積
　　当たりの収益率の低いものその他一定の施設等について課税標準の特例が
　　設けられた。

ニ　事業所税は，事業分と新増設分とにより構成され，前者は資産割額と従
　　業者割額の合算額によって課税される。

ホ　課税客体は，事業に係る事業所税にあっては事業所等において法人また
　　は個人の行う事業であり，新増設に係る事業所税にあっては事業所用家屋
　　の新築または増築（新増築）である。

ヘ　納税義務者は，事業に係る事業所税にあっては事業所等において事業を
　　行う者であり，新増設に係る事業所税にあっては事業所用家屋の建築主で

6)　もちろん，当時は，法定外税として法定外普通税のみが認められており，法定外目
　　的税を新設することはできなかった。法定外税については，拙稿「地方目的税の基礎
　　理論と基本問題（4）法定外税」税69巻1号173頁（2014年）を参照のこと。
7)　丸山高満『日本地方税制史』649〜650頁（ぎょうせい，1985年）。

ある。

ト　課税標準は，事業に係る事業所税のうち資産割にあっては事業所床面積，
　　従業者割にあっては従業者給与総額であり，また，新増設に係る事業所税
　　にあっては新増設事業所床面積である。

（2）　事業所税の特色

上記（1）の概要から，事業所税の特色について，つぎの4つに要約することができる[8]。

イ　都市環境の整備改善に充てられるべき地方目的税である。

ロ　課税主体が，都市的集積度の著しい地方団体に限定されている。

ハ　事業活動と事業所等の新増設との両面に着目して課税する。

ニ　従業員給与総額および事業所床面積を課税標準とする物税である。

こうした事業所税については，早くも昭和51年には，人口30万以上の都市も課税団体に加える改正が行われた。その後，昭和55年と昭和61年に税率の引上げが行われ，平成15年に新増設分が廃止されて今日に至っている。

3　新増設に係る事業所税

新増設に係る事業所税は，事業所用家屋の新築また増築に対して課する地方目的税である。ここで，事業所用家屋とは，家屋の全部または一部で人の居住の用に供するもの以外のものをいう（旧地法701の31①七）。

（1）　納税義務者

新増設に係る事業所税の納税義務者は，事業所用家屋の建築主である（旧地法701の32①）。ここで，建築主とは，家屋に関する工事の請負契約の注文者または請負契約によらないで，自らその工事をする者をいう（旧地法701の31①八）。

（2）　課　税　標　準

新増設に係る事業所税の課税標準は，新増設事業所床面積である（旧地法701の40③）。ここで，新増設事業所床面積とは，新増築に係る事業所用家屋の延べ

8）　小林紘「地方税のニューフェイス"事業所税"について：地方税法の一部を改正する法律（50.3.31公布，法律第18号）」時の法令907号1頁（1975年）。

面積をいう（旧地法701の31①六）。なお，課税標準の特例の適用のある施設については，事業に係る事業所税と同じく，新増設に係る事業所税の課税標準の算定に際し，当該施設に係る課税標準にそれぞれ一定の割合を乗じて得たものを控除する（旧地法701の41①）。

（3）税　　　率

新増設に係る事業所税の税率は，新増設事業所床面積1m²につき6,000円である（旧地法701の42②）。

《算　式》

（新増設事業所床面積－非課税－課税標準の特例）×6,000円／m²

＝新増設に係る事業所税額（100円未満切捨て）

（4）免　税　点

指定都市等は，事業用家屋の新増築に係る新増設事業所床面積が2,000m²以下である場合には，新増設に係る事業所税を課することができない。なお，新増築から2年以内に同一の事業用家屋の増築が行われた場合には，それらを合算したものをもって一の新増築とみなして免税点の判定を行うことになる。この判定は，申告納付すべき日の現況による（旧地法701の43③・④）。

（5）徴収の方法

事業用家屋の新増築をした建築主は，新増築をした日から2月以内に，新増設に係る事業所税の課税標準となるべき新増設事業所床面積および税額その他必要な事項を記載した申告書を指定都市等の長に提出するとともに，その申告した税額を指定都市等に納付しなければならない[9]（旧地法701の48）。

なお，今回の増築と前回の新増築との合計面積が2,000m²を超えるときは，今回の増築が行われた日に前回の新増築が行われたものとみなして，新増設に係る事業所税を申告納付することになる。また，共同行為である事業所用家屋の新増築に係る共同行為者である建築主が行う申告書の提出は，共同行為者である建築主が一の申告書に連署してするものとされる（旧地令56の76）。

9）　事業に係る事業所税の申告納付については，第7章第1節を参照のこと。

（6）　法定外目的税の検討

　新増設に係る事業所税は，民間建築投資に抑制的に働くため，都市再生等の観点から，平成15年3月31日をもって廃止された。新増設分の廃止は，「持続的な経済社会の活性化」を目的とした税制改革の一環として，特に土地流通の活性化ならびに土地の有効利用促進をねらいとしたものであり，事業所税の課税根拠や課税目的の変更を意図したものではない。当時を振り返ると，平成16年の外形標準課税導入との関連もあるように思われる[10]。

　もっとも，追加的な都市整備の必要性は，既設の事業所等が引き続き存在していることによるよりも，事業所等が増えることによって生じることのほうが多いと推測される。たとえば，東京都は，「新増設分の廃止により，事業所税が大都市需要に応える税としてはさらに不十分なものになったことも踏まえ，今後，事業に係る事業所税については，税率の引上げなどの充実を図ることが必要である。また，…，大規模事業所の床面積の増加等に着目した法定外税を新設するなど，大都市における事業活動の拡大に着目した税を新設することを検討すべきである」と主張した[11]。

　そうであるならば，新増設分の廃止が，事業所税の課税根拠を希薄にするという結果をもたらした感は否めないところである。だからといって，新増設に係る事業所税を「法定外目的税」として存続することは，不適切であり，不可能である[12]。法定外目的税は，つぎに掲げる「総務大臣の同意に係る処理基準」に適合し，地方団体にその税収を確保できる税源があり，また，その税収を必要とする財政需要があるときに，自主的に税目を定めることが認められる

10)　法人事業税の外形標準課税については，第3章第5節を参照のこと。

11)　東京都税制調査会『平成15年度東京都税制調査会答申：課税自主権の確立に向けて』16頁（2003年）。

12)　法定外目的税とは，平成12年4月の地方分権一括法による地方税法の改正により新設された法定外税で，特定の使用目的や事業の経費とするために，税条例により定める税目をいう。たとえば，①産業廃棄物処理税，産業廃棄物埋立税，産業廃棄物処分場税，産業廃棄物減量税，宿泊税および乗鞍環境保全税を31都道府県が実施しており，また，②遊漁税，環境未来税，使用済核燃料税，環境協力税，美ら島税，開発事業等緑化負担税および宿泊税を13市町村が実施している（令和3年4月1日現在）。

（地税733）。

イ　国税または他の地方税と課税標準を同じくし，かつ，住民の負担が著しく過重とならないこと。

ロ　地方団体間における物の流通に重大な障害を与えないこと。

ハ　上記イ・ロを除くほか，国の経済施策に照らして適当でないこと。

この処理基準に照らせば，法定外目的税として，指定都市等以外の地方団体が「事業に係る事業所税」を課することはもとより，指定都市等が「新増設に係る事業所税」を課することも，地方税法上認められない。上記ハのように，租税政策を経済政策とみることは，法定外税の途を著しく狭める結果となっていることは否めない。

4　使　　途

事業所税は，指定都市等が都市環境の整備および改善に関する事業に要する費用に充てるために課する地方目的税である。したがって，指定都市等に納付された事業所税額から事業所税の徴収に要する費用（＝事業所税額×5％）を控除して得た額を，つぎに掲げる事業に要する費用に充てなければならない（地法701の73，地令56の82，地規24の28）。

イ　道路，都市高速鉄道，駐車場その他の交通施設の整備事業

ロ　公園，緑地その他の公共空地の整備事業

ハ　水道，下水道，廃棄物処理施設その他の供給施設または処理施設の整備事業

ニ　河川その他の水路の整備事業

ホ　学校，図書館その他の教育文化施設の整備事業

ヘ　病院，保育所その他の医療施設または社会福祉施設の整備事業

ト　公害防止に関する事業

チ　防災に関する事業

リ　市街地開発事業[13]

ヌ　市場，と畜場または火葬場の整備事業

ル　一団地の住宅施設の整備事業

ヲ　流通業務団地の整備事業

第2節　課税団体と納税義務者

　事業所税は，人口・企業が集中し，都市環境の整備を必要とする都市の行政サービスとその所在する事業所等との受益関係に着目して，特別の税負担を求めるものであるから，すべての市町村が課税するのではなく，地方税法に定める「指定都市等」のみが課税団体となる（地法701の30）。事業所税の課税客体は，事業所等において法人または個人の行う事業である。したがって，指定都市等は，事業所等において事業を行う法人または個人を納税義務者として，資産割額と従業者割額の合算額によって課税する（地法701の32①）。

1　指定都市等

　指定都市等とは，つぎに掲げる地方団体をいう（地法701の31①一，735①，地令56の15）。これは，事業所税が，都市的行政需要の発生という事実に着目して，その行政需要を賄うための財源を創出しようとするものであるから，それに対応する課税地域の設定を行ったものである。

イ　東京都[14]

ロ　政令指定都市

　　大阪市，名古屋市，京都市，横浜市，神戸市，北九州市，札幌市，川崎市，福岡市，広島市，仙台市，千葉市，さいたま市，静岡市，堺市，新潟市，浜松市，岡山市，相模原市，熊本市

ハ　上記ロ以外の市で，既成都市区域を有するもの

　　武蔵野市，三鷹市，川口市，守口市，東大阪市，尼崎市，西宮市，芦屋

---

13)　具体的には，①土地区画整理事業，②新住宅市街地開発事業，③工業団地造成事業，④市街地再開発事業，⑤新都市基盤整備事業，⑥住宅街区整備事業，⑦防災街区整備事業である（都市計画法12①）。

14)　ただし，特別区の存する区域に限る（地法737③）。

市

ニ　上記ロ・ハ以外の市で，人口30万以上の市のうち政令で指定するもの[15]

　　旭川市，秋田市，郡山市，いわき市，宇都宮市，前橋市，高崎市，川越
市，所沢市，越谷市，市川市，船橋市，松戸市，柏市，八王子市，町田市，
横須賀市，藤沢市，富山市，金沢市，長野市，岐阜市，豊橋市，岡崎市，一
宮市，春日井市，豊田市，四日市市，大津市，豊中市，吹田市，高槻市，枚
方市，姫路市，明石市，奈良市，和歌山市，倉敷市，福山市，高松市，松
山市，高知市，久留米市，長崎市，大分市，宮崎市，鹿児島市，那覇市

2　納税義務者

　事業所税の納税義務者は，事業所等において事業を行う法人または個人であ
る（地法701の32①）。人格のない社団等についても，代表者または管理人の定
めがあるものは法人とみなして課税される（地法701の32③）。

（1）原　　則

　事業所等の範囲は，地方法人二税における事務所等の範囲と同じである[16]
（取扱通知(市) 9 章 3 (3)本文）。すなわち，事業所等とは，それが自己の所有に
属するものであるか否かにかかわらず，事業の必要から設けられた人的および
物的設備であって，そこで継続して事業が行われる場所をいう。また，本来の
事業に直接・間接に関連して行われる付随的事業であっても，社会通念上，そ
こで事業が行われていると考えられるものについては，事業所等として取り
扱って差し支えない（取扱通知(県) 1 章 6 (1)・(市) 1 章6(1)）。

　もちろん，事業所税も，実質課税の原則が適用される[17]。法律上事業所等に

---

15)　人口は，最近の 1 月 1 日現在において，住民基本台帳に記録されている者の数によ
　　る（地令56の14）。

16)　ただし，建設業における現場事務所等臨時的かつ移動性を有する仮設建築物で，そ
　　の設置期間が 1 年未満のものについては，事業所税の性格にかんがみ，事業所等の範
　　囲には含めない（取扱通知(市) 9 章 3 (3)但書）。なお，事務所等については，第 1
　　章第 2 節 1 を参照のこと。

17)　実質課税の原則については，第 1 章第 3 節 3 を参照のこと。

おいて事業を行うとみられる者が単なる名義人であって，他の者が事実上事業
を行っていると認められる場合には，事業所税は他の者に課される（地法701の
33）。納税義務者となるのは，事業を行う者であって，事業所等である家屋の所
有権の帰属の問題と，納税義務者が何人であるかということは，必ずしも必然
的な関連はない。したがって，つぎに掲げるケースについては，留意しなけれ
ばならない（取扱通知(市)9章3（4）ア・イ）。

イ　貸ビル等

　　貸ビル等にあっては，その全部または一部を借りて事業を行う借主が，
　事業所税の納税義務者となる。一方，貸主は，貸付部分については事業所
　税の納税義務を負わない[18]。もっとも，貸主が貸ビル等の管理を行ってい
　る場合には，管理要員室・管理用品倉庫等の管理のための施設については，
　貸主が事業所税の納税義務者となる。

ロ　清算法人

　　解散によって本来の活動を停止し，清算の過程にある法人（清算法人）も，
　その清算の業務を行う範囲内において事業を行う法人と認められるので，
　事業所税の納税義務者となる。

ハ　任意組合

　　組合契約によって成立する組合（任意組合）が行う事業については，任意
　組合を構成する法人または個人が行う事業として，その法人または個人が
　事業所税の納税義務者とされる。

ニ　有限責任事業組合（LLP）

　　有限責任事業組合契約によって成立する組合（LLP）についても，上記
　ハと同様，LLPを構成する法人または個人が行う事業として，その法人ま
　たは個人が事業所税の納税義務者とされる。

（2）　特　　　則

事業所税の負担の均衡化・租税回避行為の防止等の観点から，特殊関係者を

---

[18]　ただし，貸主は，税条例の定めるところにより，事業所用家屋の床面積その他必要
　な事項を指定都市等の長に申告しなければならない（地法701の52②）。

有する者がある場合において，特殊関係者が行う事業について特別の事情があるときは，その事業は，特殊関係者を有する者と特殊関係者との共同事業とみなれる（地法701の32②）。したがって，特殊関係者を有する者および特殊関係者は，事業所税については，地方税法10条の2第1項（連帯納税義務）の規定により連帯納税義務者となる（取扱通知(市)9章3（4）ウ）。

イ　特殊関係者

　　特殊関係者とは，つぎに掲げる者をいい，算定期間の末日の現況により判定される（地令56の21①・⑤）。

(イ)　判定対象者の配偶者，直系血族および兄弟姉妹

(ロ)　上記(イ)以外の親族で，判定対象者と生計を一にし，または判定対象者から受ける金銭その他の財産により生計を維持しているもの

(ハ)　上記(イ)・(ロ)以外の使用人その他の個人で，判定対象者から受ける特別の金銭その他の財産により生計を維持しているもの

(ニ)　判定対象者に特別の金銭その他の財産を提供して，その生計を維持させている個人およびその者と上記(イ)～(ハ)のいずれかに該当する関係がある個人

(ホ)　判定対象者が同族会社である場合には，その判定の基礎となった株主または社員である個人およびその者と上記(イ)～(ニ)のいずれかに該当する関係がある個人[19]

(ヘ)　判定対象者を判定の基礎として同族会社に該当する会社

(ト)　判定対象者が同族会社である場合において，その判定の基礎となった株主または社員の全部または一部を判定の基礎として同族会社に該当する他の会社

ロ　特別の事情

[19]　同族会社とは，会社の株主等の3人以下およびこれらの同族関係者の有する株式の数または出資の金額の合計額が，その発行済株式または出資の総数または総額の50％を超える数または金額の株式または出資を有する場合，その特定の議決権の50％超を有する場合およびその社員または業務執行社員の過半数を占める場合における，その会社をいう（法法2十，法令4⑤）。

　　特別の事情とは，特殊関係者の行う事業が特殊関係者を有する者または
その者の他の特殊関係者が事業を行う事業所等の存する家屋において行わ
れている場合，すなわち，これらの者の事業が同一家屋内において行われ
る場合における事業をいう[20]。なお，特殊関係者を有する者と意思を通じ
て行われているものでなく，かつ，事業所税の負担を不当に減少させる結
果にならない場合は，共同事業とみなされない[21]（地令56の21②）。

第3節　非　課　税

　事業所税は，大都市地域における行政サービスと企業活動との間の受益関係
に着目して課する地方目的税である。そのため，企業・人口の集中に伴い必要
となる都市環境の整備改善に要する費用に充てるための地方目的税であること
にかんがみ，その創設の趣旨，目的や性格などからみて，課税すべきではない
と考えられる事業所等について「人的非課税」および「用途非課税」の措置が
講じられている。

　なお，非課税になるかどうかの判定は，算定期間の末日の現況による（地法
701の34⑥）。もし，算定期間の中途において事業所等が廃止された場合には，
廃止の直前に行われていた事業が非課税の適用を受ける事業であるかどうかに
より判定される（取扱通知(市)9章3（5）オ）。

1　人的非課税

　人的非課税とは，非課税の根拠を事業所等の所有者の性格に求めているもの
をいい，つぎに掲げる法人等に対しては，事業所税を課することができない。

（1）　国・公共法人

　指定都市等は，国および非課税独立行政法人ならびに法人税法別表1の公共

---

20)　同一家屋とは，原則として同一棟をいう。したがって，別棟の建物は，同一家屋と
　はされない。

21)　たとえば，市街地再開発事業等の施行に伴い，権利床を取得することにより，結果
　的に同一家屋に同居させられたような場合が，これに該当する。

法人に対しては，事業所税を課することができない（地法701の34①）。これらの法人は，国・地方団体そのものであり，あるいは国・地方団体が行うべき事業を別個の人格をもたせて行わせているものであり，高度に公共的な業務を遂行する法人であるので，その公共的な性格に着目し，法人税および地方法人二税も課されていないことも考慮して非課税とされている。

（2）　公益法人等・人格のない社団等

　指定都市等は，法人税法別表2の公益法人等または人格のない社団等が事業所等において行う事業のうち収益事業以外の事業に対しては，事業所税を課することができない[22]（地法701の34②）。公益法人等については，その行う本来の事業が収益を目的とせず公益的な性格をもつものであり，法人税および地方法人二税と同様，その収益事業以外の事業に対して非課税とされている。もちろん，公益法人等も人格のない社団等も，その目的の範囲内で収益事業を行うことは可能であり，その収益事業については法人税および地方法人二税が課されているところから事業所税も課することとされている。

イ　収益事業の範囲

　　事業所税が非課税とならない収益事業の範囲は，いわゆる「法定の事業」で継続して事業場を設けて営まれるものであり，法人税および地方法人二税と同じである。ただし，収益事業のうち，学校法人が学生または生徒のために行う事業は含まない[23]（地令56の22）。

ロ　収益事業とそれ以外の事業とを併せ行う場合

　　公益法人等が同一の事業所等において収益事業とそれ以外の事業とを併せて行う場合における，事業所床面積または従業者給与総額については，原則的には収益事業に係るものとして事業所税を課されるものと，それ以

22）　人格のない社団等とは，法人でない社団または財団で代表者または管理人の定めがあるものをいい，法人とみなされる（地法701の32③）。さらに，農業協同組合法等の一部を改正する等の法律附則12条の規定により，都道府県中央会から組織変更した農業協同組合連合会のうち，引き続きその名称中に「農業協同組合中央会」という文字を用いるもの（特定農業協同組合連合会）は，公益法人等とみなされ，収益事業以外の事業に対しては，事業所税が非課税とされている（地法附則32の3①）。

外の事業に係るものとして事業所税が非課税となるものとを，その使用の実態等に応じて区分する。

　これらの区分が明確でないときは，法人税法施行令6条（収益事業を行う法人の経理の区分）の規定により区分して行う経理に基づき，資産割にあっては事業所床面積のうちこれらの区分の基礎とされた収益事業以外の事業に係るもの，従業者割にあっては従業者給与総額のうちこれらの区分により収益事業以外の事業に属するものとして経理したものの割合を乗じて得た金額が非課税となる（地令56の23）。

2　用途非課税

用途非課税とは，特定の用途に供される施設に着目して，その施設に係る部分の事業所税を非課税とする措置をいい，それ以外の用途に供される場合には，非課税とはならないわけである。

（1）　全部が非課税となるもの

指定都市等は，つぎに掲げる施設に係る事業所等において行う事業に対しては，事業所税を課することができない（地法701の34③）。

　イ　博物館その他一定の教育文化施設

　ロ　公衆浴場で一定のもの

　ハ　と畜場

　ニ　死亡獣畜取扱場

23）　たとえば，①物品販売業，②不動産販売業，③金銭貸付業，④物品貸付業，⑤不動産貸付業，⑥製造業，⑦通信業，⑧運送業，⑨倉庫業，⑩請負業，⑪印刷業，⑫出版業，⑬写真業，⑭席貸業，⑮旅館業，⑯料理飲食業，⑰周旋業，⑱代理業，⑲仲立業，⑳問屋業，㉑鉱業，㉒土石採取業，㉓浴場業，㉔理容業，㉕美容業，㉖興行業，㉗遊技所業，㉘遊覧所業，㉙医療保健業，㉚技芸・学力教授業，㉛駐車場業，㉜信用保証業，㉝無体財産権の提供業，㉞労働者派遣業が，法定の事業に該当する（法令5①）。なお，学校法人が学生または生徒のために学用品等の売店や食堂を経営し，あるいは学生または生徒のために設けた講堂等を一時的に他の者に賃貸する場合には，法人税法上収益事業に該当することがありうると考えられるため，これを収益事業から除外し，学校法人の行うこれらの事業に係る事業所税を非課税としている。

ホ　水道施設

ヘ　市町村長の許可もしくは環境大臣の認定を受けて，または市町村の委託を受けて行う一般廃棄物の収集，運搬または処分の事業の用に供する施設

ト　病院および診療所，介護老人保健施設で一定のものおよび介護医療院で一定のもの，ならびに，看護師，准看護師，歯科衛生士その他一定の医療関係者の養成所

チ　保護施設で一定のもの

リ　小規模保育事業の用に供する施設

ヌ　児童福祉施設で一定のもの

ル　認定こども園

ヲ　老人福祉施設で一定のもの

ワ　障害者支援施設

カ　社会福祉事業の用に供する施設で一定のもの

ヨ　包括的支援事業の用に供する施設

タ　家庭的保育事業，居宅訪問型保育事業または事業所内保育事業の用に供する施設

レ　農業，林業または漁業を営む者が直接その生産の用に供する施設一定のもの

ソ　農業協同組合，水産業協同組合，森林組合その他一定の法人が農林水産業者の共同利用に供する施設で一定のもの

ツ　卸売市場およびその機能を補完する一定の施設

ネ　一般送配電事業，送電事業，配電事業，発電事業または特定卸供給事業の用に供する施設で一定のもの

ナ　一般ガス導管事業またはガス製造事業の用に供する施設で一定のもの

ラ　他の事業者との連携もしくは事業の共同化または中小企業の集積の活性化に寄与する事業で一定のものを行う者が，都道府県または独立行政法人中小企業基盤整備機構から資金の貸付けを受けて設置する施設のうち，一定の事業の用に供する施設で一定のもの

ム　一の建物に集合して事業を行う者が市町村から資金の貸付けを受けて設置する施設のうち，一定の事業の用に供する施設で一定のもの

ウ　鉄道事業者または軌道経営者がその本来の事業の用に供する施設で一定のもの

ヰ　一般乗合旅客自動車運送事業もしくは一般貨物自動車運送事業または貨物利用運送事業のうち鉄道運送事業者の行う貨物の運送に係るものもしくは第2種貨物利用運送事業のうち航空運送事業者の行う貨物の運送に係るものを経営する者が，その本来の事業の用に供する施設で一定のもの

ノ　バスターミナルまたはトラックターミナルの用に供する施設で一定のもの

オ　国際路線に就航する航空機が使用する公共の飛行場に設置される施設で国際路線に係る一定の施設

ク　専ら公衆の利用を目的として電気通信回線設備を設置して電気通信事業者で一定のものが電気通信事業の用に供する施設で一定のもの

ヤ　一般信書便事業者がその本来の事業の用に供する施設で一定のもの

マ　日本郵便株式会社が郵便の業務および印紙の売りさばきならびにこれらに附帯する業務の用に供する施設で一定のもの

ケ　勤労者の福利厚生施設で一定のもの

フ　路外駐車場で一定のもの

コ　原動機付自転車または自転車の駐車のための施設で駐車場として都市計画に定められたもの

エ　東日本高速道路株式会社，首都高速道路株式会社，中日本高速道路株式会社，西日本高速道路株式会社，阪神高速道路株式会社または本州四国連絡高速道路株式会社が，高速道路の新設，改築，維持，修繕，災害復旧その他の管理ならびに道路・長大橋に関する調査，測量，設計，試験および研究の用に供する施設で一定のもの

（2）　一部が非課税となるもの

指定都市等は，つぎのイに対しては資産割，ロに対しては資産割・従業者割

を課することができない（地法701の34④・⑤）。

　　イ　百貨店，旅館その他の防火対象物で多数の者が出入するものに設置される消防用設備等および特殊消防用設備等ならびに防火対象物に設置される避難施設その他一定の防災に関する施設または設備のうち一定の部分に係る事業所床面積

　　ロ　港湾運送事業者がその本来の事業の用に供する施設で一定のものに係る従業者給与総額

（3）　非課税の判定日

　用途非課税の適用を受ける事業であるかどうかの判定は，算定期間の末日の現況による（地法701の34⑥）。なお，算定期間の中途において事業所等が廃止された場合には，廃止の直前に行われていた事業が用途非課税の適用を受ける事業であるかどうかにより判定することになる（取扱通知(市)9章3（5）オ）。

（4）　非課税施設に該当することになった場合

　算定期間の中途において非課税施設に該当することになった場合は，つぎのように取り扱われる。

　　イ　資産割

　　　算定期間の末日において非課税施設に該当するものであれば，その施設に係る事業所床面積の全部が月割課税されることなく，資産割が非課税となる。

　　ロ　従業者割

　　　非課税施設に該当することになった日前の算定期間中に支払われた従業者給与総額は，非課税施設に係る従業者給与総額ということではないので，従業者割は非課税とならない。

（5）　非課税施設に該当しないことになった場合

　算定期間の中途において非課税施設に該当しないことになった場合は，つぎのように取り扱われる。

　　イ　資産割

　　　非課税施設に該当しないことになった施設に係る事業所床面積の全部が

月割課税されることなく，資産割の課税対象となる。

ロ　従業者割

　　非課税施設に該当しないことになった日前の算定期間中に支払われた従業者給与総額については，従業者割が非課税となる。

3　減　　免

　事業所税については，非課税，課税標準の特例があり，さらに減免も規定されている。減免は，指定都市等の長の行政処分によって納税義務を消滅させるものである。すなわち，指定都市等の長は，天災その他特別の事情がある場合において事業所税の減免を必要とすると認める者その他特別の事情がある者にかぎり，税条例の定めるところにより，事業所税を減免することができる（地法701の57）。

　事業所税の課税団体における都市環境等は，課税団体ごと事情を異にしている面がある。そこで，指定都市等の長は，指定都市等における都市政策上必要な施設あるいは指定都市等が策定した一定の計画に基づき誘致した施設等について，税条例の定めるところにより，指定都市等の実情に合わせて事業所税の減免措置を講ずることができる。

　減免の具体的取扱いにあたっては，地方税法上非課税とされ，または課税標準の特例を受けている施設との均衡を考慮し，①学術文化の振興等に特に寄与するものと認められる施設，②中小企業対策等の産業振興政策上特に配慮の必要があると認められる施設，③国の経済施策等に係る事業所用家屋または施設，④その事業の目的および営業の形態上特別の配慮を必要とするものなどについて，必要に応じて，事業所税を減免するのが適当であるとされている（昭和50年8月26日自治市72号自治省税務局長通知）。

　たとえば，神戸市の場合，図表12に表示したとおり，減免対象施設に該当するときは，それぞれに掲げる割合により事業所税が減免される。なお，事業所税の減免を受けようとする者は，事業所税の申告納付期限までに，その事由を証する書類・資料を添えて「事業所税減免申請書」を提出しなければならない

図表12　神戸市の減免対象施設一覧

| 対　象　施　設 | 減 免 割 合 | |
	資産割	従業者割
【交通関係】		
タクシー事業用施設	全部	全部
指定自動車教習所	1／2	1／2
修学旅行用バス施設	一定割合	一定割合
【港湾・倉庫関係】		
倉庫・上屋	全部	全部
コンテナー貨物に係る荷さばき施設	1／2	—
【食品関係】		
酒類卸売業の保管用倉庫	1／2	—
漬物の製造用施設	3／4	—
果実飲料等の保管用倉庫	1／2	—
【中小企業関係】		
中小企業近代化助成施設	全部	全部
【農業等関係】		
農業協同組合等の共同利用施設	全部	全部
農林中央金庫	全部	全部
【その他事業関係】		
家具保管用施設	1／2	—
古紙回収事業の用に供する施設	1／2	—
機械染色整理業の保管用施設	1／2	—
ビルメンテナンス業用施設	—	全部

（注）1．一定割合＝旅行に係るバスの走行キロメートル数の合計数／事業者の本
　　　　来の事業に係るバスの総走行キロメートル数の合計数×1／2
（出所）　神戸市税規則29条1項に基づき，筆者が作成。

（神戸市税条例177の27，神戸市税規則29①）。

　また，新型コロナウイルス感染拡大に伴う，緊急事態宣言の再発令の影響を
受けた事業者の負担軽減，事業継続のためのさらなる支援策として，①前年比
または前々年比で，令和3年1月～3月のいずれかの1月の売上が30％以上減
少している中小事業者等を対象に，②令和3年4月1日～翌4年3月31日を申
告納付期限とする事業所税について，③事業所税額の12分の1を免除する，特
例的な措置が講じられている[24]。

第4節　資　産　割

　事業所床面積を課税標準として課する事業所税を「資産割」という（地法701の31①二）。資産割は，事業の物的活動量をある程度客観的かつ公平に示すものを課税標準とする，一種の外形標準課税である。資産割の課税標準は，算定期間の末日現在における事業所床面積である（地法701の40①）。また，資産割の税率は，600円／m²である（地法701の42）。

《算　式》

　（事業所床面積－非課税－課税標準の特例）×600円／m²

　　　　　　　　　　　　　　　　＝資産割額（1円未満切捨て）

1　課 税 標 準

　資産割の課税標準は，算定期間─法人にあっては事業年度，個人にあっては個人に係る課税期間─の末日における事業所床面積である[25]（地法701の40①）。ただし，算定期間が12月に満たない場合には，月割計算による[26]（取扱通知（市）9章3（6）ア）。

《算　式》

　算定期間の末日における事業所床面積×$\dfrac{算定期間の月数}{12}$

　　　　　　　　　　　　＝事業所床面積（0.01m²未満切捨て）

---

24)　ちなみに，新型コロナウイルス感染症緊急経済対策における地方税制特例については，拙著『新型コロナ緊急経済対策の地方税制特例Q＆A：これ1冊で対応万全！：自治体税務職員必携』（税務経理協会，2020年）を参照のこと。

25)　個人に係る課税期間とは，個人の行う事業に対して課する事業所税の課税標準の算定の基礎となる期間をいい，①原則としてその年の1月1日から12月31日まで，②年の中途において事業を廃止した場合は，その年の1月1日から廃止の日まで，③年の中途において事業を開始した場合は，開始の日から12月31日まで，④年の中途において事業を開始し，その年の中途において事業を廃止した場合は，開始の日から廃止の日までの期間とされている。

26)　なお，算定期間の月数は，暦に従って計算し，1月に満たない端数を生じたときは，これを1月とする（地法701の40③）。

（1） 事業所床面積

　事業所床面積とは，家屋の全部または一部で現に事業所等の用に供するもの（事業所用家屋）の延べ面積をいう。ただし，事業所用家屋である家屋に専ら事業所等の用に供する部分（事業所部分）に係る共同の用に供する部分（共用部分）がある場合には，つぎの算式により計算した共用部分の床面積と事業所部分の床面積との合計面積である[27]（地法701の31①四・六，地令56の16）。

《算　式》

$$\text{共用部分の床面積} = \text{各共用部分の合計面積} \times \frac{\text{事業所部分の床面積}}{\text{各事業所部分の合計面積}}$$

（2） 事業所等の新設・廃止

　事業所税の算定期間の中途において，事業所等を新設または廃止した場合には，資産割の課税標準である事業所床面積について，つぎに掲げる場合の区分に応じて，それぞれ月割計算を行う[28]（地法701の40②）。

　イ　算定期間の中途において新設した場合

$$\text{事業所床面積} = \text{算定期間の末日における事業所床面積} \times \frac{\text{新設の日の属する月の翌月から算定期間の末日の属する月までの月数}}{\text{算定期間の月数}}$$

　ロ　算定期間の中途において廃止した場合

$$\text{事業所床面積} = \text{廃止の日における事業所床面積} \times \frac{\text{算定期間の開始の日の属する月から廃止の日の属する月までの月数}}{\text{算定期間の月数}}$$

　ハ　算定期間の中途で新設し，かつ廃止した場合

$$\text{事業所床面積} = \text{廃止の日における事業所床面積} \times \frac{\text{新設の日の属する月の翌月から廃止の日の属する月までの月数}}{\text{算定期間の月数}}$$

---

27)　たとえば，廊下，階段，ビル塔屋，エレベーター，パイプスペース，機械室および電気室などが，共用部分に該当する。

28)　前掲注26) と同じ。

　なお，事業所等の新設・廃止とは，一の事業所等の単位で判定するものであり，その全体についての新設または廃止の場合をいう。したがって，一の事業所等の事業所床面積の増加または減少の場合は，課税標準の算定の例外である月割計算をすることなく，原則どおり算定期間の末日における事業所床面積が課税標準となる。

2　課税標準算定上の特例

　資産割の課税標準算定には，事業所等が指定都市等の区域とその他の市町村の区域とにわたって所在する場合や，共同事業者等に係る事業の場合などについて，つぎのような特例が設けられている。

（1）　指定都市等とその他の市町村とに所在する事業所等

　事業所等が指定都市等の区域とその他の市町村の区域とにわたって所在する場合における，指定都市等が課税する資産割の課税標準は，事業所等のうち指定都市等の区域内に所在する部分に係る事業所床面積（指定都市等所在部分の事業所床面積）とされる（地令56の50）。

（2）　通常の共同事業

　事業所等において行う共同事業に係る各共同事業者ごとの資産割の課税標準となるべき事業所床面積は，当該事業をその者が単独で行うものとみなした場合において，当該事業に係る資産割の課税標準となるべき事業所床面積に，当該事業に係るその者の損益分配の割合—当該割合が定められていない場合には，その者の出資の価額に応ずる割合—を乗じて得た面積とされる[29]（地令56の51①本文）。

（3）　みなし共同事業

　事業所等において行われる事業が，特殊関係者を有する者と特殊関係者との行う事業（みなし共同事業）に係る資産割の課税標準となるべき事業所床面積は，そのみなされる事業を特殊関係者が単独で行うものとみなして算定される[30]

---

[29]　共同事業とは，2以上の者が共同して行う事業をいい，みなし共同事業を除く（地令56の51①但書）。

（地令56の51②）。

3　課税標準の特例

　協同組合等については，その人的な面に着目して特例措置（人的な課税標準の特例）が講じられ，また，非課税とされる都市施設以外の都市施設，国の施策として奨励するもの，広大な面積を有することが不可欠な業種で税負担が著しく過重となるものその他防災施設等に対しては，その施設の性格，施設の整合性，税負担の均衡などの見地から，事業所税の負担の軽減を図るため特例措置（用途による課税標準の特例）が講じられている。

　特例対象施設に係る事業所床面積については，それぞれの施設に係る控除割合を乗じて得た面積が控除される（地法701の41①柱書）。この場合において，つぎの施設に係る事業所等において行われる事業が，課税標準の特例の適用を受ける事業であるかどうかの判定は，算定期間の末日の現況による（地法701の41③）。

《算　式》

　　控除事業所床面積＝特例対象施設に係る事業所床面積×控除割合

（1）　控除割合3／4の特例対象施設

　つぎに掲げる施設は，控除割合3／4の特例対象施設とされる（地法701の41①表三〜八・十一・十四・十八，地法附則33⑥）。

　　イ　事業活動に伴って生ずるばい煙・汚水・廃棄物等の処理その他公害の防
　　　　止または資源の有効な利用のための施設で一定のもの（つぎのロを除く）

　　ロ　都道府県知事の許可または環境大臣の認定を受けて行う産業廃棄物の収
　　　　集，運搬または処分の事業その他公害の防止または資源の有効な利用のた
　　　　めの事業で一定のものの用に供する施設で一定のもの

　　ハ　家畜市場

　　ニ　生鮮食料品の価格安定に資することを目的として設置される施設で一定

---

30)　なお，①特殊関係者を有することと，②特別の事情があることとが，みなし共同事
　　業の要件である（地法701の32②）。詳しくは，本章第2節2（2）を参照のこと。

のもの

ホ　味噌，醬油もしくは食用酢または酒類の製造業者が直接これらの製造の
用に供する施設で一定のもの

ヘ　木材取引のために開設される市場で一定のものまたは製材・合板の製造
その他の木材の加工を業とする者で一定のものもしくは木材の販売を業と
する者がその事業の用に供する木材の保管施設で一定のもの

ト　荷さばき施設または保管施設で一定のもの

チ　倉庫業者がその本来の事業の用に供する倉庫（つぎのリを除く）

リ　流通業務地区内に設置される倉庫で倉庫業者がその本来の事業の用に供
するもの

ヌ　平成29年4月1日から令和5年3月31日までの期間に企業主導型保育
事業の運営費に係る補助を受けた者が当該事業の用に供する施設

（2）　控除割合1／2の特例対象施設

つぎに掲げる施設は，控除割合1／2の特例対象施設とされる（地法701の41
①表一・二・九・十・十二・十三・十五～十七・十九・②，地法附則33①～④）。

イ　法人税法別表3の協同組合等がその本来の事業の用に供する施設

ロ　専修学校または各種学校において直接教育の用に供する施設

ハ　旅館・ホテル営業の用に供する施設で一定のもの（つぎのニを除く）

ニ　航行補助施設，旅客施設または船舶役務用施設で一定のもの

ホ　外国貿易のため外国航路に就航する船舶により運送されるコンテナー貨
物に係る荷さばきの用に供する施設

ヘ　一般港湾運送事業または港湾荷役事業の用に供する上屋

ト　一般乗用旅客自動車運送事業（タクシー事業）の用に供する施設で一定の
もの

チ　公共の飛行場に設置される施設で一定のもの

リ　流通業務地区内に設置される，①トラックターミナル・鉄道の貨物駅そ
の他貨物の積卸しのための施設，②倉庫，野積場もしくは貯蔵槽または貯
木場，③上屋または荷さばき場，④道路貨物運送業，貨物運送取扱業，信

書送達業，倉庫業または卸売業の用に供する事務所または店舗，⑤上記①
〜④に附帯する自動車駐車場または自動車車庫で一定のもの

ヌ　特定信書便事業者がその本来の事業の用に供する施設で一定のもの

ル　心身障害者を多数雇用する一定の事業所等で障害者雇用調整金の支給に
　　係る施設または設備に係るもの

ヲ　提出観光地形成促進計画において定められた観光地形成促進地域におい
　　て設置される特定民間観光関連施設のうち令和4年3月31日までに新設
　　されたもの[31]

ワ　提出情報通信産業振興計画において定められた情報通信産業振興地域に
　　おいて設置される情報通信産業または情報通信技術利用事業の用に供する
　　施設のうち令和4年3月31日までに新設されたもの[32]

カ　提出産業高度化・事業革新促進計画において定められた産業高度化・事
　　業革新促進地域において設置される製造業等または産業高度化・事業革新
　　促進事業の用に供する施設のうち令和4年3月31日までに新設されたも
　　の[33]

ヨ　提出国際物流拠点産業集積計画において定められた国際物流拠点産業集
　　積地域において設置される国際物流拠点産業の用に供する施設のうち令和
　　4年3月31日までに新設されたもの[34]

（3）　控除割合1／4の特例対象施設

　都道府県知事の承認を受けた特定農産加工業者または特定事業協同組合等が
承認経営改善計画に従って実施する経営改善措置に係る事業の用に供する一定
の施設は，法人の事業である場合には令和5年3月31日までに終了する事業年
度分，個人の事業である場合には令和4年分までにかぎり，控除割合1／4の
特例対象施設とされる（地法附則33⑤）。

---

31)　なお，特例の適当期限は，新設された日から5年を経過する日以後に最初に終了す
　　る事業年度分までとされている（地法附則33①〜④）。
32)　前掲注31）と同じ。
33)　前掲注31）と同じ。
34)　前掲注31）と同じ。

4　免　税　点

中小零細事業者の事業所税の負担を排除するため，免税点制度が設けられている。事業所税の免税点は，資産割と従業者割とでそれぞれ別個に行うこととされており，資産割の免税点は指定都市等の区域内における各事業所等の事業所床面積の合計面積が1,000m²以下である[35]（地法701の43①）。

（1）　免税点の判定

事業所床面積の合計面積が1,000m²以下であるかどうかの判定は，算定期間の末日の現況による（地法701の43③）。たとえ，算定期間の中途において，事業所等の新設または廃止があった場合でも，月割計算は行わず，あくまで算定期間の末日の現況で判定を行う。

なお，資産割の免税点は，いわゆる「名寄せ」により，同一の者が指定都市等の区域内において行う事業に係る各事業所等の事業所床面積の合計面積により判定される[36]。また，免税点の判定の基礎となる事業所床面積には，非課税とされる事業所床面積は含まないものの，課税標準の特例の適用を受ける場合は，この特例が適用される前の事業所床面積により判定される。

（2）　指定都市等とその他の市町村とに所在する事業所等

事業所等が指定都市等の区域とその他の市町村の区域とにわたって所在する場合における，指定都市等が課税する資産割の免税点の判定は，指定都市等所在部分の事業所床面積（非課税とされる部分を除く）による（地令56の74）。また，事業所等が隣接する指定都市等—たとえば，神戸市と明石市，西宮市または芦屋市—の区域にわたって所在する場合には，図表13に表示したとおり，各指定都市等所在部分の事業所床面積により資産割の免税点をそれぞれ判定される。

---

35)　たとえば，資産割は免税点を超え，従業者割は免税点以下である場合には，資産割だけが課税されることになる。

36)　なお，東京都が課税する資産割の免税点は，特別区の区域全体における事業所床面積の合計面積により判定される（地法737③）。

図表13　免税点の判定

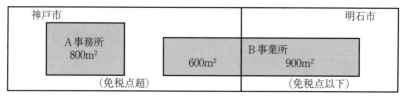

(注) 1.　A事務所とB事業所は，同一の者の事業所等である。
　　　2.　両市ともに，指定都市等である。
　　　3.　数字は，事業所床面積（非課税部分を除く）である。
(出所)　市町村税務研究会編『市町村諸税逐条解説』481～482頁（地方財務協会，2000年）
　　　　に基づき，筆者が作成。

（3）　通常の共同事業

　事業所等において行う共同事業に係る各共同事業者の行う事業に対して課税する資産割の免税点の判定については，みなし単独事業に係る事業所床面積による。ここで，みなし単独事業に係る事業所床面積とは，共同事業に係る事業所等の事業所床面積に損益分配の割合―当該割合が定められていない場合には，その者の出資の価額に応ずる割合―を乗じて得た面積である（地令56の75①）。

（4）　みなし共同事業

　事業所等において行われる事業が，特殊関係者を有する者と特殊関係者との共同事業とみなされる事業（みなし共同事業）である場合の，各共同事業者の行う事業に対して課税する資産割の免税点の判定にあたっては，その者はみなし共同事業を単独で行うものとみなされる[37]（地令56の75②）。

（5）　企業組合等に係る免税点の特例

　企業組合または協業組合（企業組合等）の各事業所等のうち，その事業所用家屋が企業組合等の組合員が組合員となった際その者の事業の用に供されていたものであり，かつ，その者がその後引き続き事業所等において行われる事業の主宰者として企業組合等の事業に従事しているものその他これに準ずる事業所等（特例事業所等）については，名寄せを行わず，各事業所等ごとに資産割の免

---

37)　前掲注30）と同じ。

税点を判定する（地法701の43②）。

　ここで，主宰者とは，事業所等で行われる事業の運営について，支配的影響力を有する者をいう。また，これに準ずる事業所等とは，免税点の特例の適用がある事業所等が，一定の事情により人的または物的に引き継がれた場合の，その事業所等をいう。具体的には，つぎに掲げる場合の事業所等がこれに該当する（地令56の72，地規24の26）。

　イ　特例事業所等において行われる事業の主宰者である組合員が死亡し，その相続人である組合員がその権利義務を承継した後引き続き当該事業の主宰者として企業組合等の事業に従事している場合

　ロ　特例事業所等において行われる事業の主宰者である組合員（従前の組合員）からその持分の譲渡を受けて組合員となった従前の組合員の配偶者，子または従前の組合員と生計を一にしている親族が，その譲渡を受けた後引き続き当該事業の主宰者として企業組合等の事業に従事している場合

　ハ　特例事業所等に代わるものと認められる他の事業所等が特例事業所等に係る事業の用に供された場合であって，かつ，特例事業所等において行われていた企業組合等の事業の主宰者であった組合員が，他の事業所等が特例事業所等に係る事業の用に供された後引き続き当該事業の主宰者として企業組合等の事業に従事している場合

第5節　従業者割

　従業者給与総額を課税標準として課する事業所税を「従業者割」という（地法701の31①三）。従業者割は，事業の人的活動量をある程度客観的かつ公平に示すものを課税標準とする，一種の外形標準課税である。従業者割の課税標準は，算定期間中に支払われた従業者給与総額である（地法701の40①）。また，従業者割の税率は，0.25％である（地法701の42）。

《算　式》

（従業者給与総額－非課税－課税標準の特例）×0.25%

＝従業者割額（1円未満切捨て）

1　課 税 標 準

　従業者割の課税標準は，算定期間中―法人にあっては事業年度中，個人にあっては個人に係る課税期間中―に支払われた従業者給与総額である（地法701の40①）。

（1）　従業者給与総額

　従業者給与総額とは，事業所等の従業者に対して算定期間中に支払われる俸給，給料，賃金および賞与ならびにこれらの性質を有する給与（給与等）の総額をいう（地法701の31①五）。なお，従業者給与総額の算定にあたっては，つぎの諸点に留意しなければならない（地令56の49，取扱通知(市)9章3（6）イ）。

　　イ　非課税規定の適用を受ける事業と受けない事業とに従事した従業者に係る課税標準となるべき従業者給与総額の算定は，それぞれの事業に従事した分量に応じて―当該従事した分量が明らかでない場合には，均等に従事したものとして―その者の給与等の額を按分すること。

　　ロ　「これらの性質を有する給与」とは，扶養手当，住居手当，通勤手当，時間外勤務手当，現物給与などをいうものであり，退職給与金，年金，恩給などは含まれないこと。

　　ハ　保険外交員その他これらに類する者の業務に関する報酬等で給与等に該当しないものは含まれないこと。

　　ニ　給与の支払いを受けるべき者であっても，その勤務すべき施設が事業所等に該当しない場合の当該施設の従業者―たとえば，常時船舶の乗組員である者―に対して支払われる給与については含まれないこと。

（2）　従 業 者

　従業者とは，給与等の支払いを受けるべき者をいい，一般の従業員のほか，役員，臨時従業員，出向者なども含む。ただし，つぎに掲げる者（役員を除く）

は，従業者に含まれない（地法701の31①五，地令56の17）。

　イ　つぎの障害者

　　㈵　精神上の障害により事理を弁識する能力を欠く常況にある者，または児童相談所，知的障害者更生相談所，精神保健福祉センター，障害者職業センターもしくは精神保健指定医の判定により知的障害者とされた者

　　㈺　精神障害者保健福祉手帳の交付を受けている者

　　㈾　交付を受けた身体障害者手帳に身体上の障害がある者として記載されている者

　　㈓　戦傷病者手帳の交付を受けている者

　　㈱　負傷または疾病が原子爆弾の傷害作用に起因する旨の厚生労働大臣の認定を受けている者

　　㈶　常に就床を要し，複雑な介護を要する者

　　㈷　精神または身体に障害のある年齢65歳以上の者で，その障害の程度が上記㈵・㈾に準ずるものとして市町村長等の認定を受けている者

　ロ　年齢65歳以上の者

したがって，上記イ・ロに掲げる者に支払われたまたは支払われるべき給与等は，従業者割の課税対象とはならない。なお，これらの者に該当するかどうかの判定は，その者に対して給与等が支払われる時の現況による。

（3）　雇用改善助成対象者

雇用改善助成対象者とは，年齢55歳以上65歳未満の者のうち，つぎに掲げる者をいい，その者の給与等の額の2分の1を従業者給与総額に含めない（地法701の31①五，地令56の17の2）。

　イ　高年齢者，障害者その他就職が特に困難な者の雇用機会を増大させるために行われる労働者の雇入れの促進に関する助成に係る者

　ロ　作業環境に適応させるための訓練を受けた者

　ハ　一般旅客定期航路事業等離職者求職手帳の所持者を雇い入れることを促進するための雇用奨励金の支給に係る者

（4）　特殊な勤務形態

　特殊な勤務形態にある従業者の給与は，事業者との雇用関係を考慮のうえ，実態に応じて，つぎのように取り扱われる[38]。

　イ　出　向　者

　　雇用先の企業（出向元企業）との労働契約関係を維持したまま，一定期間他の企業（出向先企業）の指揮命令下で勤務する従業者（出向者）の給与については，つぎのいずれかの方法による。

　　(イ)　出向元企業が給与を支払う場合には，出向元企業の従業者給与総額に含める方法

　　(ロ)　出向先企業が出向元企業に対して給与相当分を支払う場合には，出向先企業の従業者給与総額に含める方法

　　(ハ)　出向元企業と出向先企業が一部負担する場合には，それぞれの企業の従業者給与総額の従業者給与総額に含める方法

　ロ　臨時従業員

　　日々雇用等の臨時従業員の給与は，従業者給与総額に含める。

　ハ　パートタイマー

　　就業規則等で定められた1日の所定労働時間が同一事業所等に雇用される同一職種の正規従業者と比較して3／4未満であるもの（パートタイマー）の給与は，従業者給与総額に含める。

　ニ　役　　員

　　法人の取締役，執行役，会計参与，監査役，理事，監事，清算人など，業務の執行や業務・会計の監査などの権限をもつ者（役員）の給与については，つぎのいずれかの方法による。

　　(イ)　役員および使用人兼務役員の場合には，役員報酬・役員賞与は本社の従業者給与総額に含めるが，使用人としての給与は勤務地の従業者給与総額に含める方法

---

38)　東京都主税局『事業所税の手引』14〜15頁（2021年）。

200

(ロ)　数社の役員を兼務する場合には，それぞれの会社の従業者給与総額に含める方法

(ハ)　非常勤の役員の場合には，従業者給与総額に含める方法

ホ　休職中の従業者

休職中の従業者の給与は，従業者給与総額に含める。

へ　中途退職者

退職時までの給与等は，従業者給与総額に含める。

ト　保険外交員

所得税法上の給与等は，従業者給与総額に含める。

チ　外国または課税区域外への派遣・長期出張者

派遣・長期出張者の給与が所得税の対象外であれば，従業者給与総額に含めない。

リ　派遣労働者等

派遣労働者または派遣船員（派遣労働者等）の給与は，派遣元企業の従業者給与総額に含める。

ヌ　船舶の乗組員

常時船舶の乗組員の給与は，従業者給与総額に含めない。

2　課税標準算定上の特例

従業者割の課税標準算定には，事業所等が指定都市等の区域とその他の市町村の区域とにわたって所在する場合や，共同事業者等に係る事業の場合などについて，資産割の場合と同様，つぎのような特例が設けられている。

(1)　指定都市等とその他の市町村とに所在する事業所等

事業所等が指定都市等の区域とその他の市町村の区域とに所在する事業所等における，指定都市等が課税する従業者割の課税標準は，つぎの算式により計算した従業者給与総額とされる（地令56の50）。

《算　式》

$$従業者給与総額 = 事業所等の従業者給与総額 \times \frac{指定都市等所在部分の事業所床面積}{事業所等の事業所床面積}$$

（2）　通常の共同事業

　事業所等において行う共同事業に係る各共同事業者ごとの従業者割の課税標準となるべき従業者給与総額は，当該事業をその者が単独で行うものとみなした場合において，当該事業に係る従業者割の課税標準となるべき従業者給与総額に，当該事業に係るその者の損益分配の割合―当該割合が定められていない場合には，その者の出資の価額に応ずる割合―を乗じて得た金額とされる[39]（地令56の51①）。

（3）　みなし共同事業

　事業所等において行われる事業が，特殊関係者を有する者と特殊関係者との共同事業とみなされる事業（みなし共同事業）に係る従業者割の課税標準となるべき従業者給与総額は，みなし共同事業を特殊関係者が単独で行うものとみなして算定される[40]（地令56の51②）。

3　課税標準の特例

　従業者割においては，資産割の場合と同様，その創設の趣旨および目的から事業所税を軽減すべきものと考えられる特定の事業所等について，人的な課税標準の特例と用途による課税標準の特例とが講じられている。特例対象施設に係る従業者給与総額については，それぞれの施設に係る控除割合を乗じて得た面積が控除される（地法701の41①柱書）。

《算　式》

　控除従業者給与総額＝特例対象施設に係る従業者給与総額×控除割合

39）　前掲注29）と同じ。
40）　前掲注30）と同じ。

（1）　控除割合３／４の特例対象施設

　平成29年４月１日から令和５年３月31日までの期間に企業主導型保育事業の運営費に係る補助を受けた者が当該事業の用に供する施設は，補助を受けなくなった日の属する年前の年分までにかぎり，控除割合３／４の特例対象施設とされる（地法附則33⑥）。

（2）　控除割合１／２の特例対象施設

　つぎに掲げる施設は，控除割合１／２の特例対象施設とされる（地法701の41①表一・二・十・十一・十五～十九）。

　　イ　法人税法別表３の協同組合等がその本来の事業の用に供する施設

　　ロ　専修学校または各種学校において直接教育の用に供する施設

　　ハ　都道府県知事の許可または環境大臣の認定を受けて行う産業廃棄物の収集，運搬または処分の事業その他公害の防止または資源の有効な利用のための事業で一定のものの用に供する施設で一定のもの

　　ニ　航行補助施設，旅客施設または船舶役務用施設で一定のもの

　　ホ　荷さばき施設または保管施設で一定のもの

　　ヘ　一般乗用旅客自動車運送事業（タクシー事業）の用に供する施設で一定のもの

　　ト　公共の飛行場に設置される施設で一定のもの

　　チ　流通業務地区内に設置される，①トラックターミナル・鉄道の貨物駅その他貨物の積卸しのための施設，②倉庫，野積場もしくは貯蔵槽または貯木場，③上屋または荷さばき場，④道路貨物運送業，貨物運送取扱業，信書送達業，倉庫業または卸売業の用に供する事務所または店舗，⑤上記①～④に附帯する自動車駐車場または自動車車庫で一定のもの

　　リ　流通業務地区内に設置される倉庫で倉庫業者がその本来の事業の用に供するもの

　　ヌ　特定信書便事業者がその本来の事業の用に供する施設で一定のもの

4 免 税 点

　中小零細事業者の事業所税の負担を排除するため，資産割と同様，従業者割にも免税点制度が設けられており，同一の者が課税団体の区域内において行う事業に係る事業所等について，各事業所等の従業者の合計数が100人以下である場合には，従業者割が課税されない（地法701の43①）。

（1）　免税点の判定

　従業者の合計数が100人以下であるかどうかの判定は，算定期間の末日の現況による（地法701の43③）。ただし，算定期間に属する各月の末日現在における従業者の数のうち，最大であるものの数値が，最小であるものの数値に2を乗じて得た数値を超える場合には，つぎの算式により計算した従業者の数とされる（地法701の43④，地令56の73①）。

《算　式》

$$従業者の数＝\frac{各月の末日現在における従業者の合計数}{算定期間の月数}$$

　なお，従業者割の免税点は，いわゆる「名寄せ」により，同一の者が指定都市等の区域内において行う事業に係る各事業所等の従業者の合計数により判定される。また，東京都が課税する従業者割の免税点は，特別区の区域全体における従業者の合計数により判定される（地法737③）。

（2）　指定都市等とその他の市町村とに所在する事業所等

　事業所等が指定都市等の区域とその他の市町村の区域とにわたって所在する場合における，指定都市等が課税する従業者割の免税点の判定は，つぎの算式により計算した従業者の数による（地令56の74）。

《算　式》

$$従業者の数＝事業所等の従業者の数×\frac{指定都市等所在部分の事業所床面積}{事業所等の事業所床面積}$$

（3）　通常の共同事業

　事業所等において行う共同事業に係る各共同事業者の行う事業に対して課税する従業者割の免税点の判定については，みなし単独事業に係る事業所等の従

業者の数による。ここで，みなし単独事業に係る事業所等の従業者の数とは，共同事業に係る事業所等の従業者の数に損益分配の割合—当該割合が定められていない場合には，その者の出資の価額に応ずる割合—を乗じて得た数値である（地令56の75①）。

（4）　みなし共同事業

事業所等において行われる事業が，特殊関係者を有する者と特殊関係者との共同事業とみなされる事業である場合の，各共同事業者の行う事業に対して課税する従業者割の免税点の判定は，その者は共同事業とみなされる事業を単独で行うものとみなして行う[41]（地令56の75②）。

（5）　企業組合等に係る免税点の特例

特例事業所等については，資産割の場合と同様，名寄せを行わず，各事業所等ごとに従業者割の免税点を判定する（地法701の43②）。

（6）　特殊な勤務形態

特殊な勤務形態にある従業者の免税点の判定は，事業者との雇用関係を考慮のうえ，実態に応じて，つぎのように取り扱われる[42]。

　イ　出　向　者

　　出向者については，つぎのいずれかの方法による。

　⑴　出向元企業が給与を支払う場合には，出向元企業の従業者の数に含めて，免税点を判定する方法

　⑵　出向先企業が出向元企業に対して給与相当分を支払う場合には，出向先企業の従業者の数に含めて，免税点を判定する方法

　⑶　出向元企業と出向先企業が一部負担する場合には，主たる給与等を支払う企業の従業者に含めて，免税点を判定する方法

　ロ　臨時従業員

　　臨時従業員は，従業者の数に含めて，免税点を判定する。

　ハ　パートタイマー

41）　前掲注30）と同じ。

42）　東京都主税局・前掲注38）14〜15頁。

パートタイマーは，従業者の数に含めず，免税点を判定する。

ニ　役　　　員

役員については，つぎのいずれかの方法による。

　(イ)　役員および使用人兼務役員について，課税区域内と課税区域外の事業所等を兼務する場合には，それぞれの事業所等の従業者の数に含めて，免税点を判定する方法

　(ロ)　無給の役員の場合には，従業者の数に含めず，免税点を判定する方法

　(ハ)　数社の役員を兼務する場合には，それぞれの会社の従業者の数に含めて，免税点を判定する方法

　(ニ)　非常勤の役員の場合には，従業者の数に含めて，免税点を判定する方法

ホ　休職中の従業者

休職中の従業者は，算定期間中に給与等が一度でも支払われていれば，従業者の数に含めて，免税点を判定する。

ヘ　中途退職者

中途退職者は，従業者の数に含めず，免税点を判定する。

ト　保険外交員

保険外交員は，所得税法上の給与等が支払われていれば，従業者の数に含めて，免税点を判定する。

チ　外国または課税区域外への派遣・長期出張者

外国または課税区域外への派遣・長期出張者は，従業者の数に含めず，免税点を判定する。

リ　派遣労働者等

派遣労働者等は，派遣元企業の従業者の数に含めて，免税点を判定する。

ヌ　船舶の乗組員

常時船舶の乗組員は，従業者の数に含めず，免税点を判定する。

5　課税方法の検討

　以上，従業者割の基本的なしくみについて整理・検討したが，外形標準課税
法人においては，課税標準が重複している付加価値割に加えて，さらに過剰な
負担であるとの指摘がある。たとえば，日本経済団体連合会は，事業所税につ
いて，「従業者割は法人事業税付加価値割と同様，給与課税となっており，雇
用の促進に逆行している。また，資産割は固定資産税および都市計画税との二
重課税である。他の税目と整理・統合するなどした上で，速やかに廃止すべき
である」と提言している[43]。

（1）　付加価値割との異同

　従業者割の課税標準は，従業者給与総額である（地法701の40①）。一方，付
加価値割の課税標準である付加価値額（＝収益配分額±単年度損益）のうち，収
益配分額は，各事業年度の報酬給与額，純支払利子および純支払賃借料の合計
額である[44]（地法72の12一，72の14）。報酬給与額が付加価値額に占める割合の
高いケースがあるとはいえ，従業者割のように給与課税だとまではいえない。

（2）　固定資産税との異同

　資産割は，図表14に表示したように，固定資産税と類似する点も多く，また，
都市計画税の「都市計画事業又は土地区画整理事業に要する費用に充てるた
め」（地法702①）という目的とも似ており，固定資産税・都市計画税との二重
課税だともいえる[45]。

---

43)　日本経済団体連合会『地方法人課税のあり方』4頁（2013年）。
44)　詳しくは，第4章第2節・第4節を参照のこと。
45)　なお，固定資産税とは，土地，家屋および償却資産（固定資産）の保有と市町村の
　　行政サービスとの間に一般的な受益関係が存在するという応益的な考え方に基づき，
　　固定資産の価格を課税標準，標準税率1.4％（制限税率1.7％）として，当該資産所在
　　の市町村において，その所有者に課する財産税である（地法341～343，349，349の2，
　　350）。また，都市計画税とは，都市計画事業・土地区画整理事業を行う市町村が，そ
　　の事業に要する費用に充てるため，市街化区域内に所在する土地・家屋に対して，固
　　定資産税と併せて賦課徴収する目的税である（地法702，702の8①）。都市計画税を
　　課するか否か，あるいは税率水準をどの程度にするかについては，都市計画事業・土
　　地区画整理事業の実態に応じて，市町村の自主的判断に委ねられている。

図表14 固定資産税と事業所税の異同

項　目	固定資産税（土地・家屋分）	資産割
課税団体	土地・家屋所在の市町村	指定都市等
納税義務者	土地・家屋の所有者	事業所等で事業を行う者
課税標準	土地・家屋の価格（適正な時価）	事業所床面積
税　率	標準税率1.4％（制限税率1.7％）	600円／m²
非課税	人的非課税，物的非課税	人的非課税，用途非課税
課税標準の特例	価格の1／4〜5／6	控除割合1／4〜3／4
免税点	土地30万円，家屋20万円	事業所床面積1,000m²

（出所）　地方税法342条〜351条，701条の32〜701条の34，701条の40〜701
　　　　　条の43に基づき，筆者が作成。

（3）　都市計画税との統合案

　事業所税の免税点は，固定資産税・都市計画税に比べて，遥かに高い。事業
所税の「都市環境の整備及び改善に関する事業に要する費用に充てるため」
（地法701の30）という目的からすると，免税点の引下げを検討すべきであろう。
また仮に，日本経済団体連合会の提言のように，事業所税を他の税目と整理・
統合するとしたら，事業所税を都市計画税に統合する案が考えられる。

　イ　課 税 団 体

　　㈶　都市計画税の課税団体は，都市計画区域を有する市町村—令和2年4
　　　月1日現在645団体／1,719団体—である（地法702①）。

　　㈺　統合にあたっては，上記㈶のうち，指定都市等とそれ以外に区分する
　　　ことが想定される。

　ロ　納税義務者

　　㈶　都市計画税の納税義務者は，当該年度の初日の属する年の1月1日
　　　（賦課期日）現在において，市街化区域内に所在する土地・家屋の所有者
　　　である（地法702①，702の6）。

　　㈺　統合にあたっては，上記㈶のうち，事業所等において事業を行う者と
　　　それ以外に区分することが想定される。

　ハ　課 税 標 準

(イ) 都市計画税の課税標準は，固定資産税の課税標準となるべき土地・家屋の価格である（地法702②）。

(ロ) 統合にあたっては，上記(イ)のうち，事業所等の価格とそれ以外に区分することが想定される。

二 税　　率

(イ) 都市計画税の制限税率は，0.3％である（地法702の4）。

(ロ) 統合にあたっては，上記(イ)のうち，事業所等分の制限税率とそれ以外に区分することが想定される。

第7章　徴収の方法

　法人事業税・事業所税の徴収については，申告納付の方法によらなければならない[1]（地法72の24の12，701の45）。ここで，申告納付とは，納税者がその納付すべき地方税の課税標準額・税額を申告し，その申告した税額を納付することをいう（地法1①八）。申告納付によって，納税が終了することが望ましいのはいうまでもない。しかしながら，現実には，課税標準額・税額の計算に誤りがままあるのみならず，故意に過少な申告納付をすることも，決して少なくない。そのため，申告納付制度を補うものとして，更正・決定制度が設けられている（地法72の39，72の41，701の58）。

第1節　申告納付

　法人事業税・事業所税の申告納付制度は，法人税の申告納税の取扱いとほぼ同様の方法による。もっとも，法人税は国税であるから，その法人の本店または主たる事務所の所在地の税務官署に一括申告納税することをもって足りる（法法16，17）。一方，法人事業税・事業所税は地方税であって，事務所等所在地の都道府県知事・事業所等所在地の指定都市等の長がそれぞれ課税権を有するため，法人税の場合よりも複雑な申告納付手続を要することになる。

---

1)　個人事業税の徴収については，第1章第5節3・4を参照のこと。

1 中間申告

事業を行う法人は，事業年度が６月を超える場合には，つぎにより算定した中間納付額を当該事業年度開始の日から６月を経過した日から２月以内に，事務所等所在の都道府県に申告納付しなければならない（地法72の26①）。なお，事業所税には，法人事業税と異なり，中間申告制度はない。

（1） 中間納付額の算定方法

中間納付額は，つぎのいずれかの方法により算定される。中間申告を要する法人は，これらの方法のいずれか１つを選択して申告納付することになる。ただし，通算親法人が協同組合等である通算子法人のうち，所得割を申告納付すべきものについては，仮決算による中間申告はできない。

イ 前事業年度の実績による予定申告

中間申告を要する法人は，当該事業年度開始の日から６月を経過した日の前日までに前事業年度の法人事業税として納付した税額および納付すべきことが確定した税額の合計額（前事業年度の確定税額）を前事業年度の月数で除して得た額の６倍相当額（予定納税額）を，当該事業年度開始の日から６月を経過した日から２月以内に，事務所等所在の都道府県に申告納付しなければならない（地法72の26①本文）。通常，これを「予定申告」という。

$$予定納税額＝\frac{前事業年度の確定税額}{前事業年度の月数}×6$$

この場合において，前事業年度の月数は，暦に従って計算し，１月に満たない端数を生じたときは，これを１月とする（地法72の26⑥）。なお，事業年度開始の日から６月を経過した日の前日までに納付すべき事業税額が確定しているかどうかは，法人が同日までに確定申告書を提出したかまたは更正・決定を受けたかにより判定される（取扱通知(県)３章６の７）。

また，適格合併に係る合併法人の事業年度の期間が６月を超え，前事業年度中または当該事業年度開始の日から６月を経過した日の前日までの期間内にその適格合併がなされた場合には，予定申告に係る事業税額は，つ

ぎに掲げる場合の区分に応じて，それぞれに定める金額を加算した金額とされる（地法72の26②）。

(イ)　前事業年度中に適格合併がなされた場合

$$予定納税額 = \frac{合併法人の前事業年度の確定税額}{合併法人の前事業年度の月数} \times 6$$

$$+ \frac{被合併法人の確定税額}{被合併法人の確定税額の計算の基礎となった事業年度の月数} \times \frac{合併法人の前事業年度開始日から合併日の前日までの月数}{合併法人の前事業年度の月数} \times 6$$

(ロ)　当該事業年度開始の日から6月の期間内に適格合併がなされた場合

$$予定納税額 = \frac{合併法人の前事業年度の確定税額}{合併法人の前事業年度の月数} \times 6$$

$$+ \frac{被合併法人の確定税額}{被合併法人の確定税額の計算の基礎となった事業年度の月数} \times 6月の期間内のうち適格合併日以後の期間の月数$$

ロ　仮決算による中間申告

　　中間申告を要する法人は，仮決算により算定した事業税額が前事業年度の実績により算定した事業税額を超えない場合には，上記イの予定申告の方法によらず，当該事業年度開始の日から6月の期間を一事業年度とみなして，この期間について計算された付加価値額，資本金等の額，所得または収入金額を課税標準として算定した事業税額を中間納付額として申告納付することができる（地法72の26①但書）。この「仮決算による中間申告」は，「狭義の中間申告」ともいう。

　なお，上記イの方法による場合には，事業の種類，事務所等の名称および所在地，申告納付すべき事業税額その他必要な事項を記載した「予定申告書」（6号の3様式）を事務所等所在地の都道府県知事に提出する。一方，上記ロの

方法による場合には，これらの事項を記載した「中間申告書」（6号様式）とともに，当該事業年度開始の日から6月を経過した日の前日までの期間に係る付加価値額，資本金等の額，所得または収入金額に関する計算書などを添付しなければならない（地法72の26④，地規5①表（二））。

（2）　みなす申告

中間申告を要する法人が，当該事業年度開始の日から6月を経過した日から2月以内に申告納付しなかった場合には，その期間を経過したときにおいて，事務所等所在地の都道府県知事に対して前事業年度実績による予定申告があったものとみなされる[2]（地法72の26⑤前段）。通常，これを「みなす申告」といい，その事務処理を「みなす処理」と呼ぶ。

みなす申告の効果としては，事業税額の決定など何らの確定行為を要することなく，申告期限経過時において直ちに租税債務が確定し，そのみなされた事業税額を事務所等所在の都道府県に納付しなければならない（地法72の26⑤後段）。もし仮に，納付がない場合には，直ちにその税額に対する督促がなされることになる。

（3）　中間申告を要しない法人

法人事業税においては，つぎに掲げる法人は中間申告を要しない（地法72の26①・⑧本文・⑫）。もっとも，外形標準課税法人および収入金額課税法人は，必ず中間申告を行う必要がある[3]（地法72の26⑧但書）。

イ　公益法人等

ロ　人格のない社団等

ハ　特別法人

ニ　外国法人で申告期限までに納税管理人を定めないで，国内に事務所等を有しないことになるに至ったもの

2）　なお，みなす処理を行うのに併せて，いわゆる「みなす申告通知書」を対象法人に送付する都道府県もある。他方で，通常の「みなす処理」をせずに，納付があった場合にかぎり，税額の調定を行う事務処理をしているところも散見される。

3）　なお，外形標準課税法人であるかどうかの判定は，当該事業年度開始の日から6月の期間の末日の現況による（地法72の26⑨）。

　ホ　新たに設立された内国法人のうち，適格合併により設立されたもの以外
　　のもの

　ヘ　収益事業を行っていない公益法人等が，公益法人等以外の法人に該当す
　　ることになったもの

　ト　国内における事業の形態を変更した外国法人

　チ　外形標準課税法人・収入金額課税法人以外の法人で，前事業年度の法人
　　税額を基礎として算出した税額が10万円以下である法人または当該金額
　　がない法人

　リ　清算法人

2　確 定 申 告

　法人事業税については，事務所等所在の都道府県に申告納付しなければならな
い（地法72の25，72の28）。さらに，指定都市等において事業を行う場合は，
事業所税について，事業所等所在の指定都市等に申告納付する必要がある（地
法701の46，701の47）。

（1）　法人事業税の確定申告

　事業を行う法人は，その事業年度終了の日から2月以内に，確定した決算
（確定決算）に基づき，その事業年度に係る付加価値割，資本割，所得割または
収入割を事務所等所在の都道府県に申告納付しなければならない[4]（地法72の
25①，72の28①）。

　イ　中間申告を要しない法人

　　事務所等所在地の都道府県知事に提出すべき「確定申告書」（6号様式）

---

[4]　なお，外国法人が納税管理人を定めないで国内に事務所等を有しないことになる
　場合の申告納付期限は，①当該事業年度終了の日から2月を経過した日の前日と，
　②事務所等を有しないことになる日との，いずれか早い日である（地法72の25①括
　弧書）。また，確定決算とは，その事業年度の決算について株主総会の承認または総
　社員の同意等があったことをいう。したがって，人格のない社団等にあっては，こ
　れを構成する会員等の明示または黙示の同意があることを要する（取扱通知(県)3
　章6の1）。

には，事業の種類，当該事業年度中に有していた事務所等の名称および所在地，当該事業年度の課税標準・税額等を記載するとともに，①当該事業年度の付加価値額，資本金等の額，所得または収入金額に関する計算書，②貸借対照表および損益計算書，③その他一定の書類を添付しなければならない（地法72の25⑧〜⑫，地規5①表（一））。

ロ　中間申告を要する法人

中間申告を要する法人の場合，納付すべき事業税額は，その法人が確定申告の際に「確定申告書」（6号様式）に記載した事業税額から中間申告書に記載した事業税額，または，みなす申告によって予定申告書の提出があったものとみなされる場合に納付すべき事業税額を控除した金額である。ただし，申告期限までに修正申告書の提出があったとき，または更正があったときは，確定申告書に記載した事業税額から控除すべき事業税額は，①中間申告書に記載した事業税額と，②修正申告または更正により増加した事業税額との合計額である（地法72の28①，地規5①表（一））。

なお，確定申告書に記載された事業税額が，当該事業税額に係る中間申告書に記載された，または記載されるべきであった事業税額（中間納付額）に満たないとき，またはないときは，都道府県は，その満たない金額またはその全額を還付し，または未納に係る地方団体の徴収金に充当する（地法72の28④）。これを「中間納付額の還付」または「中間納付額の充当」という。

（2）　事業所税の確定申告

指定都市等において事業を行う法人は，その事業年度終了の日から2月以内に，事業所税の課税標準額・税額その他必要な事項を記載した「事業所税の申告書」（44号様式）を事業所等所在の指定都市等の長に提出するとともに，その申告した税額を指定都市等に納付しなければならない[5]（地法701の46①本文，地規24の29）。

5）　ただし，外国法人が納税管理人を定めないで国内に事業所等を有しないことになる場合には，各事業年度終了の日から2月を経過した日の前日と事業所等を有しな

また，指定都市等において事業を行う個人は，その年の翌年3月15日までに，事業所税の課税標準額・税額その他必要な事項を記載した「事業所税の申告書」（44号様式）を事業所等所在の指定都市等の長に提出するとともに，その申告した税額を指定都市等に納付しなければならない[6]（地法701の47①本文，地規24の29）。

（3） 免税点以下の申告義務

事業所税においては，算定期間について納付すべき税額がないものにも，税条例の定めるところにより，「事業所税の申告書」（44号様式）を指定都市等の長に提出させることができる（地法701の46③，701の47③，地規24の29）。なぜなら，単独では免税点以下であっても，「みなし共同事業」（地法701の32②）に該当することにより免税点を超える場合があるので，事業所税の申告義務を負うわけである。

たとえば，神戸市の場合，つぎのいずれかに該当するときは，免税点以下であっても，通常の申告納付に準じて事業所税の申告書を市長に提出しなければならない（神戸市税条例177の18③，177の19③）。

イ 前事業年度において納付すべき事業所税額があった者

ロ 事業所床面積の合計面積が800m²を超える者

ハ 従業者の数が80人を超える者

（4） 申告納付期限の特例

法人事業税においては，つぎの理由により決算が確定しないときのために，申告納付期限の延長の特例が設けられている。このうち，つぎのロにより申告納付期限が延長される法人は，その税額に，各事業年度終了の日後2月を経過した日からその延長された申告期限までの期間の日数に応じて，年7.3%の割合を乗じて計算した延滞金を加算して納付しなければならない[7]（地法72の45

いことになる日とのいずれか早い日までに申告納付しなければならない（地法701の46①括弧書）。

6） ただし，年の中途において事業を廃止した場合には，事業の廃止の日から1月以内——事業の廃止が納税義務者の死亡によるときは，4月以内——に申告納付しなければならない（地法701の47①括弧書）。

の2)。これは，原則どおり決算日以後2月以内に申告納付する法人とのバランスを図るためである。なお，事業所税には，法人事業税と異なり，申告期限の延長制度はない。

イ　法人が，災害その他やむを得ない理由によって決算が確定しないため，各事業年度に係る付加価値割，資本割，所得割または収入割をそれぞれ事業年度終了の日から2月以内に申告納付することができない場合

　　当該法人は，事務所等所在地の都道府県知事—分割法人にあっては，主たる都道府県知事—の承認を受け，その指定した日までに申告納付することができる（地法72の25②，72の28②）。

ロ　法人が，会計監査人の監査を受けなければならないことその他これに類する理由により決算が確定しないため，当該事業年度以後の各事業年度に係る付加価値割，資本割，所得割または収入割を，それぞれ事業年度終了の日から2月以内に申告納付することができない常況にあると認められる場合[8]

　　当該法人は，事務所等所在地の都道府県知事—分割法人にあっては，主たる都道府県知事—の承認を受け，当該事業年度以後の各事業年度に係る付加価値割，資本割，所得割または収入割を各事業年度終了の日から3月以内—特別の事情により各事業年度終了の日から3月以内に各事業年度の決算についての定時総会が招集されないことその他やむを得ない事情があると認められる場合には，都道府県知事が指定する月数の期間内—に申告納付することができる（地法72の25③，72の28②）。

7）　当分の間，延滞金の割合は，各年の平均貸付割合に年0.5％を加算した割合が年7.3％に満たない場合には，その年中においては，その年における当該加算した割合となる（地法附則3の2②）。

8）　ちなみに，会計監査人とは，公認会計士または監査法人であって，計算書類等の監査（会計監査）をする者をいい，資本金5億円以上または負債総額200億円以上の大会社と委員会設置会社は会計監査人を置かなければならない（会社法2六・十二，327⑤，328）。それ以外の会社では，その設置は会社の任意である。会計監査は，財産を運用することを依頼された者（受託者）が，財産運用の経過と結果を依頼者（委託者）に対して明らかにするにあたって，第三者がその信頼性の程度を保証するために行われる。

218

　なお，延長の承認を受けようとする法人は，上記イの場合はその承認を受け
ようとする事業年度終了の日から45日以内に，上記ロの場合はその承認を受
けようとする事業年度終了の日までに，申告期限までに決算が確定しない理由，
その指定を受けようとする日その他必要な事項を記載した「承認申請書」（13
号様式・13号の2様式）を事務所等所在地の都道府県知事—分割法人にあっては，
主たる都道府県知事—に提出しなければならない（地令24の3①，24の4②，地
規4の4表（一）・（二））。

3　期限後申告

　申告納税の国税および申告納付の地方税については，各個別税法および地方
税法の中に，いつからいつまでに申告をしなければならないかが規定されてい
る。この期限を「法定申告期限」といい，この期限内に行われる申告を「期限
内申告」と呼ぶ（通法2七，17）。期限内申告をなすべきであった者は，法定申
告期限後においても，決定があるまでは申告をすることができる。通常，これ
を「期限後申告」という（税通18）。

（1）　法人事業税の期限後申告

　法人事業税の申告納付は，すべて一定の申告納付期限までにしなければなら
ない[9]。しかし，その期限を経過した場合には，法人はもはや申告をすること
ができず，すべて都道府県知事が決定するとすれば，課税団体にとっても事務
が煩瑣となり，また，納税義務者にとっても好ましいものではない。そこで，
地方税法においては，通常の申告納付を補完するものとして，期限後申告制度
が設けられている。もっとも，中間申告においては，みなす中間申告制度が設
けられていることから，期限後申告は認められていない。

　確定申告書を提出すべき法人は，申告期限後においても，都道府県知事によ
る法人事業税の決定の通知があるまでは，申告納付することができる[10]（地法

---

[9]　たとえば，申告期限が休日および日曜日，1月2日および3日，土曜日または12
　月29日，30日もしくは31日に該当する場合は，これらの日の翌日がその期限とみな
　される（地法20の5②，地令6の18②，民法142，祝日法3）。

72の33①）。期限後申告は，申告納付がその期限後になされるというだけであって，その性格は期限内の申告納付と全く同じである。したがって，期限後申告書の記載事項や添付書類は，期限内申告書と全く同一とされており，その効果も期限内申告の場合と異ならない。

　もっとも，本来期限内に提出すべき確定申告書を期限後に提出したのであるから，当然，期限内に確定申告書を提出した場合に比して不利な扱いを受けることになる。すなわち，期限後申告の場合は，延滞金および不申告加算金が課される（地法72の45①，72の46②）。

（２）　事業所税の期限後申告

　事業所税の申告書を提出すべき者は，申告期限後においても，指定都市等の長による課税標準額・税額の決定があるまでは，申告納付することができる（地法701の49①）。もっとも，期限後申告の場合は，法人事業税と同じく，延滞金および不申告加算金が課される[11]。

（３）　延滞金と不申告加算金

　期限後申告により税額を納付する場合には，その税額に，本来の納期限の翌日から納付の日までの期間の日数に応じて，年14.6％―納期限後に確定申告書を提出した日までの期間またはその日の翌日から１月を経過する日までの期間については，年7.3％―の割合を乗じて計算した延滞金を加算して納付しなければならない[12]（地法72の45①，701の60①）。

---

10)　なお，期限後申告に伴う税額は，期限後申告書を提出した日を納期限として，納税者が納付書により自主納付しなければならない（通法35②一）。

11)　ただし，指定都市等の長は，納税者が事業所税の納期限までに納付しなかったことについて，客観的にやむを得ない理由があると認める場合には，自らの裁量によって延滞金を減免することができる（地法701の60②）。

12)　当分の間，延滞金の割合は，各年の平均貸付割合に年１％を加算した割合（延滞金特例基準割合）が年7.3％に満たない場合には，その年中においては，年14.6％の割合にあっては，延滞金特例基準割合に7.3％を加算した割合，年7.3％の割合にあっては，延滞金特例基準割合に年１％を加算した割合―当該割合が年7.3％を超える場合には，年7.3％の割合―とされている（地法附則３の２①）。なお，延滞金の計算の過程で１円未満の端数が生じたときは，これを切り捨てる（地法附則３の２⑥）。

さらに，申告期限までに申告のない場合には，納付すべき税額に15％を乗じて計算した不申告加算金が徴収される[13]（地法72の46②，701の61②）。ただ，不申告加算金は，その提出が決定があるべきことを予知してされたものでないときは，その割合は5％とされており，その意味では有利な扱いとなっている（地法72の46③，701の61③）。

4　清算法人の申告納付

解散した法人（清算法人）の各清算事務年度（清算事業年度）の，法人事業税・事業所税の申告納付は，つぎの方法による。

（1）　清算事業年度の申告納付

清算法人は，清算事業年度が終了した場合，当該事業年度の付加価値額，所得または収入金額を解散していない法人の付加価値額，所得または収入金額とみなして，これらに対する事業税額を計算し，その税額があるときは，当該事業年度終了の日から2月以内に，事務所等所在の都道府県に申告納付しなければならない（地法72の29①）。

（2）　残余財産が確定した場合

清算法人は，残余財産の確定の日の属する清算事業年度が終了した場合には，当該事業年度の所得を解散していない法人の所得とみなして，これに対する事業税額を計算し，その税額があるときは，当該事業年度終了の日から1月以内―当該期間内に残余財産の分配または引渡しが行われるときは，その行われる日の前日まで―に，事務所等所在の都道府県に申告納付しなければならない（地法72の29③）。

（3）　事業所税の申告納付

清算法人であっても，その清算の業務を行う範囲内において事業を行う法人

13）　なお，納税者が課税標準額の計算の基礎となるべき事実の全部または一部を仮装・隠蔽し，かつ，その仮装・隠蔽した事実に基づいて，申告期限までに申告せず，または申告期限後に申告したときは，不申告加算金に代えて，その納付すべき税額に40％を乗じて計算した重加算金が徴収される（地法72の47②，701の62②）。

と認められる（取扱通知(市)9章3(4)ア後段）。したがって，清算法人は，その
限りにおいて事業所税の納税義務者となり，清算事業年度終了の日から2月以
内に，事業所等所在の指定都市等に申告納付しなければならない（地法701の
46①）。

5　電子申告

こうした書面申告に加えて，経済社会のICT化が急速に進展する中，それ
を税務手続に活用するため，電子申告の普及が進められている。電子申告は，
インターネットを利用して地方税の手続を電子的に行うシステムで，「地方税
ポータルシステム（eLTAX）」と呼ばれており，eLTAX対応ソフトウェア
「PCdesk」を使用して，自宅やオフィスからインターネットで申告手続を行う
ことができる[14]。

法人事業税・事業所税については，確定申告，中間申告および修正申告の手
続に電子申告を利用することができる。複数の都道府県に申告手続を行う場合
は，書面申告においては，納税申告書をそれぞれの受付窓口へ提出する必要が
ある。これに対して，電子申告では，送信先はいつでも同じ窓口（ポータルセ
ンタ）となり，納税者の利便性が向上される。さらに，電子申告は，いわば税
務職員による税務電算システムへの入力を納税者が行うのと同様の効果があり，
税務行政の効率化が期待されている。

平成30年度税制改正により，資本金・出資金の額が1億円を超える法人，
ならびに，相互会社，投資法人および特定目的会社（大法人）については，電
子申告が義務化された[15]。令和2年4月1日以後に開始する事業年度に係る
法人事業税の確定申告書，中間申告書および修正申告書は，eLTAXにより提
供しなければならない。この場合の添付書類の提出については，それに記載さ
れるべき事項をeLTAXにより提供する方法に加えて，その記載事項を記録し
た光ディスク等を提出する方法による（地法72の32①）。

---

14)　地方税ポータルシステムHP（http://www.eltax.jp/）。
15)　財務省『平成30年度税制改正の大綱』65〜66頁（2017年）。

　しかも，外形標準課税対象法人または収入金額課税法人が法人税の確定申告書または中間申告書の提出を電子情報処理組織（e-Tax）を使用して行い，かつ，これらの申告書に貸借対照表および損益計算書の添付がある場合には，法人事業税の確定申告または中間申告において，これらの書類の添付があったものとみなされる（地法72の25⑰，72の26⑩）。にもかかわらず，大法人が電子申告をしない場合には，不申告として取り扱われる。もっとも，平成３１年度税制改正により，大法人の電子申告義務については，国税と同様に，つぎの宥恕措置が講じられている[16]（地法72の32の2①・②）。

　　イ　電気通信回線の故障，災害その他の理由により電子申告が困難である場合において，書面申告ができると認められるときは，都道府県知事の承認を受けて，納税申告書・添付書類を書面により提出できること。

　　ロ　上記イの場合において，税務署長の承認を受けているときは，都道府県知事の承認があったものとみなすこと。

　　ハ　上記イの場合において，総務大臣が告示を行ったときは，納税申告書・添付書類を書面により提出できること。

6　罰　　則

　申告納付制度が採用されている関係上，納税者の自主的な税務計算および納付の秩序を維持するため，その違反の態様に応じて行政罰としての各種加算金を徴収するものとされている。さらに，法人事業税・事業所税の申告に関しては，地方税法において，つぎのように罰則の規定が定められている。

（1）　不申告に関する罰則

　法人事業税・事業所税に係る不申告に関しては，それぞれ罰則の規定が設けられている。

　　イ　法人事業税に係る故意不申告の罪

　　　正当な事由がなくて，申告期限内に申告しなかった場合には，法人の代

---

16)　財務省『平成31年度税制改正の大綱』100頁（2018年）。

表者，代理人，使用人その他の従業者でその違反行為をした者は，1年以下の懲役または50万円以下の罰金に処される（地法72の37①）。さらに，法人の代表者または代理人，使用人その他の従業者が，その法人の業務または財産に関して，この違反行為をしたときは，その行為者を罰するほか，その法人に対しても50万円以下の罰金刑を科することとされている[17]（地法72の37②）。

ロ　事業所税に係る不申告に関する過料

指定都市等は，事業所税の納税義務者が正当な事由がなくて，申告期限までに申告しなかった場合には，その者に対して，税条例で10万円以下の過料を科する旨の規定を設けることができる[18]（地法701の49の2）。

（2）　虚偽の中間申告納付に関する罪

仮決算による中間申告書に虚偽の記載をして提出した場合には，法人の代表者，代理人，使用人その他の従業者でその違反行為をした者は，1年以下の懲役または50万円以下の罰金に処される（地法72の38①）。さらに，法人の代表者または代理人，使用人その他の従業者が，その法人の業務または財産に関して，この違反行為をしたときは，その行為者を罰するほか，その法人に対しても50万円以下の罰金刑を科することとされている（地法72の38②）。

（3）　脱税に関する罪

法人事業税・事業所税の脱税に関しては，それぞれ罰則の規定が設けられている。

イ　法人事業税の脱税に関する罪

偽りその他不正の行為によって法人事業税の全部または一部を免れた場合には，法人の代表者，代理人，使用人その他の従業者で，その違反行為

---

17)　なお，人格のない社団等の場合は，刑事訴訟法上，その代表者または管理人が人格のない社団等を代表するものとされている（地法72の37③，72の49の3⑦，701の56⑦）。

18)　たとえば，大阪市の場合，事業所税の納税義務者が正当な理由なくて，申告期限までに申告しなかったときは，その者に対して，10万円以下の過料を科することとされている（大阪市税条例150①）。

をした者は，10年以下の懲役もしくは1,000万円以下の罰金に処し，またはこれを併科する[19]（地法72の49の3①）。偽りその他不正の行為は，脱税犯の主たる要件であり，「偽り」は単に不正行為の一例にすぎないものである。不正行為とは，健全な常識によれば，正当でないと認められる行為である。

　このほか，申告期限までに申告しないことにより，法人事業税の全部または一部を免れた場合には，法人の代表者，代理人，使用人その他の従業者で，その違反行為をした者は，5年以下の懲役もしくは500万円以下の罰金に処し，またはこれを併科する[20]（地法72の49の3③）。これらの罪の責任は，現実に違反行為をした者のみならず，このような者を雇用している法人にも当然これを負うべきものであり，両罰規定が設けられている[21]（地法72の49の3⑤）。

ロ　事業所税の脱税に関する罪

　上記イの場合と同じく，偽りその他不正の行為によって事業所税の全部または一部を免れた者は，5年以下の懲役もしくは100万円以下の罰金に処し，またはこれを併科する[22]（地法701の56①）。このほか，申告期限までに申告しないことにより，事業所税の全部または一部を免れた者は，3年以下の懲役もしくは50万円以下の罰金に処し，またはこれを併科する[23]（地法701の56③）。これらの罪の責任は，現実に違反行為をした者のみならず，このような者を雇用している法人または事業主自らも当然これを負うべきものであり，両罰規定が設けられている[24]（地法701の56

---

19)　ただし，免れた税額が1,000万円を超える場合には，情状により，その罰金の額は，1,000万円を超える額でその免れた税額以下の額とすることができる（地法72の49の3②，701の56②）。

20)　ただし，免れた税額が500万円を超える場合には，情状により，その罰金額は，500万円を超える額でその免れた税額以下の額とすることができる（地法72の49の3④，701の56④）。

21)　前掲注17）と同じ。

22)　前掲注19）と同じ。

23)　前掲注20）と同じ。

⑤）。

第2節　外形標準課税法人の徴収猶予

　法人事業税の徴収猶予は，企業再生の過程にある赤字法人や創業したばかり
の赤字法人に対して，事業活動の継続の確保や雇用の維持，ベンチャー企業の
育成などの観点から，一定の要件を満たす外形標準課税法人について，都道府
県知事の判断により，3年以内の期間をかぎり，法人事業税の徴収が猶予され
る制度である[25]。

1　中間申告分の徴収猶予

　都道府県知事は，外形標準課税法人がつぎのいずれかに該当する場合におい
て，中間申告分の事業税額を納付することが困難であると認めるときは，その
法人の申請に基づき，その納期限の翌日から3年以内の期間をかぎり，法人事
業税の全部または一部の徴収を猶予することができる（地法72の38の2⑥柱書）。

（1）　3年前から赤字法人

　つぎの要件をすべて満たす法人で，当該事業年度開始の日から起算して3年
前の日の属する事業年度から，前事業年度までの各事業年度について確定申告
書を提出したときに限られる（地法72の38の2⑥一・⑦，地令31①）。

　イ　3年以上継続して欠損法人であること。

　ロ　当該事業年度開始の日から6月の期間の末日の現況により，所得がない
　　と見込まれること。

　ハ　経営の状況が著しく悪化し，これによって，その地域における雇用の状
　　況その他地域経済に重大な影響を及ぼすと認められること。

24）　前掲注17）と同じ。

25）　なお，徴収猶予の申請書の提出があったときには，権利の承認があったものと考
　えられるので，許可の有無にかかわらず，その徴収猶予の申請のあった都道府県の
　徴収金について消滅時効が更新される（民法152①）。また，徴収猶予をした場合に
　おける時効については，時効は進行せず，徴収猶予期間が終了した日の翌日からさ
　らに進行する（平成元年10月1日自治税企41号自治省税務局長通達）。

（2）　設立5年以内の赤字法人

つぎの要件をすべて満たす法人で，設立の日の属する事業年度から前事業年度までの各事業年度について確定申告書を提出したときに限られる（地法72の38の2⑥二・⑦，地令31②）。

イ　創業5年以内の欠損法人であること。

ロ　著しい新規性を有する技術または高度な技術を利用した事業活動を行っている法人であって，その事業活動が地域経済の発展に寄与すると認められること。

なお，都道府県知事は，中間申告分の徴収猶予を受けた法人が，当該事業年度において申告期限までに申告しなかったとき，または当該法人の当該事業年度の所得があるときは，その徴収猶予に係る法人事業税の全部について，その徴収猶予を取り消し，これを直ちに徴収しなければならない[26]（地法72の38の2⑨）。この場合，その猶予した法人事業税に係る延滞金のうち，1／2相当額にかぎり，免除することができる（地法72の38の2⑪，取扱通知(県)3章7（6））。

2　確定申告分の徴収猶予

都道府県知事は，外形標準課税法人がつぎのいずれかに該当する場合において，確定申告分の事業税額を納付することが困難であると認めるときは，その法人の申請に基づき，その納期限の翌日から3年以内の期間をかぎり，法人事業税の全部または一部の徴収を猶予することができる[27]（地法72の38の2①柱書）。

---

26)　もちろん，いかに徴収猶予を取り消したとしても，すでに過去のことになった時点において徴収することができない。どれほど頑張ってみたところで，取消処分時に徴収するのが関の山である。このことは，その取消しの効果は既往に遡及しないこと，すでに徴収猶予してきた期間は，そのまま不問に付し，将来の徴収猶予は現時点で認めないことを意味する。これは，いわゆる「講学上の撤回」である。

27)　なお，徴収猶予を受けた法人が，徴収猶予を受けた後に外形標準課税法人でなくなった場合であっても，その徴収猶予は有効であり，また，徴収猶予の延長も可能である（取扱通知(県)3章7（1）後段）。

もっとも，徴収猶予できるのは，上記１の中間申告分および確定申告分に限られ，修正申告分には適用できない[28]（取扱通知（県）３章７（２））。

（１）　３年前から赤字法人

つぎの要件をすべて満たす法人で，当該事業年度終了の日の翌日から起算して３年前の日の属する事業年度から，前事業年度までの各事業年度について確定申告書を提出したときに限られる（地法72の38の２①一・④，地令31①）。

イ　３年以上継続して欠損法人であること。

ロ　経営の状況が著しく悪化し，これによって，その地域における雇用の状況その他地域経済に重大な影響を及ぼすと認められること。

（２）　設立５年以内の赤字法人

つぎの要件をすべて満たす法人で，設立の日の属する事業年度から前事業年度までの各事業年度について確定申告書を提出したときに限られる（地法72の38の２①二・④，地令31②）。

イ　創業５年以内の欠損法人であること。

ロ　著しい新規性を有する技術または高度な技術を利用した事業活動を行っている法人であって，その事業活動が地域経済の発展に寄与すると認められること。

なお，都道府県知事は，法人事業税の徴収を猶予する場合には，期日を指定して，その猶予に係る金額に相当する担保を徴しなければならない（地法72の38の２②，地令32）。また，都道府県知事は，その徴収猶予をした期間内に猶予した金額を納付することができないやむを得ない理由があると認めるときは，その法人の申請により，３年以内の期間をかぎり，その期間を延長することができる[29]（地法72の38の２⑤本文）。

---

28)　もちろん，分割法人が修正申告書を提出した場合において，事業税額が2,000円に満たないときは，修正申告書を提出した日後最初に到来する法人事業税の納期限まで，その徴収が猶予される（地法15の４①，地令６の９の２①）。

29)　ただし，その期間は，すでに徴収を猶予した期間と合わせて６年を超えることができない（地法72の38の２⑤但書）。したがって，徴収猶予期間が合わせて６年以内であれば，何度でも延長することができる（取扱通知（県）３章７（５））。

　徴収猶予をした場合には，その猶予した法人事業税に係る延滞金のうち，その徴収猶予をした期間に対応する部分の2分の1は免除される[30]（地法72の38の2⑩）。もっとも，都道府県知事は，確定申告分の徴収猶予を受けた法人がその後の各事業年度について申告期限までに申告しなかったときは，その徴収猶予を取り消し，猶予に係る事業税額を一時に徴収する[31]（地法72の38の2⑧）。

第3節　申告内容の変更

　法人事業税・事業所税においては，納税申告書が提出されたときに税額が確定し，申告後に内容の誤りを発見したときは，修正申告または更正の請求により税額を変更することになる。もっとも，法定申告期限前に申告内容に誤りを発見した場合には，期限内に正確を期すことは納税義務者として当然のことと考えられるので，申告書の差替えまたは訂正が認められる。

1　修　正　申　告

　法人事業税においては，事業所税においても認められている修正申告のほか，法人税の更正・決定を基礎とする修正申告制度を設け，申告納付制度の実を上げるとともに，税務行政の円滑な運営に期することとされている。

（1）　自主修正申告

　確定申告書もしくは修正申告書を提出した法人または法人事業税の更正・決定を受けた法人は，これらの申告書に記載した，または更正・決定に係る付加価値額，資本金等の額，所得もしくは収入金額または事業税額について不足額がある場合には，遅滞なく，「修正申告書」（6号様式）を提出するとともに，その修正により増加した事業税額を納付しなければならない（地法72の31②，

---

30)　ただし，延滞金の1／2免除は，延滞金が年14.6％の割合により計算される期間に限る（地法72の38の2⑩括弧書）。

31)　もちろん，徴収猶予の取消しは，取消しの理由が生じたことによって，将来の猶予処分を撤回するものであるから，取消しの効果は，徴収猶予の始期まで遡るものではない。

地規5①表（一））。

　これは，法人の自主的な申告を期待しているものであるから，一般的に「自主修正申告」という。修正申告は，期限後申告と異なり，すでに一回以上確定した課税標準額・税額を修正するものであり，更正・決定を受けた場合であっても，その事業税額に不足額があるときは，いつでもこれを行うことができる。

（2）　義務修正申告

　確定申告書を提出した法人は，法人事業税の計算の基礎となった事業年度に係る法人税の課税標準について国の税務官署の更正・決定を受けたときは，その税務官署が更正・決定の通知をした日から1月以内に，更正・決定に係る課税標準を基礎として，「修正申告書」（6号様式）を提出するとともに，その修正により増加した事業税額を納付しなければならない（地法72の31③，地規5①表（一））。こうした修正申告は，法人税の更正・決定に基づいて行われることから，一般的に「義務修正申告」という。

　なお，義務修正申告をした場合には，法人税の更正・決定の通知をした日から1月以内の修正申告を特に勧奨するため，過少申告加算金は課さないとし，また，不申告加算金は，通常の15％ではなく5％の割合とされる。ただし，法人税において重加算税が徴収されることになるものについては，法人事業税においても原則として重加算金が徴収されることから，このような取扱いはされない[32]（地法72の46①・⑤，72の47③）。

---

[32]　なぜなら，法人事業税においては，過少申告加算金が徴収される場合において，納税者が課税標準額の計算の基礎となるべき事実の全部または一部を仮装・隠蔽し，かつ，その仮装・隠蔽した事実に基づいて修正申告書を提出したときは，過少申告加算金に代え，その税額に35％を乗じて計算した重加算金が徴収される（地法72の47①）。また，課税標準額の計算の基礎となるべき事実について仮装・隠蔽が行われたかどうかについては，原則として，法人税において仮装・隠蔽の事実があるものとされたかどうかによって判定される。したがって，その修正申告が重加算税の対象とされる法人税の更正に基因するものであり，法人事業税についても，当然に，課税標準額の計算の基礎となるべき事実を仮装・隠蔽し，その事実に基づいて確定申告書の提出がされたものと判断されることから，修正申告書によって増加した事業税額については重加算金の不徴収の対象としないわけである。

（3）　事業所税の修正申告

　事業所税の申告書を提出した者または更正・決定通知書を受けた者は，その申告または更正・決定に係る課税標準額・税額について不足額がある場合には，遅滞なく，「事業所税の修正申告書」（44号様式）を指定都市等の長に提出するとともに，その修正により増加した事業所税額を指定都市等に納付しなければならない（地法701の49②，地規24の29）。もっとも，修正申告の場合は，法人事業税と同じく，延滞金および過少申告加算金が課される。

　すなわち，修正申告書によって増加した事業所税額（対象不足税額）に，その納期限の翌日から納付の日までの期間の日数に応じて，年14.6％─事業所税の修正申告書を提出した日までの期間またはその日の翌日から1月を経過する日までの期間については，年7.3％─の割合を乗じて計算した延滞金を加算して納付しなければならない[33]（地法701の60①）。さらに，修正申告書によって事業所税額が増加した場合には，対象不足税額に10％を乗じて計算した過少申告加算金が徴収される[34]。ただし，その提出が更正があるべきことを予知してされたものでないときは，この限りではない（地法701の61①）。

2　更正の請求

　法人の申告した課税標準額・税額が過大である場合のうち，特定の場合には，法人は，一定の条件の下に，課税団体の長に対して減額更正をすべき旨の請求をすることが認められている。他方，この請求があった場合には，課税団体の長は，その更正をしなければならないとする制度を設けて，納税者の権利保護と税務行政の円滑化を図っている[35]。通常，これを「更正の請求」という。

---

33)　前掲注12）と同じ。

34)　なお，納税者が課税標準額の計算の基礎となるべき事実の全部または一部を仮装・隠蔽し，かつ，その仮装・隠蔽した事実に基づいて修正申告書を提出したときは，過少申告加算金に代えて，その対象不足税額に35％を乗じて計算した重加算金が徴収される（地法701の62①）。

35)　この点つき，新井隆一博士は，「納税申告があって更正がない場合にその納税申告，納税申告があって更正があった場合にその更正，納税申告がなくて決定があった場

（1）　申告期限後５年以内にする更正の請求

　確定申告書または修正申告書を提出した法人は，当該申告書に記載した課税標準・税額等の計算が地方税関係法令の規定に従っていなかったこと，または計算に誤りがあったことにより，つぎのいずれかに該当する場合には，法人事業税の法定納期限から５年以内にかぎり，都道府県知事に対して，更正前後の課税標準額・税額，その更正の請求をする理由，当該請求をするに至った事情の詳細その他参考となるべき事項を記載した「更正の請求書」（10号の３様式）を提出して，課税標準額・税額につき減額更正をすべき旨の請求をすることができる[36]（地法20の９の３①，地規６の５）。

　合にその決定，によってそれぞれ表示された判断の内容は，その後に納税義務者または税務行政庁によって，それらと異なる判断がなされるときは，それぞれの判断をした納税義務者または税務行政庁が，それぞれの判断によって変更をすることが可能でなければならない，ということになるはずである。また，申告納付方式といい，申告納税制度というからには，申告と更正との関係は，あくまで，納税申告が基本であって，更正は例外的な場合にのみ可能である，と考えられるべきものである。それゆえ，納税申告の内容に不適法なものがあることを，納税義務者が税務行政庁に先行して発見したときには，その結果が，税額などの増額変更となるものであれ，減額更正となるものであれ，納税義務者が申告によって修正しうるものと理解されるべきである」と述べ，減額修正申告制度を提案している（新井隆一『税法からの問税法からの答』154〜155頁（成文堂，2008年））。これに対して，谷口勢津夫教授は，「『減額修正申告』を認めると，それが納税者にとって有利な修正であるだけに，いきおいそのような修正がしばしば行われ，租税法律関係が著しく不安定になるおそれがあること，いったん正しい納税申告をした納税者でも，後に資金繰りの都合等によって，これを減額修正する場合などのように，納税者が自己の主観的利益のために，納税義務の確定を修正し，納税申告義務の適正な履行が確保できなくなるおそれがあること，などが考慮され，過大申告の是正については税務官庁による審査を経ることとされている」と指摘している（谷口勢津夫『税法基本講義』119頁（弘文堂，2010年））。

36)　なお，法人事業税の法定納期限とは，当該事業年度終了の日後２月を経過する日をいい，申告納付期限が延長されたときは，その延長された申告納付期限が法定納期限となる（地法11の４①，地令３の２三）。これに対して，納税義務の確定した税金について個別的・具体的に存在する納期限を「具体的納期限」という。たとえば，期限内申告がなされたときは，その申告によって確定された税額の具体的納期限は法定納期限と一致する。だが，期限後申告または修正申告がなされたときは，それらの申告によって確定された税額の具体的納期限は法定納期限と異なる。また，更

イ　納付すべき事業税額が過大である場合

ロ　欠損金額等が過少であるとき，または納税申告書もしくは更正通知書に当該金額等の記載がなかった場合

ハ　中間納付額に係る還付金額が過少であるとき，または納税申告書もしくは更正通知書に当該金額の記載がなかった場合

（2）　後発的な理由による更正の請求

確定申告書を提出した法人または課税標準・税額等について決定を受けた法人は，つぎの一に該当する場合には，それぞれに掲げる期間において，その該当することを理由として更正の請求をすることができる[37]（地法20の9の3②，地令6の20の2）。

イ　課税標準・税額等の計算の基礎となった事実と異なる事実が判決により確定した場合

　　その確定した日の翌日から起算して2月以内

ロ　納税税義務者に帰属するものとされていた所得が他の者に帰属するものとする法人事業税の更正・決定があった場合

　　更正・決定があった日の翌日から起算して2月以内

ハ　上記イ・ロに類するものでやむを得ない理由がある場合

　　その理由が生じた日の翌日から起算して2月以内

（3）　前事業年度分の更正等を受けたことに伴う更正の請求

確定申告書に記載すべき付加価値額，資本金等の額，所得もしくは収入金額または事業税額につき，修正申告書を提出し，または更正・決定を受けたことに伴い，修正申告または更正・決定（更正等）に係る事業年度後の事業年度分

正の請求書が郵便により提出されたときは，その郵便物の通信日付印により表示された日―その表示がないとき，またはその表示が明らかでないときは，その郵便物について通常要する郵送日数を基準としたときにその日に相当するものと認められる日―に，その提出がされたものとみなされる（地法20の5の3）。

37）　ただし，確定申告書を提出した法人については，上記イ～ハに掲げる期間の満了する日が法人事業税の法定納期限から5年後に到来する場合に限る（地法20の9の3②括弧書）。

の付加価値額，資本金等の額，所得もしくは収入金額または事業税額が過大となる場合には，修正申告書を提出した日または更正・決定の通知を受けた日から2月以内にかぎり，「更正の請求書」（10号の3様式）を都道府県知事に提出して，課税標準額・税額につき減額更正をすべき旨の請求をすることができる（地法72の33①，地規6の5）。

（4） 法人税の更正・決定を受けたことに伴う更正の請求

確定申告書または修正申告書を提出した法人が，法人事業税の計算の基礎となった事業年度に係る法人税の課税標準について国の税務官署の更正・決定を受けたことに伴い，申告または修正申告に係る付加価値額，資本金等の額もしくは所得または事業税額が過大となる場合には，国の税務官署が更正・決定の通知をした日から2月以内にかぎり，「更正の請求書」（10号の3様式）を都道府県知事に提出して，課税標準額・税額につき減額更正をすべき旨の請求をすることができる（地法72の33②，地規6の5）。

（5） 分割基準の誤りに伴う更正の請求

分割法人は，主たる都道府県知事に確定申告書もしくは修正申告書を提出した場合，または更正・決定を受けた場合において，申告もしくは修正申告または更正・決定に係る分割課税標準額の分割基準に誤りがあったことにより，分割課税標準額・税額が過大である関係都道府県があるときは，その過大となる関係都道府県知事に「更正の請求書」（10号の3様式）を提出して，その過大となった分割課税標準額・税額について減額更正をすべき旨を請求することができる（地法72の48の2④，地規6の5）。

なお，更正の請求を行おうとする分割法人は，あらかじめ主たる都道府県知事に「分割基準の修正に関する届出書」（10号の2様式）を提出する必要がある。そして，分割法人は，主たる都道府県知事からその届出があったことを証する文書の交付を受けて，これを更正の請求書に添えて，減額更正を受けようとする関係都道府県知事に提出しなければならない（地法72の48の2⑤，地規6の4①・②）。

（6）　事業所税の更正の請求

　事業所税の申告書に記載した課税標準・税額等の計算について，地方税関係法令の規定に従っていなかったことまたは計算に誤りがあったことにより，納付した事業所税額が過大であった場合は，法定納期限から5年以内にかぎり，指定都市等の長に対して，減額更正をすべき旨の請求をすることができる（地法20の9の3①）。

　その際，更正前後の課税標準額・税額，その更正の請求をする理由その他参考となるべき事項を記載した「事業所税の更正請求書」のほか，更正の請求の内容が適正なものであると確認できる資料,「事業所等明細書」（44号様式別表1），「非課税明細書」（44号様式別表2），「課税標準の特例明細書」（44号様式別表3），「共用部分の計算書」（44号様式別表4）などを添付させているところが多い（地規24の29）。

3　更正の請求と修正申告との相違点

　更正の請求は，納税者が行う確定手続である納税申告書の提出により，すでに確定した税額を納税者の意図で修正させようとする点において，修正申告と類似している。だが，つぎの諸点で修正申告と相違している。

（1）　適用要件

　更正の請求は，申告または決定に係る税額が過大である場合等に認められるものである。これに対して，修正申告は，申告または決定に係る税額が過少である場合等に認められるものである。両者は，その適用要件が逆になっている。

（2）　効　　　力

　修正申告の場合には，修正申告書の提出により，その増差税額が確定される。一方，更正の請求の場合には，税額変更の効力はなく，更正の請求を受けた課税団体の長の更正処分により，初めて減差税額が生じることになる。これは，更正の請求が税額の減少を旨とするものであるため，当初申告を自ら撤回することは，禁反言の原則から許されないこと，もし，更正の請求に税額確定効を認めると，実質上申告期限の延長を認めたことになる，などを理由としている

ものと考えられる。

（3） 決定税額の取扱い

　修正申告は，申告に係る税額等のほか，更正・決定後の税額等の変更についても認められる。これに対して，更正の請求は，原則として，申告に係る税額等の変更にかぎり，決定に係る税額の変更は，税額計算の基礎となった事実に関する訴えについての判決によりその事実が計算の基礎としたところと異なることが確定した場合等やむを得ない場合に限られる。

　これは，決定については，決定処分を行政不服審査法で争うことができる。だが，自己の申告については，不服申立ての途がない。そこで，申告税額につき更正の請求を認め，もし，更正の請求に対して理由がないとする課税団体の長の処分があった場合には，その処分に対して不服申立てをするという形式で争訟の提起を認めようとの趣旨である。

第4節　更正・決定

　法人事業税・事業所税の課税標準額・税額は，原則として納税者の申告したところによる。しかしながら，①すべての納税者が常に正当な申告をすることを期待することは困難であるので，その申告の内容が正当でない場合には，課税団体の長がその課税標準額・税額を是正する。また，②納税者が，納税申告書を提出すべきであるにもかかわらず，これをしなかった場合には，課税団体の長がその課税標準額・税額を確定する[38]。前者の処分を「更正」といい，後者の処分を「決定」と呼ぶ。

---

38)　国税および地方税を通じて税務行政の簡素化と納税者の負担の適正公正を図る観点から，昭和29年に国税庁と自治庁（現総務省）の間で，課税上・徴収上の事項等について，相互協力に関する了解事項が締結されている。協力要請は，各税目に関する調査に関し，参考となるべき関係書類の閲覧等の協力を求めることができる（昭和29年9月20日自乙府195号自治庁次長通達）。法人事業税については，法人税資料の閲覧等の協力を求めることができる。

1　国税準拠法人の更正・決定

　国税準拠法人の所得割額の更正・決定は，法人税の課税標準を基準として行われる[39]。それゆえ，都道府県知事は，国税準拠法人に対しては，自ら調査したところに基づいて法人事業税の更正・決定をすることができず，つぎのように法人税の課税標準を基準に更正・決定することになる。

（1）　更　　　正

　国税準拠法人が確定申告書または修正申告書を提出した場合において，申告または修正申告に係る所得割の課税標準である所得が当該法人の所得割の計算の基礎となった事業年度に係る法人税の申告もしくは修正申告または更正・決定において課税標準とされた所得（法人税の課税標準）を基準として算定した所得割の課税標準である所得（所得割の基準課税標準）と異なることを発見したときは，都道府県知事は，所得割の基準課税標準により，申告または修正申告に係る所得割の計算の基礎となった所得および所得割額を更正する（地法72の39①）。

　したがって，たとえ，法人事業税について申告または修正申告された所得の内容が過少であって正当でないと認める場合においても，国税準拠法人の所得を自主的に調査して自己の判断に基づいて更正することができないわけである。

（2）　決　　　定

　国税準拠法人が確定申告書を提出しなかった場合において，当該事業年度に係る法人税の課税標準があるときは，都道府県知事は，法人税の課税標準を基準として，当該法人の所得および所得割額を決定する（地法72の39②）。したがって，法人税・法人事業税ともに不申告で法人税の決定が行われていない場合は，所得割額の決定を行うことができないわけである。

---

39)　国税準拠法人とは，①電気供給業・ガス供給業・保険業を行う法人，②医療法人・農業協同組合連合会で社会保険診療等に係る所得のあるもの，③内国法人で外国に恒久的施設を設けて事業を行うもの，④法人税が課されない法人，⑤非課税事業と課税事業を併せて行う法人以外の法人をいう。

（3）再　更　正

　国税準拠法人の所得および所得割額を更正・決定した場合において，法人税に係る更正または修正申告があったことにより，更正・決定の基準となった法人税の課税標準が増加し，または減少したときは，都道府県知事は，増加または減少した法人税の課税標準を基準として，当該法人の所得および所得割額を更正する。さらに，更正・決定した所得割額の算定について誤りがあることを発見したときは，都道府県知事は所得割額を再更正する（地法72の39③）。

2　自主決定法人の更正・決定

　国税準拠法人以外の法人（自主決定法人）については，法人事業税の課税標準が法人税の課税標準と異なるから，更正・決定については特別の制約を付す必要はない。自主決定法人については，都道府県知事が調査したところにより，法人事業税の更正・決定が行われる。通常，これを「自主決定」という。

（1）所得割・収入割の更正・決定

　都道府県知事は，自主決定法人が確定申告書または修正申告書を提出した場合において，申告または修正申告に係る所得もしくは収入金額または所得割額もしくは収入割額がその調査したところと異なるときは，これを更正する（地法72の41①）。

　また，自主決定法人が確定申告書を提出しなかった場合には，その調査によって，所得または収入金額および所得割額または収入割額を決定する（地法72の41②）。さらに，都道府県知事は，自主決定法人に対して更正・決定をした所得もしくは収入金額または所得割額もしくは収入割額について過不足額があることを知ったときは，その調査によって，これを再更正する（地法72の41③）。

（2）付加価値割・資本割の更正・決定

　付加価値額および資本金等の額ならびに付加価値割額および資本割額は，法人税の所得の計算の例によって算定されないため，都道府県知事が自主的に更正・決定を行うことになる。すなわち，外形標準課税法人が確定申告書または修正申告書を提出した場合において，申告または修正申告に係る付加価値額も

しくは資本金等の額または付加価値割額もしくは資本割額がその調査したところと異なるときは，都道府県知事は，その調査によって，これを更正する（地法72の41の2①）。

　また，外形標準課税法人が確定申告書を提出しなかった場合には，その調査によって，付加価値額および資本金等の額ならびに付加価値割額および資本割額を決定する（地法72の41の2②）。さらに，都道府県知事は，外形標準課税法人に対して更正・決定をした付加価値額もしくは資本金等の額または付加価値割額もしくは資本割額について過不足額があることを知ったときは，その調査によって，これを再更正する（地法72の41の2③）。

（3）　仮装経理の場合の更正の特例

　自主決定法人が提出した確定申告書に記載された各事業年度の所得，収入金額，付加価値額または資本金等の額が当該事業年度の課税標準とされるべき金額を超えている場合において，その超える金額のうちに事実を仮装して経理したところに基づくものがあるときは，都道府県知事は，当該事業年度に係る所得割，収入割，付加価値割または資本割につき，当該法人が当該事業年度後の各事業年度の確定決算において修正の経理をし，かつ，その決算に基づく確定申告書を提出するまでの間は，更正をしないことができる[40]（地法72の41④，72の41の2④）。

　本来であれば，都道府県知事は，課税標準額・税額を減額更正により正当な金額に是正し，過納税額は遅滞なく還付または充当すべきである。しかし，法人自らが，いわゆる「粉飾決算」を行い，意図的に多く納めた税金についてまで，そのようにする必要はないという考えの下，一種の制裁措置として，このような法人にとって不利に取り扱われる。これは，法人税法129条2項（更正に関する特例）の規定と同義である。

---

[40]　ちなみに，修正の経理とは，損益計算書の特別損益の項目において，前期損益修正損等と計上して仮装経理の結果を修正して，その修正した事実を明示することである。また，このような解釈は，粉飾決算を防止し併せて真実の経理の公開を確保しようする会社法の趣旨・目的とも合致する（大阪地判平成元年6月29日行集40巻6号778頁）。

3　事業所税の更正・決定

　指定都市等の長は，上記2の法人事業税の更正・決定と同じく，事業所税の申告内容がその調査結果と異なる場合には，これを更正する（地法701の58①）。また，指定都市等の長は，事業所税の申告書が提出されなかった場合には，これを決定する（地法701の58②）。さらに，指定都市等の長は，更正・決定をした課税標準額・税額について過不足額があることを知ったときは，その調査によって，これを再更正するものとされている（地法701の58③）。

（1）　更正・決定の通知

　都道府県知事は，法人事業税を更正・決定した場合には，遅滞なく，これを納税者に通知しなければならない（地法72の42）。また同じく，指定都市等の長は，事業所税を更正・決定した場合には，遅滞なく，これを納税者に通知しなければならない（地法701の58④）。更正・決定の通知は，日数による期限は付されておらず，遅滞なく行わなければならないとされているのみであるから，可及的速やかに行えば足りるものと解される。ただ，この通知は，不足税額および延滞金の徴収の場合の期間計算の基礎となるものである。

（2）　不足税額の徴収

　都道府県の徴税吏員は，法人事業税を更正・決定した場合において，更正により増加した税額または決定した税額（不足税額）があるときは，更正・決定の通知をした日から1月を経過した日を納期限として，これを徴収しなければならない（地法72の44①）。また同じく，指定都市等の徴税吏員は，事業所税の更正・決定があった場合において，不足税額があるときは，更正・決定の通知をした日から1月を経過する日を納期限として，これを徴収しなければならない（地法701の59①）。

　このように，不足税額の徴収には，所定の納期限を指定して納付させる納税告知を行わなければならない。なお，更正・決定は，課税団体の長が行うものである。一方，不足税額の徴収は，徴税吏員の権限とされている。

（3）　延滞金の徴収

　更正・決定による不足税額を徴収する場合には，その不足税額に本来の納期

限の翌日から納付の日までの期間の日数に応じて，年14.6％―不足税額の納期限またはその翌日から１月を経過する日までの期間については，年7.3％―の割合を乗じて計算した延滞金を加算して徴収しなければならない[41]（地法72の44②，701の59②）。ただし，課税団体の長は，納税者が更正・決定を受けたことについて，客観的にやむを得ない理由があると認める場合には，自らの裁量によって延滞金を減免することができる（地法72の44⑤，701の59③）。

4　分割基準の修正・決定

　分割法人が主たる都道府県知事に提出すべき確定申告書には，「課税標準の分割に関する明細書」（10号様式）を添付しなければならない（地法72の48①，地規５①表（三））。もし，分割基準に誤りがある場合は，つぎのように修正・決定される。通常，これを「分割基準の修正・決定」という。

（１）　修正・決定

　分割法人が提出した確定申告書または修正申告書に係る分割課税標準額の分割基準に誤りがある場合には，主たる都道府県知事は，その調査によって，その分割基準を修正する。また，主たる都道府県知事は，分割法人が確定申告書を提出しなかった場合における分割基準を決定する（地法72の48の２③）。いったん修正し，または決定した分割基準に係る修正についても同じである。

　分割基準の修正・決定をした場合は，主たる都道府県知事は，遅滞なく，その旨を従たる都道府県知事に通知しなければならない（地法72の48の２⑫）。なお，主たる都道府県知事がした分割基準の修正・決定は，それぞれ関係都道府県知事がした分割基準の修正・決定とみなされる（地法72の48の２⑪）。また，分割基準に誤りがあったことによって，分割課税標準額が過大である関係都道府県があるときは，分割法人は関係都道府県知事に対して更正の請求ができる（地法72の48の２④）。

41）　前掲注12）と同じ。

（2）　修正・決定の請求

　従たる都道府県知事は，分割基準について修正・決定の必要があると認める
ときは，その事由を記載した書類を添えて，主たる都道府県知事に対して，い
わゆる「分割基準の修正・決定の請求」ができる（地法72の48の2⑥）。主たる
都道府県知事は，従たる都道府県知事の修正・決定の請求に係る書類を受け
取った場合において，必要があると認めたときは，当該法人の分割基準の修
正・決定をしなければならない[42]（地法72の48の2⑦本文）。

　この場合において，主たる都道府県知事は，更正の請求があったときは，分
割法人に対して，届出があったことを証する文書を交付するとともに，その旨
を他の従たる都道府県知事に通知する（地規6の4③）。すなわち，更正の請求は，
あらかじめ主たる都道府県知事に届け出た旨を証する文書を添えて行うべきも
のとされていることにかんがみ，主たる都道府県知事は，速やかにその処理を
すべきである（取扱通知(県)3章9の13後段）。

（3）　不服がある場合の措置

　分割法人が分割基準の修正・決定について不服がある場合には，行政不服審
査法の定めるところにより，不服申立てを行うことができる（地法19五）。た
だし，主たる都道府県知事が行った分割基準の修正・決定に基づいて，従たる
都道府県知事が行った修正・決定については，その前提となった主たる都道府
県知事がした修正・決定の処分についての不服を理由として不服申立てをする
ことができない（地法19の5）。というのは，従たる都道府県知事には，分割基
準についての修正・決定の権限が付与されていないからである。

5　更正・決定の除斥期間

　更生・決定その他租税債権を確定する行政処分（賦課権）を行使できる期間
（除斥期間）については，納税者および課税団体の両方の立場からして，できる

---

[42]　ただし，従たる都道府県知事と意見を異にする場合には，分割基準の修正・決定
　　の請求を受け取った日から2月以内に，自己の意見を付して，その書類を総務大臣
　　に送付するとともに，その指示を受けなければならない（地法72の48の2⑦但書）。

かぎり速やかに確定することが好ましい[43]。そこで，法人事業税・事業所税については，つぎの期間において更正・決定が行われる。もっとも，除斥期間経過後の法人事業税・事業所税の賦課は無効であり，これに基づく納税は，不当利得を構成する。

（1）　通常の更正・決定を行う場合

法人事業税・事業所税の更正・決定は，法定納期限の翌日から起算して5年を経過する日まですることができる（地法17の5①前段）。ただし，偽りその他不正の行為により，その全部または一部の税額を免れた法人事業税についての更正・決定は，法定納期限の翌日から起算して7年を経過する日まですることができる（地法17の5⑦）。

（2）　法人税の課税標準を基準として更正・決定を行う場合

法人事業税の更正・決定で，つぎに掲げる場合においてするものは，それぞれに定める日の翌日から起算して2年間においてもすることができる（地法17の6③）。

イ　法人税について更正・決定があった場合

　　更正・決定の通知が発せられた日

ロ　法人税に係る期限後申告書または修正申告書の提出があった場合

　　当該申告書の提出があった日

ハ　法人税に係る不服申立てまたは訴えについての決定，裁決または判決（裁決等）があった場合

　　裁決等があった日

---

43)　ちなみに，地方税法においては，「地方団体の徴収金の徴収を目的とする地方団体の権利（地方税の徴収権）は，法定納期限の翌日から起算して5年間行使しないことによって，時効により消滅する」と定めている（地法18①）。消滅時効と除斥期間とは，権利の行使を制限する期間であるという点では同じだが，両者は基本的に異なる。すなわち，除斥期間が権限の存在期間とされ，期間を区切って権限の行使を可能としているのに対して，消滅時効は一定期間の権限の不行使があると課税団体から権限を取り上げてしまうものである。

（3）　賦課処分についての争訟につき裁決等があった場合

　法人事業税・事業所税の更正・決定に係る不服申立てについての裁決等による原処分の異動に伴って，課税標準額・税額に異動を生ずべきものについての更正・決定は，裁決等があった日の翌日から起算して6月間行うことができる（地法17の6①一）。この場合において，裁決等を受けた者が分割等に係る分割法人等であるときは，分割承継法人等を含むものとし，当該受けた者が通算法人である場合には，他の通算法人を含むものとされている（地法17の6②）。

（4）　課税権の帰属についての争訟につき裁決等があった場合

　課税権の帰属その他について関係都道府県知事の意見が異なる場合等になされる地方税法8条1項（関係地方団体の長の意見が異なる場合の措置）または8条の2第2項（市町村の廃置分合があつた場合の課税権の承継）の規定による申出に係る裁決等に基づいてする更正・決定は，裁決等があった日の翌日から起算して6月間行うことができる（地法17の6①二）。

（5）　課税の基礎が無効・取り消された場合

　課税標準額の計算の基礎となった事実のうちに含まれていた無効な行為により生じた経済的成果がその行為の無効であることに基因して失われたこと，その事実のうちに含まれていた取り消しうべき行為が取り消されたことなどの理由に基づいて行われる課税標準額・税額を減少させる更正は，その理由が生じた日の翌日から起算して3年間行うことができる（地法17の6①三）。

6　税務官署等に対する更正・決定の請求

　国税準拠法人に対する法人事業税の更正・決定は，その法人税の更正・決定を待たなければならず，また，分割法人の関係都道府県知事の更正・決定は，その主たる都道府県知事の更正・決定を待たなければならない（地法72の39①・②，72の48の2①）。この場合において，法人税の更正・決定または主たる都道府県知事の更正・決定が長期間行われないときは，事務の停滞を招き，税務行政の円滑を欠くことになってしまう。そこで，このような事態を避けるため，国の税務官署または主たる都道府県知事に対して，更正・決定の請求をするこ

とができる途を開いている。

（1）　国の税務官署に対する更正・決定の請求

都道府県知事は，つぎに掲げる場合には，国の税務官署に対して，法人税の更正・決定をすべき事由を記載した書類を添えて，その更正・決定をすべき旨を請求することができる（地法72の40①）。通常，これを「税務官署に対する更正・決定の請求」という。

イ　国税準拠法人の提出した申告または修正申告に係る所得が過少であると認められる場合において，その申告期限から1年を経過した日までに法人税の更正・決定が行われない場合

ロ　申告期限までに申告しなかった国税準拠法人について，その申告期限から1年を経過した日までに法人税の決定が行われない場合

ハ　都道府県知事がした更正・決定に係る国税準拠法人の所得が過少であると認められる場合において，その更正・決定した日から1年を経過した日までに法人税の更正が行われない場合

なお，分割法人の課税標準の総額の更正・決定は，主たる都道府県知事が行うものであるから，国の税務官署に対する更正・決定の請求についても，主たる都道府県知事が行うか，従たる都道府県知事が主たる都道府県知事を経由して行うことになる（地法72の40②）。

（2）　主たる都道府県知事に対する更正・決定の請求

従たる都道府県知事は，つぎに掲げる場合には，それぞれ主たる都道府県知事に対して，課税標準の総額または分割基準についての更正・決定をすべき旨を請求することができる（地法72の48の2②前段）。

イ　自主決定法人である分割法人の課税標準の総額について更正・決定をする必要があると認める場合

従たる都道府県知事は，更正・決定をすべき事由を記載した書類を添えて，主たる都道府県知事に対して，更正・決定をすべき旨を請求することができる。この場合において，更正・決定の請求がつぎのいずれかに該当するときは，それぞれに掲げる日から2月以内に更正・決定の請求をしな

ければならない（地法72の48の2②後段）。

　　㋑　自主決定法人に対する更正により行うべき更正の請求にあっては，

　　　　確定申告書または修正申告書の提出があった日

　　㋺　自主決定法人に対する決定により行うべき決定の請求にあっては，

　　　　申告期限

　　㋩　自主決定法人に対する再更正により行うべき再更正の請求にあって

　　　　は，先に行われた更正・決定があった日

　ロ　分割基準について修正・決定の必要があると認める場合

　　　従たる都道府県知事は，分割基準について修正・決定の必要があると認

　　めるときは，その事由を記載した書類を添えて，主たる都道府県知事に対

　　して，分割基準の修正・決定の請求ができる（地法72の48の2⑥）。

第5節　課税団体の情報収集

　地方税法においては，事業所税について「事業所等の新設・廃止の申告義務」
や「事業所用家屋の貸付等の申告義務」，法人住民税について「法人設立届書」
の提出などが定められている（地法317の2⑨，701の52）。しかし，法人事業税
については，何ら規定はない。

1　法人事業税の届出

　法人事業税については，各都道府県の税条例によって，法人設立・支店設置，
異動に際し，届出書を提出することになる。たとえば，東京都の場合について
みると，つぎのとおりである。

（1）　事務所等を開設した場合

　法人を新たに設立したとき，または都内に初めて支店を設置したときは，①
「法人設立届出書」に必要な事項を記載し，②定款，寄付行為または規約等の
写し，③登記簿謄本（履歴事項全部証明書）の写しを添付して，事業を開始した
日から15日以内に都知事に申告しなければならない（東京都税条例26①，東京都
税規則12の2）。

（2）　申告内容に変更があった場合

本店（主たる事務所）の所在地，代表者，資本金の額，法人名（商号）などの申告内容に変更があったときは，①「異動届書」に必要な事項を記載し，②異動事項が記載された登記簿謄本（履歴事項全部証明書）を添付して，変更の日から10日以内に都知事に申告しなければならない（東京都税条例26②，東京都税規則12の2）。なお，事業年度を変更等で定款，寄附行為，規則または規約の写しを要するものである場合は，その写しを添付する。また，登記を要しない事項にあっては，変更の事実を証明できる書類の写しを添付する。

（3）　事務所等を廃止した場合

事務所等を廃止したときは，「異動届書」に必要な事項を記載して，廃止の日から10日以内に都知事に申告しなければならない（東京都税条例26②）。原則として，添付書類は不要である。ただし，過去に遡って，事務所等を廃止するときは，賃貸契約解約証明書など当該事実を証明する書類を添付する必要がある。また，法人が解散または合併をしたときは，異動事項が記載された登記簿謄本（履歴事項全部証明書）など当該事実を証明する書類を添付しなければならない（東京都税規則12の2）。

2　事業所税の届出

事業所税については，賦課徴収事務の円滑な運営の必要から，地方税法によって，つぎに掲げる申告が義務づけられている。

（1）　事業所等の新設・廃止の申告義務

指定都市等の区域内において事業所等を新設し，または廃止した者は，税条例の定めるところにより，その旨その他必要な事項を事業所等所在の指定都市等の長に申告しなければならない[44]（地法701の52①）。もし，指定都市等の把握している内容と異なる確定申告をしたならば，指定都市等の長はこれを調査して更正をしなければならず，納税者・課税団体にとって無駄な事務負担を生じることになってしまう。なお，事業所等の新設の日・廃止の日は，営業開始日・終了日ではなく，その業務の準備期間等を含む，原則として賃貸借の開始

日・終了日となる。

（2）　事業所用家屋の貸付等の申告義務

　事業所税の納税義務者に事業所用家屋を貸し付けている者は，税条例の定めるところにより，事業所用家屋の床面積その他必要な事項を指定都市等の長に申告しなければならない[45]（地法701の52②）。なぜなら，貸ビルのテナント部分や事業所用家屋の貸し借りがある場合は，そこを借りて事業を行っている法人または個人が事業所税の納税義務者となる。このため，事業所用家屋の所有者は，①新たに事業所用家屋を貸し付けた場合や，②すでに申告した事項に異動が生じた場合には，その貸付状況を申告する必要がある。

（3）　罰　　　則

　上記（1）・（2）の申告義務は，申告納付のためのものではない。しかし，これらは，事業所税の賦課徴収に関する重要な資料となるものであるので，申告内容の正確性を担保するため，つぎのような罰則が設けられている。

　イ　事業所税の賦課徴収に係る虚偽の申告に関する罪

　　　上記（1）によって申告すべき事項について虚偽の申告をした者は，1年以下の懲役または50万円以下の罰金に処する（地法701の53①）。さらに，虚偽の申告がなされた場合，それが法人の代表者または法人もしくは個人の代理人，使用人その他の従業者がその法人または個人の業務または財産に関して違反行為をしたときは，その行為者を罰するほか，その法人または個人に対しても50万円以下の罰金刑を科することとされている[46]（地法

44）　たとえば，名古屋市の場合，市の区域内において事業所等を新設し，または廃止した者は，新設または廃止の日から30日以内に，新設または廃止に係る事業所等の所在，床面積，新設または廃止の日その他必要な事項を記載した事業所税の申告書を市長に提出しなければならない（名古屋市税条例89の11①）。

45）　たとえば，福岡市の場合，事業所税の納税義務者に事業所用家屋を貸し付けている者は，新たに貸し付けることになった事業所用家屋に関し，貸し付けることになった日から1月以内に，事業所用家屋の床面積その他必要な事項を記載した事業所税の申告書を市長に提出しなければならない（福岡市税条例93の15②）。

46）　なお，人格のない社団等の場合は，刑事訴訟法上，その代表者または管理人が人格のない社団等を代表するものとされている（地法701の53③）。

701の53②）。

ロ　事業所税の賦課徴収に係る不申告に関する過料

　　指定都市等は，上記（2）によって申告をすべき者が，その申告すべき事項について正当な理由がなくて申告をしなかった場合には，その者に対して，税条例で10万円以下の過料を科する旨の規定を設けることができる[47]（地法701の54）。

3　税　務　調　査

　都道府県の徴税吏員は，「法人税に関する書類の供覧等」（地法72の49の2）に加えて，法人事業税の賦課徴収に関する調査（税務調査）のために必要がある場合には，つぎの質問検査権を有する[48]。また，指定都市等の徴税吏員には，事業所税の課税基礎を把握する手段として，質問検査権が与えられている。

（1）　質問検査権

　課税団体の徴税吏員は，法人事業税・事業所税の賦課徴収に関する調査のために必要がある場合には，つぎに掲げる者に質問し，またはイ・ロの者の帳簿書類（電磁的記録を含む）その他の物件を検査し，当該物件（その写しを含む）の

---

47)　たとえば，大阪市の場合，申告すべき事項について正当な理由なく申告をしなかったときは，その者に対して，10万円以下の過料を科することとされている（大阪市税条例153①）。

48)　ちなみに，最高裁は，質問検査権の本質について，「税務官署による一定の処分のなされるべきことが法令上規定され，そのための事実認定と判断が要求される事項があり，これらの事項については，その認定判断に必要な範囲内で職権による調査が行なわれることは法の当然に許容するところと解すべきものであるところ，所得税法234条1項の規定は，国税庁，国税局または税務署の調査権限を有する職員において，当該調査の目的，調査すべき事項，申請，申告の体裁内容，帳簿等の記入保存状況，相手方の事業の形態等諸般の具体的事情にかんがみ，客観的な必要性があると判断される場合には，前記職権調査の一方法として，同条一項各号規定の者に対し質問し，またはその事業に関する帳簿，書類その他当該調査事項に関連性を有する物件の検査を行なう権限を認めた趣旨」と判示している（最判昭和48年7月10日刑集27巻7号1205頁）。つまり，税務調査は，単に，情報の収集を直接の目的として行われる処分ではない。直接の目的は，一定の行政処分なのであって，情報収集は，その処分をするための資料収集にすぎないわけである。

提示もしくは提出を求めることができる[49]（地法72の7①，701の35①）。

 イ 納税義務者または納税義務があると認められる者

 ロ 上記イの者に金銭もしくは物品を給付する義務，または当該者から金銭
もしくは物品を受け取る権利があると認められる者

 ハ 上記イ・ロ以外の者で，法人事業税・事業所税の賦課徴収に関し直接関
係があると認められる者

この場合には，税務調査（質問検査）をする徴税吏員は，その身分を証明す
る証票を携帯し，関係人の請求があったときは，これを提示しなければならな
い（地法72の7③，701の35③）。質問検査権は，適正な課税を行うために認め
られているものであって，司法権の発動たる質問検査とは異なる。したがって，
徴税吏員の権限は，犯罪捜査のために認められたものと解釈してはならな
い[50]（地法72の7⑥，701の35⑥）。

（2）分割法人の場合

分割法人の課税標準の総額の更正・決定等をする場合において，総務省の職
員で総務大臣が指定する者（総務省指定職員）は，課税標準の更正・決定および
その分割の調査のために必要があるときは，つぎに掲げる者に質問し，または
イ・ロの者の事業に関する帳簿書類その他の物件を検査することができる[51]
（地法72の49の5①）。

 イ 法人事業税の納税義務者または納税義務があると認められる法人

 ロ 上記イの法人に金銭または物品を給付する義務があると認められる者

 ハ 上記イ・ロ以外の者で，法人事業税の賦課徴収に関し直接関係があると

---

49) ちなみに，滞納処分に関する調査については，国税の滞納処分における財産の調
査の例による（地法72の68⑥，701の65⑥，徴法141〜147）。

50) もちろん，質問検査に伴う自由の制約は，第一次的には納税者自身が負うべきで
あるから，納税者以外の者に対する質問検査（反面調査）は，納税者本人に対する
質問検査（本人調査）によって十分な資料を入手することができないときに，初め
て許容される。なお，事前通知は，その反面先にはなされない。また，反面調査の
場合，検査の対象となるのは，事業に関する帳簿書類に限定される。その反面先が
法人であれば，その帳簿書類はすべて事業に関するものになる。一方，個人の場合
には，事業に関係しない帳簿書類もあり，このような限定が設けられている。

認められる者

　なお，総務大臣は，総務省指定職員に納税義務者に対して実地の調査において質問検査を行わせる場合には，あらかじめ，納税義務者（税務代理人を含む）に対して，①その旨，②質問検査を行う実地の調査を開始する日時，③調査を行う場所，④調査の目的，⑤法人事業税に関する調査である旨，⑥調査の対象となる期間，⑦調査の対象となる帳簿書類その他の物件，⑧その他調査の適正かつ円滑な実施に必要な一定の事項を通知する[52]（地法72の49の6①）。

　また，総務大臣は，法人事業税に関する実地の調査を行った結果，課税標準の総額の更正・決定または分割基準の修正・決定の必要があると認められない場合には，納税義務者であって質問検査の相手方となった者に対して，その時点において課税標準の総額の更正・決定または分割基準の修正・決定の必要があると認められない旨を書面により通知することになる（地法72の49の8①）。

（3）　検査拒否等に関する罪

　質問検査権の行使に際し，つぎのいずれかに該当する者は，1年以下の懲役または50万円以下の罰金に処される（地法72の8①，72の49の10①，701の36①）。

　イ　帳簿書類その他の物件の検査を拒み，妨げ，または忌避した者
　ロ　物件の提示または提出の要求に対して，正当な理由がなくこれに応ぜず，または偽りの記載もしくは記録をした帳簿書類その他の物件（その写しを含む）を提示し，もしくは提出した者

---

51)　もちろん，総務省指定職員の権限も，徴税吏員と同じく，犯罪捜査のために認められたものと解釈してはならない（地法72の49の5⑤）。また，税務調査の性格が任意調査であるといっても，質問検査の相手方が，これを自由に拒否できるという意味ではない。徴税吏員の質問検査権の行使は，相手方においてあえて質問検査を受忍しない場合には，それ以上直接的・物理的に強制しえないという意味において，強制調査とは異なり，任意調査の一種である。

52)　ただし，総務大臣が調査の相手方である納税義務者の過去の調査結果の内容またはその営む事業内容に関する情報その他総務大臣が保有する情報にかんがみ，違法または不当な行為を容易にし，正確な事実の把握を困難にするおそれその他法人事業税に関する調査の適正な遂行に支障を及ぼすおそれがあると認める場合には，事前通知を要しない（地法72の49の7）。

ハ　徴税吏員または総務省指定職員の質問に対して，答弁をしない者または
　　虚偽の答弁をした者

　一方，徴税吏員または総務省指定職員に対しては，納税義務者の秘密につい
てより厳格な取扱いを求めることにより，納税義務者の税務行政に対する信頼
と協力の確保が図られている。そのため，地方税に関する調査に従事している
者または従事していた者は，税務調査に関して知り得た秘密を漏らし，または
窃用した場合には，2年以下の懲役または100万円以下の罰金に処される（地
法22）。

参　考　文　献

　本書の執筆にあたっては，主に，つぎの文献を参考にした。なお，これらの多くは，法人事業税のみならず，地方税および企業課税の理解を深める上でも，役立つものと思われる。

［全　体］

石田直裕ほか『地方税Ⅰ』（ぎょうせい，1999年）

石橋茂『図解地方税』（大蔵財務協会，令和3年版，2021年）

碓井光明『要説地方税のしくみと法』（学陽書房，2001年）

金子宏『租税法』（弘文堂，第23版，2019年）

自治省府県税課編『事業税逐条解説』（地方財務協会，1995年）

地方税法総則研究会編『地方税法総則入門：逐条問答』（ぎょうせい，新訂版，
　　1994年）

中里実ほか編『租税法概説』（有斐閣，第3版，2018年）

野上敏行『知っておきたい事業税の常識』（税務経理協会，第5版，2001年）

正橋正一（佐々木喜久治監修）『事業税』（税務経理協会，平成4年度版，1992年）

丸山高満『日本地方税制史』（ぎょうせい，1985年）

［第1章　総論］

石川一郎ほか『事業税の解説』（中央経済社，1955年）

大内忠昭『地方税における企業課税』（第一法規出版，1984年）

金子佐一郎「附加価値税の問題点」日本租税研究協会編『シャウプ勧告の綜合
　　的研究：第1回大会記録』124頁（日本租税研究協会，1950年）

金子宏『租税法』（弘文堂，補正版，1981年）

金子宏「事業税の改革（外形標準化）を考える：課税ベースの拡大と都道府県
　　固有の安定財源の充実」地方税50巻8号15頁（1999年）

金子宏「シャウプ勧告の歴史的意義：21世紀に向けて」租税法研究28号1頁
　　（2000年）

北野弘久編『現代税法講義』（法律文化社，改訂版，1991年）

瀬川久志「地方税における企業課税」和田八束編『地方分権化と地方税財政』
　　41頁（日本評論社，1993年）

田中二郎『租税法』（有斐閣，1968年）

塚田祐次「銀行業等に対する事業税の外形標準課税の導入について」都市問題
　　91巻10号17頁（2000年）

吉川宏延「会社の消滅に係る地方法人二税の検討（下）休業法人を中心に」税
　　理62巻10号186頁（2019年）

[第2章　所得割]

上竹良彦編『図解法人税』（大蔵財務協会，令和3年版，2021年）

小畑良晴＝幕内浩『早わかりグループ通算制度のポイント：連結納税制度はこ
　　う変わる』（清文社，2020年）

神田秀樹『会社法』（弘文堂，第23版，2021年）

佐藤信祐『グループ通算制度のすべて』（日本法令，2020年）

田村政志＝桑原隆広編『分権時代の地方税務行政』（ぎょうせい，2003年）

吉川宏延「事項別にみた法人住民税の基礎理論と基本問題（4）法人税割」税
　　61巻12号97頁（2006年）

渡辺徹也『スタンダード法人税法』（弘文堂，第2版，2019年）

[第3章　収入割]

青木智子「外形標準課税の現状と課題」税研127号30頁（2006年）

木下和夫『税制調査会：戦後税制改革の軌跡』（税務経理協会，1992年）

佐藤英明「わが国における『中小企業税制』の意義と展望」租税法研究38号
　　65頁

佐藤主光『地方税改革の経済学』（日本経済新聞出版社，2011年）

多田雄司『検証外形標準課税：地方財政の現状と再建策を探る』（税務研究会出版局，2000年）

都道府県税務研究会編『外形標準課税取扱通知逐条解説』（税務研究会出版局，2005年）

丸山高満『地方税の一般理論』（ぎょうせい，1983年）

[第4章　付加価値割]

井藤半彌「シュミットの企業課税論」日本租税研究会編『租税財政論集第1集』30頁（日本租税研究会，1965年）

梅原英治「消費税の『社会保障目的税化』『社会保障財源化』の検討」大阪経大論集69巻2号253頁（2018年）

梅原英治「法人事業税の外形標準課税問題の研究（Ⅲ）旧自治省『法人事業税の改革案』の検討」大阪経大論集52巻1号119頁（2001年）

佐藤進『付加価値税論』（税務経理協会，1973年）

菅野和夫『労働法』（弘文堂，第12版，2019年）

田近栄治＝油井雄二『日本の企業課税：中立性の視点による分析』（東洋経済新報社，2000年）

田中治「事業税の外形標準課税」新井隆一先生古希記念『行政法と租税法の課題と展望』321頁（成文堂，2000年）

地方消費税研究会編『逐条解説地方消費税』（ぎょうせい，1998年）

水野忠恒『消費税の制度と理論』（弘文堂，1989年）

吉川宏延『消費税・地方消費税のしくみと制度』（税務経理協会，2015年）

吉川宏延『地方企業課税の理論と実際』（関西学院大学出版会，2007年）

和田八束『税制改革の理論と現実』（世界書院，1997年）

[第5章　資本割]

江頭憲治郎『株式会社法』（有斐閣，第8版，2021年）

金子宏「序説―意義と内容―（移転価格税制の研究）」日税研論集64号3頁（2013

年）

都道府県税務研究会編『Ｑ＆Ａによる外形標準課税の実務』（税務研究会出版局，
　　2004年）

野上敏行『知っておきたい住民税の常識』（税務経理協会，第５版，2001年）

山本和彦『倒産処理法入門』（有斐閣，第５版，2018年）

吉川宏延「会社の消滅に係る地方法人二税の検討（上）清算法人を中心に」税
　　理62巻８号124頁（2019年）

吉川宏延「事項別にみた法人住民税の基礎理論と基本問題（３）法人均等割」
　　税61巻11号79頁（2006年）

[第６章　事業所税]

栗田幸雄「事業所税の創設の経緯とその概要」自治研究51巻４号36頁（1975年）

小林紘「地方税のニューフェイス"事業所税"について：地方税法の一部を改
　　正する法律（50．3．31公布，法律第18号）」時の法令907号１頁（1975年）

自治省税務局市町村税課編『事業所税詳解』（地方財務協会，新訂版，1982年）

市町村税務研究会編『市町村諸税逐条解説』（地方財務協会，2000年）

原田淳志ほか『地方税Ⅱ』（ぎょうせい，1999年）

吉川宏延『新型コロナ緊急経済対策の地方税制特例Ｑ＆Ａ：これ１冊で対応万
　　全！：自治体税務職員必携』（税務経理協会，2020年）

吉川宏延「地方目的税の基礎理論と基本問題（１）～（４）」税68巻10号120頁
　　（2013年）～69巻１号173頁（2014年）

[第７章　徴収の方法]

新井隆一『税法からの問税法からの答』（成文堂，2008年）

太田達也『外形標準課税実務ハンドブック：課税標準の算定から申告書の作成
　　まで』（中央経済社，2004年）

掛川雅仁『外形標準課税制度の実務解説：税務・会計と申告書の作成：平成
　　27年度税制改正対応』（新日本法規出版，2015年）

["

索　　引

著者紹介

吉川　宏延（よしかわ　ひろのぶ）

　1964年　兵庫県生まれ
　1990年　神戸大学経営学部卒業
　2007年　神戸大学大学院法学研究科博士課程修了
　現　在　税理士，博士（法学）（神戸大学）
　　　　　日本公法学会・租税法学会・日本税法学会・税務会計研究学会会員
　　　　　第29回日税研究賞奨励賞・2008年日本地方自治研究学会賞受賞
　著　書　『地方企業課税の理論と実際』関西学院大学出版会
　　　　　『新型コロナ緊急経済対策の地方税制特例Q&A』ぎょうせい
　　　　　『源泉所得税と個人住民税の徴収納付』税務経理協会
　　　　　『消費税・地方消費税のしくみと制度』税務経理協会
　　　　　『償却資産税のしくみと実務』税務経理協会
　　　　　『法人住民税のしくみと実務』税務経理協会
　　　　　『地方企業課税の基礎知識』法令出版
　　　　　『中小企業の経理と税務入門』法令出版

【小さな看板犬のココ，モモ＆クルミ】